U0464129

2016年度教育部人文社会科学研究教育学规划基金项目"中小学语文卓越教师培养机制研究：构建'U-S'合作互惠双赢的深度学习共同体"（16YJA880024）前期研究成果。

# 学校领导研究的
# 知识图景探视

刘春◎著

中国社会科学出版社

**图书在版编目(CIP)数据**

学校领导研究的知识图景探视/刘春著. —北京：中国社会科学
出版社，2016.8
ISBN 978 - 7 - 5161 - 8390 - 8

Ⅰ. ①学…　Ⅱ. ①刘…　Ⅲ. ①学校管理—领导学　Ⅳ. ①G471

中国版本图书馆 CIP 数据核字(2016)第 133332 号

| | | |
|---|---|---|
| 出 版 人 | 赵剑英 | |
| 责任编辑 | 熊　瑞 | |
| 责任校对 | 季　静 | |
| 责任印制 | 戴　宽 | |

| | | |
|---|---|---|
| 出　　版 | 中国社会科学出版社 | |
| 社　　址 | 北京鼓楼西大街甲 158 号 | |
| 邮　　编 | 100720 | |
| 网　　址 | http://www.csspw.cn | |
| 发 行 部 | 010 - 84083685 | |
| 门 市 部 | 010 - 84029450 | |
| 经　　销 | 新华书店及其他书店 | |

| | | |
|---|---|---|
| 印　　刷 | 北京君升印刷有限公司 | |
| 装　　订 | 廊坊市广阳区广增装订厂 | |
| 版　　次 | 2016 年 8 月第 1 版 | |
| 印　　次 | 2016 年 8 月第 1 次印刷 | |

| | | |
|---|---|---|
| 开　　本 | 710 × 1000　1/16 | |
| 印　　张 | 14.75 | |
| 插　　页 | 2 | |
| 字　　数 | 226 千字 | |
| 定　　价 | 56.00 元 | |

凡购买中国社会科学出版社图书，如有质量问题请与本社营销中心联系调换
电话：010 - 84083683
版权所有　侵权必究

# 目　录

# 导　论

## "全球化—本土化"交互视野下的
## 学校领导研究思考

### 第一节　基本概念的厘清

#### 一　全球化、国际化和本土化

（一）全球化

经济全球化（globalization）所引发的普遍性的全球化现象，成为学界探究思考的主题，从这一点来说，"全球化"可以说是当今世界最难界定的概念之一。自"全球化"这个概念诞生以来，特别是 20 世纪 90 年代后，它已然成为学术界和大众媒体中的主流话语之一，引起人们广泛关注。全球化是进入 21 世纪以来不能回避的事实。

就该词的起源和发展来看，"全球化"中的"全球的"（global）一词源自拉丁文 globus，意思是"覆盖或者影响整个世界的东西"①。《韦伯斯特大学词典》（第十版）（*Webster's Collegiate Dictionary*）特地标注了"全球化"（globalize，globalizing）出现于 1944 年。② 而该词作为一个学术词

---

① Jussi Valimaa, "Nationalisation, Localization and Globalization in Finnish Higher Education", *Higher Education*, 2004, （48）, p. 28.

② Webster-Merriam, *Merriam-Webster's Collegiate Dictionary*（*Tenth Edition*）, Philippines: Merriam-Webster, Inc. , 1996, p. 496.

语，则出自于哈佛大学商学院教授西奥多·列维特（Theodore Levitt，1925—2006）《市场的全球化》（*The Globalization of Markets*，1983）① 一文，他用"全球化"描述了由资本主义自由市场的发展所引起的一种经济和金融变革现象，这一现象对生产、消费以及全球投资产生了巨大影响。

全球化的概念伴随全球化理论的发展而改变，加之人们逐渐重视把世界作为整体来思考，全球化的研究出现由"稳定而深入的"20 世纪 80 年代过渡到"多样而复杂"的 20 世纪 90 年代②的嬗变，学者们综合不同的研究范式和学科思维方式使其概念变得纷繁芜杂。综览国内外的相关资料，不难发现，中外众多学者和学派对这个概念的认识不尽相同。"全球化"或被视为社会冲突的媒介，或被当成社会冲突的结果；抑或是非单一的、同化的过程，或作为多种元素相互渗透、融合的复数整体。德国社会学家伯克（Beck）认为，全球化是"距离的消失：被卷入者经常是非己所愿、未被理解的生活方式"③；英国社会学家吉登斯（Giddens）认为，全球化指的是时间与空间的压缩及全球通讯和大众交通系统强化这种时空压缩所带来的效应"④；英国学者汤林森（John Tomlinson）认为，全球化是某种"复杂的关联性"（complex connectivity）⑤，他通过这一认识把全球化归诸"迅速发展并且不断增密的相互关联和相互依存的网络，这个网络标志着我们的现代生活"⑥；等等。

诸多莫衷一是的观点，虽因其起始点和着眼点的不同，以及标准和范围的不一，难免不相互包容、交叉或重叠，然而也正是由研究者所生发的对其概念众说纷纭的现象，才比较准确地反映了"全球化"问题在当今国际社会科学研究领域的重要地位，并折射出该研究视角所透露的"知而无涯"

---

① Theodore Levitt，"The Globalization of Markets"，*The Mckinsey Quarterly*，Mckinsey & Company，Inc.，1984，pp. 2 - 20.

② 杨雪冬：《全球化：西方理论前沿》，社会科学文献出版社 2002 年版，第 28—45 页。

③ Beck，U.，*Risk Society*，London：SAGE，1992，pp. 26 - 37.

④ Giddens，R.，*Consequence of Modernity*，Stanford：Stanford University Press，1990，pp. 43 - 56.

⑤ John Tomlinson，*Globalization and Culture*，Cambridge：Polity Press，1999，p. 207.

⑥ Ibid.，p. 2.

的全景敞视的优势。整合众多学者的认识，可以把"全球化"理解为世界不同地域及不同社会间的价值、知识、科技和行为规范（Behavioral Norms）的转移（Transfer）、调适（Adaptation）和发展（Development）。①

（二）国际化

世界复杂多样，国际化（internationalization）的界定也需要缜密而多元的检视。国际化亦如一柄双刃剑，它带动人们去冲破狭隘的观念、视野和社会网络，使人们拥有各种选择，但同时它也冲淡了人与人之间的社群关联，致使人事失之于单一化的市场交易当中。

从词源上看，"国际化"这个概念属于舶来品，来自英语国家。在英语中，"internationalization"从动态生成考量，可以理解为"使……在关系、影响或范围上成为国际性的或者把……置于国际共同管制之下"；就抽象整体诠释而言，是指"成为国际性的活动或者过程"。从词汇构成的角度看，它可以理解成不同国家（nation）之间（inter）的相互关系和相互影响，因此"国际化"重视多样性和差异性的相互依存，主张不同国家在平等对话和相互作用的过程中显现多重性或多元性。"国际化"的概念具有两个重要的核心特质，其一是一种国家间（两个或两个以上）的活动（或过程），其二是一种双向度的交流活动（或过程），即国际化是一个"引进"和"输出"的双向动态过程。②

1. 全球化与国际化的联系

国际化的本质是基于全球化事实的价值选择，它既是全球化的应对策略，又是全球化的有机组成，成为当今社会的整体特征和历史必然。或者说，国际化的合理性依据在于它是基于全球化客观事实和客观趋势的主观能动的价值选择，是对所关注领域的非合理性的扬弃，对新的、更大的客观事实的合理性的追求，国际化是全球化发展到一定阶段的产物，它可以被视为全球化系统内部联结的一种方式，昭示了全球化的某一特定的内容和表现形式。总而言之，两者相互交叉，彼此补充，但并不完全等

---

① 郑燕祥：《教育领导与改革新范式》，上海教育出版社 2005 年版，第 26 页。
② 袁利平：《教育国际化的真实内涵及其现实检视》，《西华师范大学学报》（哲学社会科学版）2009 年第 1 期。

同呼应。

"全球化"和"国际化"都是长期渐进的发展趋势,这一势头如火如荼,方兴未艾。如果说"全球化"被看作是被迫而非选择性的,以深厚的历史和生物学为基础,指向以复杂系统为特征的,结果是具有不确定性的一系列套嵌的过程①的话;那么"国际化"则是现代人类跨越时空障碍,在世界这一空间范围内沟通联系、交流与互动,又在时间这一标尺上共同面向未来、描绘明日全球一体化图景的有目的、自觉自为的必然抉择。

2. 全球化给予学校领导研究的积极影响

全球化为学校教育提供更宽广的发展视野与资源整合平台②:

①全球化搭建了学校进入国际交往的平台,有助于学校获得教育国际化的信息、资源与渠道。它迫使学校增强服务国际社会的使命,为推进教育国际化创造条件。

②全球化促使新的国际教育市场的生成,有助于拓展学校办学空间。它要求学校主动开发新的教育服务项目、提供新的教育产品,以适应教育国际化的需要。

③全球化推进学校开放办学目标的实现。促进学校思考新的教育理念,变革办学观念,为探索与建立现代学校体制提供值得借鉴的资源。同时,全球化驱动学校参与国际教育合作,有助于学校办学质量受到国际教育界的关注。

④全球化有助于开展学校教育竞争,要求学校积极主动地调整教育目标、完善教学内容,逐步凝聚学校参与国际教育活动的特色和优势。

(三)本土化

"本土化"(indigenization)问题的研究起源于对外来文化冲击的注意和思考。当西方文化在 20 世纪初给中国传统文化带来巨大冲击的时候,中西文化的碰撞、激荡震撼着一些有识之士的心灵,他们一方面关注着

---

①　David Wilkinson, "Globalization: The First Ten Hundred Five Thousand and Million Years", Barry K. Gills, William, R. Thompson. , *Globalization and Global History*, Oxford & New York: Routledge, 2006, p. 68.

②　陈永明:《教育领导学》,北京大学出版社 2010 年版,第 111—112 页。

中国文化的走向，倡导中国走现代化之路，步西方工业化国家的后尘；另一方面也关注着如何借鉴、吸收西方文化，将西方先进文化融汇到中华传统文化之中，使传统文化焕发勃勃生机。① 其中，间杂着"中国化"和"本土化"的交叉指谓。本土化指的是与本地相关的价值、知识、科技及行为规范的转移、调适及发展的过程。② 它兼具对外指向和向内强化的双向促动效应。所谓"对外指向"，即尽量采取相关的外在价值、新生事物及规范，以切合社会、社区及一线层面的本地需要；所谓"向内强化"，即提高与本地有关的价值、规范、关注、相关性及参与，并进一步鼓励本地的开发及实践。

1. 本土化与全球化的联系

如同全球化一样，本土化也有着多重意蕴。而在众多领域内的每一重意义上，本土化都与全球化构成了一种互动关系。换言之，在本土化与全球化之间存在着一种张力。因此，对本土化的理解不能脱离全球化的前提背景；反之亦然。

任何一个国家或地区，一旦进入了全球化的轨道，就会以一种无法逆转的趋势步入国际化的行列。但是，由于各个国家或地区有其特定的历史条件和空间限制，不可能被其他国家完全认同，因此，本土化与全球化的矛盾冲突在所难免。"实物"的范畴也好，"制度"的角度也罢，或者由"物质"层面延伸至"精神"层面，直至形成"本土化"的新范式，都无不体现"本土化"与"全球化"从对抗趋向消解的扬弃和创新的辩证综合关系。这种辩证关系是在事实与价值的双重维度中寻求全球化与本土化的辩证互动，理性的触角是由"实然"的事实判断指向"应然"的价值追求。③ 在此意义上，我们在全球化进程中坚持本土化的立场，就不仅仅代表着一种理性抉择、一种价值趋向，更代表着一种信念坚守。简言之，

---

① 郑金洲：《教育现代化与教育本土化》，《华东师范大学学报》（教育科学版）1997 年第 3 期。

② 郑燕祥：《教育领导与改革新范式》，上海教育出版社 2005 年版，第 27 页。

③ 王啸、邹丕振：《"现代性"的教育学话语：在全球化与本土化之间》，《江苏大学学报》（高教研究版）2004 年第 1 期。

坚持全球化与本土化的辩证互促交流，是人类在必须确立的世界教育范畴中，构建以民族国家为单位的学校领导研究的"本土"体系，兼具"地方的"和"本土的"双重含义的基本文化立场。

2. "全球—本土化"研究视角的申说

"全球—本土化"立场，通过加强全球意识和渗透本土意识两个方面共同凸显出来，这一立场在多个领域产生了错综复杂的效应，使得学校领导研究在"全球—本土化"的背景下获得前所未有的衍生潜力，出现同质化（求同）特征和异质化（存异）特征相互依存的关联影响。同时，全球化视角和本土化视角又并非相互疏离和针锋相对，全球化意识激发本土化意识的产生；而本土化意识又在对学校领导研究实践本土特色追求的强调中，表达出在学校领导研究和理论全球视野关照下的一种地方性阐述。

本书以"全球化"为立足点去审视学校领导研究，目的在于以国际理解和思考问题的全球视域为着陆基点，依循多层次、多阶段、内涵丰富的学校领导研究历史演进过程，全方位关注其动态发展趋势。如此，我们可以把当前的学校领导研究与理论作为整体的学校领导研究体系的压缩，即世界范围内的学校领导研究在向着一个整体化的趋势发展，而以民族国家为单位的各国学校领导研究作为世界体系的一个子单位与其存在着越来越多的相互关联性。

同时，本书又要坚守"本土化"的立场去微观窥察富含中国元素的学校领导研究和实践成果，旨在夯实这一学科研究的本土化根基，力求剖露与全球整体相对应的中国范围之内的学校领导理论研究亮点，并为其找寻存在和发展的理论依据。在漫长的探索征程中，集中体现了以下事实：①作为世界学校领导研究体系构成子域的中国学校领导研究与世界各国之间的交流在不断加强，并在相互依赖和互动交流中建立了新的联结关系；②在整体性日趋增强的情况下，在"全球—地方化"的过程中，包含着各国学校领导研究趋同性的发展趋势。除此之外，中国必须力图保持自身的独立性和差异性两个方面的矛盾共存。

相信随着"全球—本土化"的纵深发展，学校领导研究的开放性、同一性以及互动性的特征将日臻凸显。

## 二 领导和学校领导

### （一）领导

"抱有既定目标的人，在与他人展开竞争或发生冲突时，便动员组织上、政治上和心理上等其他资源以唤醒并满足被领导者的种种动机，这样便产生了对他人行使权力的领导"①。人类的领导实践活动源远流长，在某种意义上，有了人类群体，就有了领导活动；可以说，领导现象与人类的历史相依相伴，它产生于人类共同的劳动，是一种特殊的社会现象。

对于"领导"（leadership）这样一个熟悉的词汇，国内外的学者从不同角度和侧面给出了不同的理解与表述，可谓百家争鸣、各具匠心。"领导"的语义学含义，是从"领"和"导"的本义引申出来的。"领"原指脖项；衣之领，为衣之首端，引申为"率领"、"首领"。"导"原指疏通，引申为"教训"、"启发"②。"领导"不是通过强制与强迫别人实现的，而是要身为表率，给予启发。里士满和艾莉森（Richmon & Allison）③ 切中肯綮明确阐释，对领导问题不断给予的关注，却使领导学研究中的诸多概念更加混乱。领导，它可能（已经）被理解为：一种行使影响力的过程，一种导致服从的方法，一种人格的测量，一种说服的形式，一种相互作用的结果，一种达成目标的工具，一种激励组织的手段，一种权利关系的谈判，一种举止行为方式。领导的概念特征，不同的理论有不同的阐释，这需要实践工作者在具体的组织背景中去决定到底哪种理论方法对领导工作更具适切性。④

斯托格迪尔（Ralph M. Stogdill）等学者曾经对 3000 份文献进行研

---

① Burns James MacGregor, *Leadership*, New York：Harper & Row, 1978, p. 18.

② 张家友：《无为而治与现代领导》，http：//www. zclw. net/article/sort015/sort017/info-3225. html, 2011 - 3 - 26。

③ Richmon, M., Allison, D., "Towards a Conceptual Framework for Leadership Inquiry", *Educational Management & Administration*, 2003, 31, (1), pp. 31 - 50.

④ Ibid..

究，在总结各种学派观点的基础上，对"领导"提出了 11 种界定，我们尝试把这些观点整合为定位型、功能型、操作型和诠释型 4 种类型（详见表 0-1）。

表 0-1                                  "领导"概念的界定类型

| 类 型 | 具体解释 |
| --- | --- |
| 定位型 | 1. 领导意味着群体过程的中心<br>2. 领导意味着一种分化出来的角色<br>3. 领导意味着结构的创始 |
| 功能型 | 4. 领导意味着人格及其影响<br>5. 领导意味着一种互动中逐渐形成的效果 |
| 操作型 | 6. 领导意味着劝导服从的艺术<br>7. 领导意味着影响力的运用<br>8. 领导意味着一种说服的形式<br>9. 领导意味着一种实现目的的手段 |
| 诠释型 | 10. 领导意味着一种行动或行为<br>11. 领导意味着一种权力关系 |

"领导"在汉语里有时指名词性的领导，即"领导者"或者"领袖"，有时也指动词性的领导，即领导活动或者领导实践。而在英语中，"领导"一词可以对译为 3 个词，即 leader（领导者）、lead（引导、带领）和 leadership（领导权、领导力、领导方式、领导意识、领导能力、领导行为、领导过程等）。

谈及领导的话题，人们很自然地联想到管理活动。在实际行使领导权的过程中，会触及到组织管理的具体环节。因此，在英语中 administration（行政）、management（管理）、govern（统治）、control（控制）、supervision（监督）等又把领导活动的实施范畴具体化了，暗示出领导与管理相对独立又密切联系的关系。特此说明，按照汉语表意习惯，本书论及的"领导"主要包括两重含义：其一，指领导活动，即具有影响力的个人或集体，在一定环境下，运用权力，通过示范、说服、命令等途径，发挥人格魅力的感召力来影响群体思维和行为，实现群体目标的过程；其二，偏指"领导者"。

（二）学校领导

有关"领导"，浩瀚的文献海洋充斥着各种领导模式和理论，在教育领域特别是学校领域，与领导的概念相似，学校领导也涉两方面的内涵：一是以学校组织为中心的领导活动；二是学校领导者。

路易斯和麦尔斯（Louise & Miles）强调学校领导是为学校建构一种使命及方向。[1] 国内学者也坚持认为，学校领导是确定学校的发展方向与愿景，对全体教师施加积极影响，使其积极主动地为实现组织目标而努力工作的过程与活动。[2] 按照美国国家教育管理政策委员会的界定，学校领导是为个人或团队的过程提供目标和方向；塑造学校文化和确定价值观；促进学校制订战略规划并确定愿景；确定目标并与员工一起规划变革工作；在考虑社区和学区优先事项及师生员工需要的前提下确定学校自己的优先事项。[3]

在教育组织中，学校领导与学校管理相互依存，两者相对平行、相对独立，彼此不可替代。学校领导侧重激励与创新，致力于引领学校组织走向变革性的发展；而学校管理强调组织与控制，关注学校组织日常秩序的维持，前者综统全局，后者聚焦局部；前者放眼未来，后者俯首当下；前者宏观定调，后者着眼实处。

1. 全球化视角下的学校领导

学校领导者应该致力于建立全球的联系，把世界各地最好、最丰富的知识资产、资源和创新的理念与技术带入师生的教学和学习中[4]，在团队、班级、个人层面上发展教学和学习交流的国际伙伴关系，通过互动和分享，共同学习全球化的新课程内容。

2. 本土化视角下的学校领导

学校领导者应该成为本土化变革的践行者，加强包括社区和家长参与的学校教育建设，促进学校与家庭之间的合作，落实学校绩效责任保证（Accountability Assurance），积极推进校本管理，开发校本课程和社区相关

---

① Louis, K. S., Miles, M. B., *Improving High School: What Works and Why*, New York: Teachers College Press, London: Cassell, 1991, pp. 43－56.

② 温恒福：《重视和加强教育领导学的研究》，《教育研究》2004 年第 9 期。

③ ［美］威廉·G. 坎宁安、保拉·A. 科尔代罗：《教育管理：基于问题的方法》，赵中建译，江苏教育出版社 2002 年版，第 153 页。

④ Daun, H., "National Forces, Globalization and Educational Restructuring: Some European Response Patters", *Comapre*, 1997, 27, (1), pp. 19－41.

课程，努力在更多方面发展与本地区相关的新课程内容。除此之外，学校领导更要争取本土现实环境的优势，通过地域间的广泛联系，达成合作共识意识，满足各层次教学和受教育者的迫切需要，最终使体现"中国气派"的领导理念、管理策略与国际社会顺利接轨，在确立"自我"的前提下，不断扩展影响力，缔结兼收并蓄的多元依存关联关系。

表0-2比较了两个视度之下学校领导研究交互影响的探索启示。

表0-2　　　　　　　　基于两个视度的学校领导研究的启示

| 视　角 | 发展启示 | 交互探索 | 核心 |
|--------|---------|---------|------|
| 全球化 | 扩大影响力，扩展研究范畴和向度，缔结兼收并蓄的多元依存关联，以面对国际情境的复杂性和模糊性，迎接全球化的挑战。 | 立足整体，自外向内渗透影响，辩证扬弃，理性抉择。具有普遍性的特殊化和特殊性的普遍化的双重特征。 | 交互共识 |
| 本土化 | 加快区域化推进的速度，逐层落实，善于挖掘、利用本土优势，把具有地域代表性的研究成果不断推陈出新。 | 坚守本我，自内向外巩固融入，形成共识，渐进突出。具有个别化的综合性和综合性的个别化的双重特征。 | |

## 三　中国元素

学校领导研究应该根植于民族文化传统之中。传统文化将为学校领导理论和研究提供学术与思想资源。与学校管理相比，学校领导的基本职责是以构建愿景、确定方向、阐明形势、制定战略为目标。对身处现代知识社会的学校来说，无论社会环境发生怎样的改变，指导学校发展愿景的价值取向是学校教育追求的真善美，目标是建成积极向上、承担社会知识传播与创新使命的机构。

鉴于此，学校是社会真善美的化身，其荣光在于对健康的价值观念、基本的人性关怀的坚持与崇尚。"中国元素"中汇集着人们在历史发展过程中创造和发展起来的具有本民族、本地域特点的文化营养，既包括物质成分，又包括精神意蕴，是一个动态发展的过程。这当中，特有的文化符号连接着一个民族的精神世界，能召唤起这个民族的无尽想象。它所指的意义也很容易被同一地域群体的人们所领悟。因此，富含古老文化传统的"中国元素"拥有伦理、德性、人道等核心基质，尤其是它们当中对人生意义的困惑、反思与追问，对人生价值之源的探究与构建，是学校领导发展不可或缺的价值之本。"中国元素"相对于"本土化"是介质与载体的关系，两者间的促动性张力发挥着传承、选择和创造的功能。

被大多数中国人认同的、凝结着中华民族传统文化精神，并体现国家尊严和民族利益的形象、符号或风俗习惯，均可被视为"中国元素"，它不仅仅是传统文化的一种象征。按照不同的划分标准，"中国元素"有不同的分类，主要包括：现代著名建筑及伟大成就类；著名历史人文景观类；重大发明创造、创举类；民俗节日、手工艺、服饰、特色食品等类；传统戏曲、乐器、体育项目类；重要学术思想、著作类；著名历史人物类；著名自然景观类；动、植物类（含图腾、吉祥物等）；著名城市、企业、学校类。而今，世博风潮刚过，中国馆主体的"中国红"色调，就是"中国元素"的典型彰显。建筑也好，古圣先贤也罢，"中国元素"充斥着世界的任一角落。在这里，我们把本书中的"中国元素"限定为著述立说、探索结晶，侧重凸显中国在学校领导研究方面的特色理念、创新成果和实践经验，旨在型塑学校领导研究"本土化"的蕴含，追踪学校领导研究相关知识的生存与演化的复杂运动，聚焦具有民族特色、浸润地域氛围的思想意识或系列化的改革实践活动，通过"文化命脉的寻找、文化价值的转化、文化生境的创生"①，强化认同并推广该研究"本土化"进程的内生性思想意识，在本土情境之下，致力于为其研究前沿领域增添中国特色和中国经验，致力于形成具有中国命脉、中国气派和中国魂魄的学校领导研究理论或范式，试图使体现"中国元素"的本土价值、学科知识和体制规范的学校领导实践发生变革并引起共鸣。

因此，注入"中国元素"的学校领导研究前沿，就表层而言，标识了"放眼世界、研究他人，重塑自我"的价值取向；就深层而言，反映了本土研究或区域研究的创造与提升，深化了"西体中用、唯我是瞻"的底

---

① 叶澜、李政涛、吴亚萍：《学校转型性变革中的评价改革——基于"新基础教育"成型性研究中期评估的探究》，《教育发展研究》2007年第4A期。

蕴。在当今不同民族的教育和文化不断接触、碰撞与交流、融合的态势下，对"中国元素"的寻根和培植，有助于深化对学校领导研究的认识与理解，有利于加快学校领导变革进程和领导理念的更新，进而推动该研究由"互识"达成"共识"，由"互证"趋近"确证"，由"互接"实现"互补"，由"共存"求取"共赢"。

## 第二节 研究的背景、依据和意义

自 20 世纪 90 年代以来，国际政治、经济环境发生了深刻变化。学校领导改革与发展成为新世纪关注的热点。一方面要面对全球化的挑战；另一方面又要响应本土化发展的需求，两者之间的协调发展，不仅是满足学校领导研究自身需求的必然选择，也是受到一定政治、经济、科技、文化等诸因素影响的结果，应该将其放在全球一体化的宏观背景与地域性的微观参照系下进行深刻认识。鉴于此，对学校领导研究的"内应外合"的全新审视，既是潮流，又是必然。

### 一 研究背景

在全球化进程中，由于各地方的响应不同，形成了全球与地方的辩证关系。学校领导研究"全球化"和"本土化"所存在的矛盾性是客观的、必然的，它们既可以保持中西学校领导研究的相互依赖，又可以丰富整体学校领导研究的多样性。忽略前者，学校领导研究的全球化就失去了根本意义，中国的学校领导研究将会在故步自封中因不能吸收新的理论滋养而落后于整个世界；忽视了后者，学校领导研究前沿将失去具有中国特色的宝贵素材，造成该研究的营养不良和后天不足。所以，在全球化所带来的机遇下，作为发展中国家的中国，就必须在彰显民族性征的本土研究中坚守自我、变革创新以顺应学校领导研究发展的时代诉求。

（一）理论背景

全球化造成的边界争端利弊互见，机遇与挑战并存，在诸多社会领域产生了错综复杂的效应，学校领导研究全球化也在其中占有重要一席。20

世纪以来，学校领导研究取得质的飞跃并表现出颇为明显的特征，可以概括为①：第一，学校领导理论探讨已走出单一偏重科学主义倾向的研究时期，走向科学方法和哲学反思的综合；第二，学校领导研究的焦点呈现集群化的趋势；第三，大多数学校领导新概念都融合了多种理论，形成了理论之间复杂的从属演变关系。随着政治、经济、科技、文化全球化的纵深发展，学校领导研究领域特别是其研究前沿不断被赋予新的内涵，其重要影响在当今社会日益突出。

而凸显"中国元素"的本土化尝试，蕴含着一系列复杂的、甚至是自相矛盾的研究探索，随之产生一系列必然发生的事实：学校领导理论将被重新情境化或地域化、相关理论之间的界线不断被重新划定、学术争鸣的声浪此起彼伏……

但最终的结果毋庸置疑——学校领导研究将在"全球化"与"本土化"的合力拉伸牵引下持续发展。多元且不断更新的知识重组单元不断涌现，凸显了学校领导研究前沿的延展和跨越的程度，无论是新的宏观知识模式还是针对概念理论的微观分析，都将促进该研究的发展与成熟，并逐渐演变成完善其自身体系和研究范式的语境形式：

①如何构建一个适用的、灵活的、兼容并包的学校领导学科体系框架；

②如何辨识和发现其研究领域中的"空白"或者"盲点"，然后征求、筛选、协作、借鉴……达到研发该领域最新技术的发展水平；

③如何分析中西方研究的差异，形成并巩固具有中国特色的研究命脉和研究流派；

④如何应对该研究系列中内部"地方"子域的推进拓展与外部"国际"潮流趋势的衔接、过渡和互补性交流；

⑤如何交流、借鉴、吸收、融通其他研究领域的概念理论与工具技术，然后以综合的方式"为我所用"。

（二）现实背景

在现实社会，学校外部已经发生翻天覆地的变化，学校面临更为复杂

---

① 蔡怡：《教育领导理论新进展》，《比较教育研究》2007 年第 1 期。

的环境、更高的要求和更大的问责，相应地，学校领导与管理的自主性不断提升，学校领导与管理的开放性日臻增强，学校领导与管理的个性化渐趋明晰，学校领导与管理的创新性愈加突出，这些变化为本书提供了可资借鉴的鲜活素材，也使该研究前沿与个体案例成果具备了理论与实践相结合的实证价值。

面对日新月异的外部世界，单从教育决策与学校行政的角度观察，学校领导者至少在四个层面发生大幅度的转变：一是教育价值观的模糊化，市场化所营造的商业气息与效益竞逐浸润着教育目标，对各级教育产生作用；二是校园文化的解构，互联网的渗透已经很大程度上改变了校园的意涵，似是而非的文化氛围制造了教育的新困惑；三是边界逐渐模糊的开放环境打通了知识与信息的渠道，"天涯咫尺"跨越了国境或其他行政区域的阻隔，全球化成为知识社会的基石；四是社会化专业成长前进道路的延伸，以人为本的校本化运动与接近教育真相的本土化实践，为达成共识、构建学习型组织等方面做出了成功的尝试。

全球化和本土化意味学校领导与管理的变迁与转型，新的格局必将成就一种通行的标准或状态，为张扬学校领导现代性提供平台。在这一平台上，超越国界、文化的理念和氛围与区域性和地方化的学校领导、管理、科研以及社会服务等主要功能结合在一起，这种结合实为实践哲学的一种，体现了一个包罗万象的变化过程，既有学校内部的变化，又有学校外部的变化；既有自上而下（top-down）的引领变革，又有自下而上（down-up）的主动参与；还有学校自身的政策导向变化。

## 二 研究依据

为迎接全球化及教育改革的冲击，学校组织变得多元复杂，无论在构思、评估、监察、管理及改进等方面，学校领导事宜都需要重新探究，做细节化、多角度的检视。

在教育管理领域，学校领导是被研究最多的主题之一，因为人们认定领导是改善学校教育的关键。但是，学校作为一个学术领域，其研究状况不容乐观，虽然经过半个多世纪的努力，但是研究成果与人们的期待还有相当大的差距，并未与当前政治实践等全球化和国际化的问题保持一致。基于全球化的视野，分析具有中国特色的不同地理文化区域的学校领导研究成果，深入探寻该领域的前沿理论与中国本土化实践的发展性弘扬和僵固化扬弃的演进过程，更有助于对学校领导变革的时代背景深入理解，为未来学校领导研究开启更为广阔的前景。

20 世纪 90 年代以来不断出现的学校领导理论成果，为该领域带来了更多"教育"个性化和本土化的特质。学界对学校领导研究的较为根本的问题，业已达成广泛共识。尽管如此，学校领导理论和相关研究仍有大量需要改进和解决的现实问题，尤其是其研究前沿与中国本土现况的对接和对抗的矛盾共存关系。这当中，出现了一系列探索"荒芜区"和"过渡地带"，使学校领导研究和实践必须直面中国式的实际困境。例如，领导者如何运用学校层面的变量去干预学校效能，并使这些变量与组织愿景产生交互影响；分布式领导（Distributed Leadership）对改善学校领导效能发挥潜在的作用，它亟须与学习型组织的构建有机整合，补充必要的实验探索案例以佐证两者之间的"契合"关系。除此之外，学校领导学术研究与实践的关系问题，国民文化对学校领导和学校管理的影响问题和学校领导者的专业发展问题，都有待进一步研究和发展。① 上述这些需要进一步的探索，可以延展出更丰富的具有前瞻性的题旨。

学校领导研究整体及内部子域与其他领域、学科交往的广度、深度直接影响着该研究的开放程度，站在全球化的高度审视中国本土化的微观探索实践，既可以掌控高屋建瓴的优势，又不丧失民族研究命脉的寻根意识，寻法觅理，挖掘该领域前沿理论中所蕴蓄着的批判继承的借鉴价值，把学校领导研究作为研究单位的社会科学的知识取向或追求，为研究中国学校领导的现状铺就理论路径。关于学校领导研究前沿与"中国元素"的交互接榫，潜藏的三条规律值得关注，即理论整合（差异、张力和冲突在所难免）过程中研究疆域的扩展，领导角色改变而带来的学校组织变革，相关研究间知识交流引发的思维方式的弥合与工具选择

---

① 冯大鸣：《美、英、澳教育管理前沿图景》，教育科学出版社 2004 年版，第 86 页。

的理解。

总之，利用由于时空伸延（time-space distanciation）而日益强化的时空压缩的效应，借助"全球化"与地方性环境和地方性活动的相互依存不断发展的关系，来探索具有中国特色的学校领导实践的渐进推展的过程，既是理论自省更是探索创造。

### 三  研究意义

#### （一）理论意义

全球化是一个长期渐进的过程，包括跨国家、跨地域的人类知识和经验的扩散。我们有理由坚信，学校领导研究与进展，可以从一个国家扩散至其他国家，或从一个地区扩散到其他区域，很自然地这些区域的学校领导变革会具有一定的共通性。从学术的观点来看，如果我们可以找出这些共通性或趋势，也许就可以发现一种交互影响的端倪，也可以验证某些追求学校领导效能的知识与经验，并适切地加以改造，使之升格于"自觉"和"自为"的层面，使其有助于本国的发展或教育组织个体的成长。学校领导研究前沿与中国本土或区域实践相结合的问题，可以丰富学校领导理论的积淀，既是对"本土化"意蕴的型塑，又是对"全球化"内涵的辩证扬弃。

#### （二）现实意义

构建具有中国特色的学校领导研究的理论体系，以扬弃的态度重新回归并反思已有研究成果，赋予既有研究以现代意义和现代精神，重新对传统价值影响力做出相应的梳理和评析，努力使国家民族的主流价值观具体细化到学校组织建设中去，以期走出一条"血肉丰满"的学校领导实践探索之路，使中国的学校领导研究拥有"血性"和"魂魄"。

#### （三）发展意义

学校领导研究在全球化和本土化的理论探索中，可以获得更大的发展机会，这不仅是一个被动浸润的状态，更是一个主动适应的过程。在这一变化中，不仅中国的学校领导实践被"全球化（globalized）"了，该领域的理论前沿也会因"中国元素"的注入而被"中国本土化（Chinese-localized)"了，如此矛盾的运动过程无疑为整个学校领导研究领域的推陈出新创造了契机。

## 第三节 本书的研究思路和主要内容

### 一 思路框架

本书的研究思路和内容框架如图0-1。

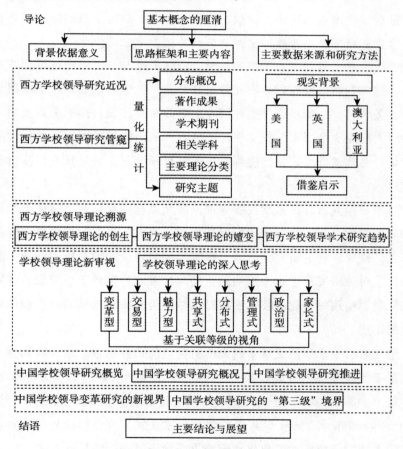

**图0-1 研究思路和主要内容框架**

## 二　主要内容

本书主体由五章构成，分成四个部分。导论和结语各为一个部分，第二部分包括第一、二、三章，第四和第五章构成第三部分，主要内容如下：

第一部分为导论。首先，厘清与本书研究相关的基本概念，即"全球化"、"国际化"和"本土化"，目的在于探究它们的联系；其次，比较了"领导"和"学校领导"的关联与差异；再次，提出对"中国元素"的认识；最后，提出本书的研究背景、依据和意义，拟定本书的思路框架和主要内容，介绍本书主要数据来源和研究方法。

第一章着力阐释西方学校领导研究的基本近况。主要通过量化统计的方法，整理归纳出西方领导研究的地区分布、关键著作成果、学术期刊来源、相关学科、主要理论分类和研究主题分布等方面；接下来以美国、英国和澳大利亚3个国家为例，探讨了西方国家学校领导研究滋长壮大的现实背景；在此基础上，总结提炼对中国学校领导理论研究具有借鉴价值的研究启示。

第二章探究西方国家学校领导理论的溯源与传承问题。整体上按照历史发展的线索，从三个方面平行展开论述。聚焦于西方学校领导研究的创生问题，探寻该理论研究的起点；聚焦于关键理论的嬗变历程问题，分时期探究了对该研究产生重大影响的重要理论观点；聚焦于学校领导研究的发展问题，使用可视化的技术手段对该学术研究前沿领域的演变趋势做了相应的论述。

第三章属于承续前文学术研究前沿领域的延伸探索。结合共词分析理论，基于关联等级的视角，重点探讨了变革型学校领导、交易型学校领导、魅力型学校领导、共享（式）学校领导、分布式学校领导、管理（式）学校领导、政治（型）学校领导和家长式学校领导的理论观点；并通过积木状的组块模型形象化地诠释出一种研究问题的思维方式。

第四章把研究视野从国外转回国内，集中论述了中国学校领导研究的发展情势。主要围绕"十一五"规划期间的学校领导研究情况对国内该研究的整体状况做出评介。因循学校领导研究推进发展的脉络，从纵横两方面展开论证：纵向上基于历史发展的进程；横向上选择学科和研究主题对国内领导研究进行微观审视；除此，选择变革时期的学校领导角色定位问题做了实证方面的尝试性研究。

第五章以"生命·实践"学派的关键学者作为研究对象进行深层次的例证阐释。首先引入了"渗延"的研究视角，以专门（"生命·实践"学派的关键学者有关学校转型性变革的探究成果）研究为载体，对中国学校领导研究"全球化"和"本土化"的"渗延"问题提出个人的见解和思考，进而阐发了达到学校领导研究"第三极"境界的观点。

最后一部分为结语，总结概括本书主要结论，明确未来研究方向。

## 第四节　本书的主要数据来源和研究方法

### 一　主要数据来源

本书所用的主要数据来源于《中国期刊全文数据库》（CJFD，Chinese Journal Full-text Database）、《中国学术期刊网络出版总库》（CAJD，China Academic Journal Network Publishing Database）、中国国家图书馆馆藏图书和《社会科学引文索引》（SSCI，Social Science Citation Index）。

从上述四个数据库中检索出了理论研究需要的原始数据，作为国内与国外学校领导相关研究的量化数据源。研究中，国内学校领导期刊论文的数据主要从 CJFD 和 CAJD 中提取；学校领导专著成果的数据从国家图书馆馆藏图书中提取；外文文献数据从 SSCI 中提取。本书关键数据内容说明如下：

（一）学校领导理论前沿（SSCI，1996—2011，检索时间：2011 - 11 - 28）

为了确保资料全面、权威而准确，特别对出现在文献篇名、摘要和关键词中的"学校领导"的相关英文表述做出明确对译，以便纳入汉语涉及的"学校领导"的表义范畴，根据前文"学校领导"相关界定内容，结合中外相关研究文献，将数据检索式设计为：

TS = ((education *) SAME ((administration) OR (management) OR （govern） OR （control）

　　OR （supervision） OR （leadership） OR （leaders）））

　　TS = （（school＊） SAME （（administration） OR （management） OR （govern）

　　OR （control） OR （supervision） OR （leadership） OR （leaders）））

　　TS = （（class） SAME （（administration） OR （management） OR （govern） OR （control）

　　OR （supervision） OR （leadership） OR （leaders）））

　　TS = （（（classroom） SAME （（administration） OR （management） OR （govern）

（govern）

　　OR （control） OR （supervision） OR （leadership） OR （leaders）））

　　本书研究使用的 SSCI 数据只涉及论文（article）数据，不包括评论（review）、讨论（discussion）、通信（letter）、人物传记（biographical-item）等其他文献类型的数据，选择语种为英语，初步获得 10316 篇文献数据，进一步精炼学科范畴及相关主题遴选，共计 5352 篇，其中有 3429 篇文献完全隶属教育学科范畴，即 EDUCATION，SCIENTIFIC DISCIPLINES、EDUCATION & EDUCATIONAL RESEARCH、EDUCATION，SPECIAL、PSYCHOLOGY，EDUCATIONAL 等。

　　（二）中国学校领导研究释要

　　1. CJFD，1979—2010，检索时间：2010 - 07 - 26

　　本书精确查询范围为"教育与社会科学综合"，统摄于"学校领导"研究主题之下，选择"学校领导"为篇名检索项，匹配为"精确"，剔除新闻报道、人物传记（访谈）、图书（出版）讯息、学校简介、会议纪要、工作总结、征稿启事等其他文献类型的数据，重点研究期刊论文，合并少数一稿两投或多投的篇章后获得 2993 篇论文。

　　2. CAJD，时间不限，检索时间：2010 - 11 - 22

　　本书把学科领域锁定为"人文与社会科学文献"，选择"社会科学Ⅱ辑"几乎涵盖所有教育学科范畴下设的 13 个子库作为检索数据库，以"核心期刊"为期刊源，以"学校领导"为研究主题，经过去噪净化处理后最终保留 1348 条数据，文献发表年限从 1992 年至 2010 年，跨度为 19 年。

## 二 研究方法

学校领导研究的综合性、复杂性、发展性和开放性决定了该领域研究方法的多样性。本书作为一种结合量化研究的理论探索，主要采用以下研究方法：

（一）定性分析法

即用文字来描述而不是用数字和量度来说明事物的性质或属性的方法。具体采用经验总结法、历史法、跟踪关键学者文献法和比较研究法等。

1. 经验总结法

对学校领导研究中形成的感性认识和基本观点进行分析、归纳和概括，使业已形成的感性认识得以理性升华。

2. 历史法

瞻前（透视过去）顾后（指向未来），对学校领导研究的演进历程的特点和规律蹑迹寻踪，以发展的眼光把该研究的纵深推向前沿领域和热点主题。

3. 跟踪关键学者文献法[①]

学校领导理论的著述成果与日俱增，充作研究样本的资料较之卷帙浩繁的学校领导科研成果毕竟微不足道，可以集中精力主要收集研究相关问题的权威学者们（例如以叶澜教授为代表的"生命·实践"学派）的相关文献，从中获得启发，寻求研究的切入点和衔接点。

4. 比较研究法

将学校领导研究置于全球化背景下考量，从纵向上，把握该领域的演进脉络，追踪不同历史阶段其理论研究的动向态势；从横向上，对不同类型的学校领导模式和不同地域的学校领导实践剖析对照，归纳提炼某一时段不同学术文本的学校领导理论的研究主题，作为整合该领域研究成果的

---

① 孙绵涛、罗建河：《教育管理若干问题的探索》，《教育研究》2004 年第 9 期。

划分依据。纵横结合，探究其学术研究活动。

（二）定量研究法

即用数字和量度来描述对象的研究方法，主要包括：

1. 共词分析法

使用共词分析法①，为确定理论主题奠定基础。该方法主要统计一组词中两两之间同时出现于一篇文献的次数，以这种"共现"次数反映这些词之间的关联程度。其基本原理为，两个词的"共词强度"（指两个词同时出现于一篇论文中的次数）越高，则这两个词之间的关联越紧密。

2. 可视化的知识图谱法

近20多年来，由于电子信息技术的迅速发展，人们通过各种先进的可视化技术，获取大量信息，并将其绘制成科学知识图谱。从手工绘图开始，到多维尺度分析、社会网络分析、地理信息系统（GIS）、CiteSpace图谱等不断更新且多元并用的可视化技术手段，成为推动科学计量研究持续发展的有效助力，使得该研究如虎添翼。可视化的研究方法被用于自然科学已不在少数，将其推广于教育管理学中也必定会有可为空间。本书利用知识图谱（Mapping Knowledge Domains）② 法可视化学校领导研究的发展情势，主要运用 SPSS 多维尺度分析图和 CiteSpace 图谱呈现该理论的分布格局，用 Ucinet 绘制相关研究的社会网络，形象地描述和说明学校领导研究概况，希图展示该领域未来发展趋势，为揭示学校领导全球化与本土化结合问题做出有价值的探索尝试。

①相关分析（Correlation Analysis）。研究变量之间关系紧密度的一种统计方法，通过相关系数（Correlation Coefficients）值精确地反映变量之间关联强弱的程度。利用双变量（Bivariate）相关分析，探究学校领导研究高频词间的关联度等级，以此探究学校领导理论的新进展；利用距离（Distance）相关分析，为因子分析和多维尺度分析奠定基础。

---

① Law, J., Bauin, S., Courtial J., Petal., "Policy and the Mapping of Scientific Change: A Co-Word Analysis of Research into Envir-on-Mental Acidification", *Scientometrics*, 1988, (14), pp. 251 – 264.

② Small, H. G., Griffith, B. C., "The Structure of Scientific Literatures I: Identifying and Graphing Specialties", *Science Studies*, 1974, 4, (1), pp. 17 – 40.

②因子分析（Factor Analysis）。它是主成分分析的推广和发展，也是应用降维方法进行统计分析的一种多元统计方法。它研究相关矩阵和办方差矩阵的内部依赖关系，将多个变量综合为少数几个因子，来再现原始变量与因子之间的相互关系。

③多维尺度分析（Multi-Dimensional Scaling，MDS）。将因子分析的结果附以可视化图形，从图中可以直观的看出因子（主要代表文献、作者、关键词或研究主题）聚类间的关系。

④CiteSpaceⅡ图谱分析。2004年，华人学者陈超美（Chaomei Chen）基于Java程序语言开发了科学文献分析与知识图谱可视化软件CiteSpace，通过对科学文献题录数据尤其是引文数据和关键词数据的分析和处理，以图谱的形式辨识和探测学科知识领域的研究热点，预测知识领域发展的前沿趋势。本书利用CiteSpace II软件，展示被引文献及其施引文献标题短语混合网络（hybrid network of cited article and citing terms）所表达的研究主题聚类，为探索学校领导前沿领域的研究热点提供线索。例如，使用其中的Cluster分析，选择修剪子项最小生成树（minimum spanning tree）、修剪分段网络（pruning sliced networks）和修剪混合网络（pruning merged the networks），呈现学校领导研究领域的分段发展趋势。

⑤社会网络分析（Social Network Analysis），作为一种跨学科的研究方法，借助它可以为可视化研究理论关联表象补充一种"关系论的思维方式"[1]。网络中的节点可以代表高频词、重要理论，节点间的连线表示它们之间的关系，通过节点之间的关系而非每个节点的实际贡献来研究社会系统的结构[2]，参考中心度（centrality）等数值试图发现对"学校领导"研究具有关键影响力的理论或者主题。

⑥路径分析法（Path Analysis）它是遗传学家莱特（Sewall Wright，1889—1988）在解释遗传学中的因果关系时提出来的一种研究变量间所谓"直接"效应（Direct Effect）的分析方法。他将一些变量看成是另一些变

---

① ［英］约翰·斯科特：《社会网络分析法》（第2版），刘军译，重庆大学出版社2007年版。

② Otte，E.，Rousseau，R.，"Social Network Analysis：A Powerful Strategy，also for the Information Sciences"，*Journal of Information Science*，2002，28，（6），p. 441.

量的"起因",而后者则看成是"效应"。这种因果关系,因具体研究对象而异。这一方法旨在尽可能地将相关系数所给出的定量信息以及所掌握的关于因果关系的定性信息结合起来,以给出对因果关系的一个定量的解释。利用 LISREL 软件对《变革时期的学校领导角色定位调查问卷》的统计数据的 SPSS 因子分析结果做出验证,以便深入探寻学校领导角色定位和体现该角色的领导行为(以测试题项描述显示)之间的潜在联系,为揭示变革时期学校领导角色的实证分析研究提供拟合模型参考。

3. 问卷调查法

整理专家访谈文字记录,汇总提取信息编码,在此基础上编制《变革时期的学校领导角色定位调查问卷》。采集大连地区的代表高校样本进行调查,为探究学校领导 6 大定位角色提供现实依据。

# 第一章

# 西方学校领导研究近况概览

自有人生，便有教育，学校领导活动古已有之，绵亘至今。纵观各国有文字记载的文明史，在各个国家和民族的文化中，都包含领导实践方面的内容。学校领导实质上是一个实施领导影响力的过程，同时也是一种开放的、层次清晰和职能明确的系统。在教育管理领域中，学校领导一直备受关注。随着学校领导理论和实践的发展，有关学校领导的研究也在不断增加并日趋深入。

## 第一节　基于量化统计的学校领导研究管窥

### 一　学校领导研究地区分布概况

领导理论是西方的产物，把领导活动纳入到科学研究的程式中，试图通过一些实证式的研究和逻辑化的推理，得出一些普遍性的结论，是西方领导理论的一个重要特色。[①]

大约在 20 世纪 80 年代，西方有关教育、教学领导方面的研究文献大量出现，尤其是英、美、澳等国家对学校领导发展的研究与实践在最近十多年中取得了很大进展。我们以 "school leader＊" 为主题，匹配 "English" 和 "Article" 对 SSCI 数据库进行检索（检索时间为 2010 年 10 月 30

---

① 刘志华：《学校领导学》，广东高等教育出版社 2008 年版，第 14 页。

日），获得共计 1442 条结果，其中按照国家/地区分布排在前 15 位的国家/地区（见图 1 - 1）。图中显示美国以 309 条记录高居首位，超出屈居次席的英格兰（39 条）多达 270 条，其余跻身前五位的国家/地区依次是，澳大利亚（34 条）、加拿大（27 条）和中国大陆（27 条），中国大陆与加拿大记录数相等，虽然位次靠前，但与美国之间还存在不小差距，值得欣喜的是，中国台湾进入了前 15 位。

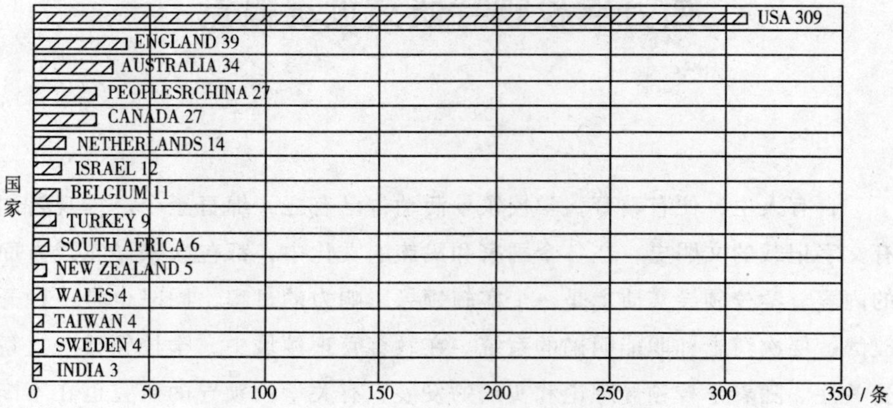

图 1 - 1　SSCI 以 "school leader＊" 为主题的文献来源国家/地区

## 二　学校领导研究著作成果概况

1978 年，美国著名的领导学学者詹姆斯·麦格雷戈·伯恩斯（James MacGregor Burns）出版了《领导论》（*Leadership*），从理论发展的角度来看，《领导论》是一部了不起的原生性（seminal）作品。它的出版面世，带来了一个崭新的领导概念，提供了一种崭新的领导理念，开辟了一个崭新的领导研究视点，也把后续的研究带到了一个崭新的讨论层面。

在《领导论》问世十余年后，进入 20 世纪 90 年代，教育领域中才有学者将变革/转化式领导（Transformational Leadership）移植到教育组织背景下进行研究。承蒙《领导论》的启发，有学者对教育领域中的道德领导（Moral Leadership）做了进一步挖掘，探寻真正适合学校组织的道德领导理论。另有学者从个体、群体或组织层面，社会或政府立场以及跨文化视角研究某一领导理论，为学校领导研究补充了新鲜的血液。随之，又有一大批学者出版了一系列重要的学术论著，这些论著不仅结构严谨，学风踏实，更重要的是观点犀利，各具风格，堪称经典力作。表1－1归纳整理了20世纪70年代末以来有关学校领导研究颇具影响力的部分著作成果。

表1－1　　　20世纪70年代末至今学校领导研究部分著作成果

| 著者 | 国家/地区 | 著述 |
| --- | --- | --- |
| 詹姆斯·麦格雷戈·伯恩斯 | 美国 | 领导论/领袖（*Leadership*） |
| 霍基金森（Hodgkinson, C.） | 加拿大 | 教育领导一种道德艺术（*Educational Leadership：The Moral Art*） |
| 迈克尔·富兰（Mickael Fullan） | 加拿大 | 学校领导的道德使命（*The Moral Importance of School Leadership*） |
| 迈克尔·富兰（Mickael Fullan） | 加拿大 | 教育领导学（*Educational Leadership*） |
| 雷宾斯和马兰德（Ribbins & Marland） | 美国 | 校长的领导极为重要（*Headship Matters*） |
| 罗伊·格雷斯（Grace, R.） | 美国 | 学校领导学（*School Leadership*） |
| 雷斯伍德等（Leithwood） | 美国 | 教育领导与行政国际手册（*International Handbook of Educational Leadership and Administration*） |
| 雷斯伍德 | 美国 | 为变革的时代转变领导方式（*Changing Leadership for Changing Times*） |
| 托马斯·萨乔万尼（Thomas J. Sergiovanni） | 美国 | 道德领导：抵及学校改善核心（*Moral Leadership Getting to the Heart of School Imporvement*） |
| 塔赫·阿·拉伊科（Taher A. Razik）和奥斯丁·迪·斯万逊（Austin D. Swanson） | 美国 | 教育领导的基本思想（*Foundamental Concepts of Educational Leadership*） |
| 郑燕祥 | 中国香港 | 学校效能与校本管理：一种发展的机制（*School Effectiveness and School-Based Management：A Mechanism for Development*） |
| 埃德顿·M. 布里奇斯（Edwin M. Bridges）等 | 美国 | 以问题为本的学习在领导发展中的运用（*Implementing Problem Based Learning in Leadership Development*） |
| 波·达林（Per Dalin） | 挪威 | 理论与战略：国际视野中的学校发展（*School Development：Theories and Strategies, An International Handbook*） |
| 荣格（Gronn） | 美国 | 教育领导的新事业（*The New Work of Educational Leaders*） |
| 罗斯·马润（Russ Marion） | 美国 | 教育领导学（*Leadership in Education：Organizational Theory for the Practitioner*） |

续表

| 著者 | 国家/地区 | 著述 |
|---|---|---|
| 戴维·W. 约翰逊<br>（David W. Johnson）等 | 美国 | 领导合作型学校（Leading the Cooperative School） |
| 约翰·雷，沃尔特·哈克<br>（John R. Ray，Walter G. Hack）等 | 美国 | 学校经营管理：一种规划的趋势（School Business Administration：A Planning Approach） |
| 厄本恩，休斯，诺里斯<br>（G. D. Ubben & L. W. Hughes & C. J. Noris）等 | 美国 | 校长论（The Principal） |
| 唐·倍根（Don Bagin）等 | 美国 | 学校与社区关系（The School and Community Relations） |
| 罗伯特·伯恩鲍姆<br>（Birnbaum，R.） | 美国 | 大学运行模式：大学组织与领导的控制系统（How Colleges Work：The Cybernetics of Academic Organization and Leadership） |
| 艾伦·A. 格拉特索恩<br>（Allan A. Glatthorn） | 美国 | 校长的课程领导（The Principal as Curriculum Leader） |
| 托马斯·萨乔万尼<br>（Thomas J. Sergiovanni） | 美国 | 校长学：一种反思性实践观（The Principalship：A Reflective Practive Perspective） |
| 布什（Bush） | 美国 | 学校领导与管理理论（Theories of Educational Leadership and Management） |
| 布赖恩·卡德威尔，斯宾克斯<br>（Brian J. Caldwell & Jim M. Spinks） | 澳大利亚 | 超越自我管理学校（Beyond the Self Managing School） |
| 乔治·凯勒（George Keller） | 美国 | 大学战略与规划：美国高等教育管理革命（Academic Strategy：The Management Revolution in American Higher Education） |
| 迪莫克和沃克尔<br>（Dimmock & Wallker） | 美国 | 教育领导文化与多元（Educational Leadership Culture and Diversity） |
| 迈克尔·D. 科恩，詹姆斯·G. 马奇（Michael D. Cohenb & James G. March） | 美国 | 大学校长及其领导艺术：美国大学校长研究（Leadership and Ambiguity：The American College President） |
| 布莱恩（Brian） | 美国 | 重新勾勒教育领导（Re-imaging Educational Leadership） |
| 卡罗尔·安·汤姆利桑，阿兰<br>（Carol Ann Tomlinson & Susan Demirsky Allan） | 美国 | 差异教学的学校领导管理（Leadership for Differentiating Schools & Classrooms） |
| 韦勒（David Weller）等 | 美国 | 学校人力资源领导：中小学校长手册（Quality Human Resources Leadership：A Principal's Handbook） |
| 詹姆士·G. 亨德森<br>（J. G. Handson）等 | 美国 | 革新的课程领导（Transformative Curriculum Leadership） |

表中部分著述的题目直接指向"学校领导"，但所有标题措辞并非一概以"领导"冠名。究其内容，我们发现，这些著述普遍对与"学校领

导"有关的基本内涵，领导者的素质，领导理论，学校管理、领导与改进，学校文化建设等若干重要概念理论做了深刻的分析和论述。同时，它们又确立了自身的研究对象、理论体系和方法论体系，成为值得后学借鉴思考、延伸探索的学术范例。

### 三　学校领导研究学术期刊举隅

随着学界对学校领导研究的热情和投入的不断增长，一些国家级组织和国际期刊也相继更名，都可视为对该研究愈加重视的有力旁证。"英国教育管理学会"（British Educational Management & Administration Society，BEMAS）更名为"英国教育领导与管理学会"（British Educational Leadership，Management & Administration Society，BELMAS），其刊物名称也随之变更为《教育管理与领导》（*Educational Management Administration & Leadership*）；"澳大利亚教育管理委员会"（ACEA）更名为"澳大利亚教育领导委员会"（ACEL），代表该组织的两本主流期刊，其中一本由原先的《实践的管理者》（*Practicing Administrator*）更名为《澳大利亚教育领导》（*The Australian Educational Leader*），另一本为《领导与管理》（*Leader & Managing*）。

此外，被 SSCI 收入的《教育管理季刊》（*Educational Administration Quarterly*）、《教育领导》（*Educational Leadership*）、《领导季刊》（*Leadership Quarterly*）、《领导学》（*Leadership*）、《教育政策》（*Educational Policy*）等，以及《国际教育管理研究》（*International Studies in Educational Administration*）、《国际教育领导杂志》（*International Journal of Leadership in Education*）、《教育行政和历史杂志》（*Journal of Educational Administration and History*）、《学校领导与管理》（*School Leadership and Management*）等一些反映当今学校领导研究最新成果的一流国际期刊，一贯秉持谨慎求真的学术作风，层层把关、严格筛选、择优刊登学校领导研究领域的理论与实践的原创论文，成为学校领导研究前沿的学术风向标和指南。其中《教育管理与领导》和《教育管理季刊》在其研究领域享有更高声誉。

我们把上文的 1442 条结果按照学科类别进一步精炼，重点考察"EDUCATION & EDUCATIONAL RESEARCH"下的 699 条记录，根据文献来源获知排名前 25 位的期刊，制成柱状图 1-2。其中排在首位的是《教育行政季刊》（*Educational Administration Quarterly*），共有 101 条记录，其余进入前 10 位的期刊分别是：《教育与城市社会》（*Education and Urban Society*）、《教育政策》（*Educational Policy*）、《教育政策杂志》（*Journal of Education Policy*）、《教育研究》（*Educational Studies*）、《教育研究杂志》（*Journal of Educational Research*）、《教育领导》（*Educational Leadership*）、《教育评估者和政策分析》（*Educational Evaluation and Policy Analysis*）、《小学教育评论杂志》（*Elementary School Journal Educational Review*）、《美国教育杂志》（*American Journal of Education*）和《教育研究》（*Educational Research*）。

| 国家 | 期刊 | 条 |
| --- | --- | --- |
| | JOURNAL OF NEGRO EDUCATION | 6 |
| | ASIA PACIFIC EDUCATION REVIEW | 6 |
| | ASIA PACIFIC JOURNAL OF EDUCATION | 6 |
| | BRITISH JOURNAL OF SOCIOLOGY OF EDUCATION | 6 |
| | EGITIM ARASTIRMALARI-EURASIAN JOURNAL OF EDUCATIONAL RESEARCH | 6 |
| | INTERNATIONAL JOURNAL OF EDUCATIONAL DEVELOPMENT | 6 |
| | AUSTRALIAN EDUCATIONAL RESEARCHER | 7 |
| | JOURNAL OF CURRICULUM STUDIES | 8 |
| | JOURNAL OF RESEARCH IN SCIENCE TEACHING | 8 |
| | AUSTRALIAN JOURNAL OF EDUCATION | 9 |
| | BRITISH JOURNAL OF EDUCATIONAL STUDIES | 9 |
| | HEALTH EDUCATION RESEARCH | 9 |
| | AMERICAN EDUCATIONAL RESEARCH JOURNAL | 10 |
| | EDUCATIONAL RESEARCH | 10 |
| | AMERICAN JOURNAL OF EDUCATION | 11 |
| | EDUCATIONAL REVIEW | 11 |
| | ELEMENTARY SCHOOL JOURNAL | 11 |
| | EDUCATIONAL EVALUATION AND POLICY ANALYSIS | 12 |
| | EDUCATIONAL LEADERSHIP | 12 |
| | JOURNAL OF EDUCATIONAL RESEARCH | 12 |
| | EDUCATIONAL STUDIES | 14 |
| | JOURNAL OF EDUCATION POLICY | 14 |
| | EDUCATIONAL POLICY | 26 |
| | EDUCATION AND URBAN SOCIETY | 28 |
| | EDUCATIONAL ADMINISTRATION QUARTERLY | 101 |

图 1-2　SSCI 以"school leader *"为主题的文献来源期刊柱状图

## 四　学校领导研究相关学科子域

鉴于学校领导研究的动态性和多样性，从根本上讲，我们要充分认识到不能用具有特殊性的、理性化的和已被公认的方法来探求某一学术领域的真相，而应该将其置于整个社会科学领域之中探究。因而，学校领导研究应该从人类学、历史学、哲学、经济学、政治学、社会学、心理学以及其他的学科中借用概念，同时也要通过学科对话的形式促进其他学科的发展。

正因如此，学校领导探索领域要基于学校领导活动实践，既要融合多门学科知识，又要促进学科间的彼此渗透，相互联结，综合聚焦，为自身研究孕育宽广深厚的学科底蕴，不仅体现出当代科学发展进程中具有综合性、交叉性、应用性的时代特征，同时也力求凸显该研究的应用价值。

699 条数据整体隶属于 "EDUCATION & EDUCATIONAL RESEARCH"下，进一步细化结果，考察相关学科分布见图 1 - 3。图中显示，教育学是学校领导研究的主力支撑学科，为该领域的发展奠定理论基础；除教育学之外，其他从属于社会科学范畴的学科居多，例如城市研究学、社会学、历史学、人类学、社会工作学等。众所周知，社会科学 "不受限制" 的特性，可以把更多学科的内部与外部研究领域融会贯通，为学校领导研究的深入拓展提供援助，使其研究理论产生一种不断扩展的需求性，这也代表了西方学校领导研究方面的主要特色之一，即遵循思维范式的传统，扎根面向社会的应用属性，以案例研究为依托，寻求根本性突破。

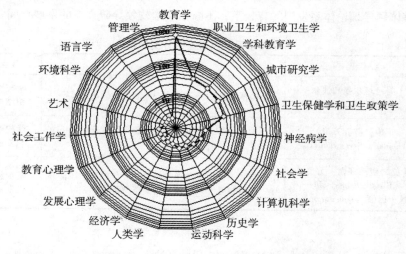

**图 1 - 3　SSCI 以 "school leader ∗" 为主题的文献学科分布**

## 五　学校领导主要理论分类检视

20 世纪初至 20 世纪 80 年代，有关教育领导的主要理论均来源于普通管理学、领导学。例如 20 世纪初的"领导者素质理论"（Leaders'Trait），20 世纪 40 年代末到 60 年代中期的领导行为理论（Behavioral Theories of Leadership），20 世纪 60 年代的领导研究权变理论（Contingency Theory），20 世纪 60—70 年代的领导认知理论（Cognitive Resources Theory）等。

　　关于学校领导的研究，大多集中在正式领导活动的职位上（主要是学校的首席执行官），即学校的校长职位。由于学校组织的特殊性，加之上述理论的直接渊源比较单一，它们对学校的管理产生的影响较为有限，理论上很难有所突破。伴随着学校效能与改进运动的发展，基于各种类型教育组织背景的领导（风格）理论研究在最近二三十年间获得了较快的发展，学校领导的各种参照维度受到越来越多的关注。

　　应当指出的是，就学校领导理论分类而言，中外学者并未取得共识，表 1-2 择取比较有代表性的学者观点加以列举。（表中后四行代表中国学者针对西方学校领导理论的分类观点，罗列在此便于比较。）其实任何一种分类方式都是试图通过一种划分标准来有效解读抽象化的庞杂知识体系，是在宏观思考的基础上，进一步自觉调整理论的局部构思，使学校领导理论的发展置于整体领导理论体系发展的背景下，不断拓展学校领导研究新的发展空间。

表 1-2　　　　　　　　　学校领导研究理论的分类举隅

| 代表 | 分类 | 基点 |
|---|---|---|
| ［美］博尔曼和迪尔<br>（Bolman & Deal）① | ①结构领导②人力资源领导③政治领导④象征领导 | 学校组织结构 |
| ［美］萨乔万尼<br>（Thomas J. Sergiovanni）② | ①技术领导②人性领导③教育领导④象征领导⑤文化领导 | 学校组织发展 |
| ［英］伊莉莎白·力奥<br>（Elizabeth Leo）和<br>莱恩·巴顿（Len Barton）③ | ①分布式、民主型领导和相关的合作领导、团队领导、网络领导②教学领导③变革型和道德领导 | 学校组织发展 |

---

　　① Bolman, L. G., Deal, T. E., "Images of Leadership", *Occasional Paper*, Cambridge, MA: Haravard University Press, National Center for Educational Leadership, 1991, (20), pp. 1-21.

　　② Sergiovanni, T. J., "Leadership and Excellence in Schooling", *Educational Leadership*, 1984, 41, (5), pp. 4-13.

　　③ ［英］伊莉莎白·力奥、莱恩·巴顿：《包容性、多元化与领导——相关视角、可能性与反对意见》，王珏译，褚宏启：《教育管理与领导》（第 2 卷），教育科学出版社 2009 年版，第 1—16 页。

续表

| 代表 | 分类 | 基点 |
|---|---|---|
| ［美］索斯沃斯<br>（G. Southworth）① | ①情势领导②工具和表达领导③文化领导④交易领导⑤变革领导 | 学校发展实践 |
| ［英］布什和格洛沃<br>（T. Bush & D. Glover）② | ①教学领导②变革领导③道德领导④参与领导⑤领导管理⑥后现代领导⑦人际领导⑧权变领导 | 学校发展实践 |
| ［美］坎宁安<br>（William G. Cunningham）等③ | ①卓越领导②秩序领导③以现场为本的领导④转化式领导⑤文化领导⑥全面质量管理的领导 | 学校发展实践 |
| 厄利和卫得灵<br>（Earley & Weindling）④ | ①素质或特质理论②风格理论③情势理论④权力/影响理论⑤个人素质理论 | 理论产生时间 |
| ［美］雷斯伍德和杜克<br>（Leithwood & Duke）⑤ | ①教学领导②转化式领导③道德领导④参与领导⑤管理式领导⑥权变领导 | 代表性理论 |
| 郑燕祥⑥ | ①结构领导②人性领导③政治领导④文化领导⑤教育领导 | 多向度的层块领导结构 |
| 黄志成，程晋宽⑦ | ①领导性格理论②领导行为理论③领导权变理论 | 理论整合 |
| 吴志宏，冯大鸣，魏志春⑧ | ①领导特质理论②领导行为理论③领导权变理论④组织发展理论 | 理论整合 |
| 张俊华⑨ | ①集权领导②民主领导③官僚领导④无为领导理论 | 领导风格 |

　　比较发现，有多位学者主张在对学校领导的分类中，应该独辟划出"教学领导"一类，虽然这一分类提法的划分基点各有侧重。为了清楚起

---

　　① Southworth, G., *Leading Imporving Primary School: The Work of Heads and Deputy Headteachers*, London: Falmer Press, 1998, pp. 36 – 43.

　　② Bush, T. & Glover, D., *School Leadership Concepts and Evidence*, Notingham: NCSL, 2003, p. 1.

　　③ ［美］威廉·G. 坎宁安、保拉·A. 科尔代罗：《教育管理：基于问题的方法》，赵中建译，江苏教育出版社 2002 年版。

　　④ Earley, P., Weindling, D., *Understanding School Leadership*, London: Paul Chapman Publishing, 2004.

　　⑤ Leithwood, K., Duke, D. L., "A Century's Quest Understand School Leadership", Murphy, J., Louis, K. S., *Handbook of Research on Educational Administration* (2$^{nd}$ ed.), San Francisco: Jossery-Bass Publishers, 1999, pp. 45 – 53.

　　⑥ 郑燕祥：《教育领导与改革新范式》，上海教育出版社 2005 年版，第 197 页。

　　⑦ 黄志成、程晋宽：《现代教育管理论》，上海教育出版社 1999 年版，第 6—7 页。

　　⑧ 吴志宏、冯大鸣、魏志春：《新编教育管理学》，华东师范大学出版社 2008 年版，第 136—141 页。

　　⑨ 张俊华：《教育领导学》，华东师范大学出版社 2008 年版，第 108—113 页。

见，我们在表中添加下划线突出显示。查阅相关研究，我们可以对其进行追本溯源。关于"教学领导"（Instructional Leadership）的认识始于有效学校的研究，1979 年埃德蒙德（R. Edmonds）在《贫困市区的有效学校》（*Effective Schools for the Urban Poor*）中指出"专注于课程与教学的强有力的直接校长领导对于城市贫困地区的小学非常有效"①。随后，雷斯伍德和蒙哥马利（K. Leithwood & D. Montgomery）撰文《小学校长对学生成绩的改进》（*The Role of the Elementary Principal in Program Improvement*）正式提出了"小学独具特色的一种领导方式"② ——教学领导的概念，到了 20 世纪 70 年代末 80 年代初，"教学领导"开始成为学校领导研究的一个热点。至此，学校领导研究倾向教学实践的领导变革理论受到越来越多的关注。

当然，学校领导（理论）研究维度并不是单一的而是多元的，秉承综合的意识，有学者总结归纳出学校领导理论研究的四个维度，分别是③：领导者的价值观、信念、素质等；领导者本身的领导行为、风格和实践活动；领导者的客观环境；与领导者相关的追随者，学校内部中层领导。其实多样化分类的领导原本就是当前所使用的众多领导概念当中的一小部分，比如有的学者从学校效能和学校改进切入，基于可持续发展的视度对领导活动重新审视，提出战略领导的三个研究维度④，即战略领导做什么、战略领导有什么特征、战略领导模型。

## 六  学校领导研究主题分布情势

利用上文 669 条数据，绘制多维尺度图谱（图 1 - 4），形成学校领导研究领域关键研究者集群，回溯其研究文献主题，以此管窥近 10 年的研究动态，呈现共被引作者聚类映射下的"学校领导"研究主题地图。

---

① Edmonds, R., "Effective Schools for the Urban Poor", *Educational Leadership*, 1979, (37), pp. 15 - 24.

② Leithwood, K., Montgomery, D., "The Role of the Elementary Principal in Program Improvement", *Review of Educational Research*, 1982, (3), pp. 309 - 339.

③ 张俊华：《教育领导学》，华东师范大学出版社 2008 年版，第 105 页。

④ ［美］芭芭拉·J. 戴维斯、布伦特·戴维斯：《开发学校战领导模式》，苏红译，褚宏启：《教育管理与领导》（第 2 卷），教育科学出版社 2009 年版，第 109—130 页。

　　图中面积较大的两块区域分别代表"学校常规领导—基础教育学校领导—分布式学校领导"和"学校领导发展趋势—学校领导评估"这两大研究主题，除此之外，"学校领导能力培养"、"学校自主领导—教学领导"、"高等教育学校领导"和"学校领导认知能力与组织行为"等研究主题整体构成自外而内的带状环绕格局，它们与"学校常规领导—基础教育学校领导—分布式学校领导"研究主题一起，向"学校领导发展趋势—学校领导评估"研究主题紧密围拢，呈向心聚合之势。通过这些研究主题，我们可以进一步考证其背后潜藏的规律、特征、事件、影响等，并据此预断该研究的未来走势，为新兴研究的开展铺就理论路径。

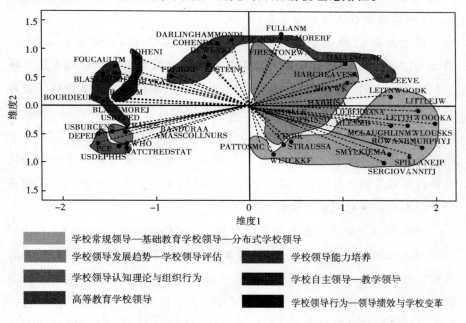

**图1-4　基于作者共被引关系的"学校领导"研究主题分布格局**

　　落实学校发展战略，脚踏实地地建设优质学校，是当代学校领导要思考的课题之一。图中，形成较大面积研究主题板块中的关键文献，无不深化了这一事实。在现实背景下，不断生成的研究主题，不仅强调要变革教育内容，而且凸显了学校教育面临多元文化与价值观轮番挑战的局面。学校发展战略规划给予学校教育的影响是深层次的，自然构成了当前教育领导者必须面对与解决的难题。

# 第二节　西方学校领导研究的现实背景回顾：以美、英、澳为例

## 一　三方并促的美国学校领导发展

与世界其他国家相比，美国的学校领导发展已经走过了相当长的历程，主要在以下三个方面体现出了对学校领导的形成发展所起到的推波助澜的作用。

### （一）职前教育与职后发展的失衡

美国教育管理先驱学者埃尔伍德·卡伯利（Elwood P. Cubbberle，1868—1941）在 1906 年曾提议美国各州为谋求教育领导职位的人建立证书制度，这一倡议得到威斯康星大学的响应，该学校首先尝试设计了教育管理者的养成课程计划。后来，美国学校管理者协会（American Association of School Administrators，AASA）在 1939 年发表声明，宣布已有 33 个州有颁发教育管理者证书的制度，其中 19 个州已把获得资格证书作为任命教育管理者的条件之一。第二次世界大战前夕，美国大学的教育管理研究生课程已实现对职前管理者开放。①

1956 年成立的大学教育管理委员会（The University Council for Educational Administration，UCEA）的主要职能之一就是不断改建教育管理者的养成计划（它曾对学校领导的发展研究做出过很大的贡献，该组织主持编纂的《美国的学校领导者》、《教育管理：改革的 10 年》等文献中，包含了大量的学校领导发展方面的研究成果），到 1980 年时，不能同时持有教育管理硕士（或博士）学位和州颁发的学校管理者证书的人，已经很难谋求校长职位了。这种情形是美国独有的，也一直是美国教育管理界所引以为傲。然而，与此形成鲜明对照的是，美国的学校教育领导者职后专业

---

① ［美］罗尔德·F. 坎贝尔、托马斯·弗莱明、L. 杰克逊·纽厄尔、约翰·W. 本尼恩：《现代美国教育管理（教育管理思想和实践的历史）》，袁锐锷译，广东高等教育出版社 1989 年版，第 174 页。

发展却一直相当薄弱。

在 1980 年时，美国并没有出台支持学校领导者终身教育的规范，学校领导者职后专业发展的典型方式仅限于出席一年一度的校长协会年会。[①] 学校领导发展在职前和职后两个阶段之间的严重失衡，显然不符合美国 1983 年以后教育改革的要求。1987 年，美国国家教育管理卓越委员会（The Northwest Career Educators and Employers Association，NCEEA）所罗列的美国教育管理 10 条缺陷中，就有"缺乏系统的学校管理者专业发展"一项。在该委员会出具给美国大学和教育政策制定者的建议中，都有涉及学校领导者职后专业发展方面的内容。[②] 与此同时，大量的教育管理特别是教学领导方面的研究，也证明了学校领导者的职后专业发展对教育改革的重要意义。

到了 20 世纪 80 年代中后期之后，美国学校领导发展领域的职前与职后失衡的状况已有很大程度改观，许多研究力量已经转向了学校领导职后发展模式及操作方案的研究与发展，以问题为本的学校领导发展模式（Problem-Based Learning，PBL）、IT（IT-Supported Approach for School Leadership Development）支持下的学校发展模式以及基于计算机模拟的学校领导发展方案等都是这一研究领域的代表性成果，并且已经形成了国际影响力。

（二）哈佛校长中心的示范

哈佛校长中心即"哈佛教育研究生院校长中心"（The Principals' Center，Harvard Graduate School of Education），成立于 1981 年，是美国第一个专门的、非政府兴办的、非赢利性的学校领导发展机构，也是全世界成立最早、最负盛名的校长中心之一。该中心的教学强调"实践指向"和"学员为中心"，并与坚持学术取向的美国大学教育管理院系的教学模式形

---

① Hallinger, P., "The Emergence of School Leadership Development in an Era of Globalization: 1980—2002", Hallinger, P., *Reshaping the Landscape of School Leadership Development: A Global Perspective*, Lisse: Swets & Zeitlinger Publishers, 2003a, pp. 3 – 22.

② Griffith, D. E., Stout, R. T., Forsyth, p. B., *Leaders for America's Schools: the Report and Papers of the National Commission on Excellence in Educational Administration*, Berkeley, CA: Mc-Cutchan Publishing Corporation, 1988, xiv, 18, pp. 22 – 23.

成鲜明对照，这在当时的美国首屈一指。随后，各州政府纷纷将学校领导者职后专业发展提到议事日程上，哈佛校长中心就成了一个被业内同行竞相学习的典范。

从 20 世纪 80 年代中后期开始，州一级主管的领导学院（Leadership Academy）以及学区一级的学校发展机构大量涌现，到 1990 年时，全美州所兴办的领导学院和其他校长中心、地区校长培训机构已有 150 余家。[①] 学校领导发展实践需求的增长，使得学校领导发展研究迅速蹿红上位，成为迄今为止仍备受关注的教育管理研究主题之一。

（三）学校领导者标准的出台

州际学校领导者颁证联会（Interstate School Leaders Licensure Consortium，ISLLC）成立于 1994 年，由敦促美国学校领导的专业发展、传递学校领导职前和在职专业培训模式的美国全国教育管理政策委员会（The National Policy Board for Educational Administration，NPBEA）和州首席教育官员理事会（Council of Chief State School Officers，CCSSO）联合创立。当时美国 50 个州中，已有 49 个州明确了学校领导者持证上岗的规定。只是各州对学校领导拥有何种发展经历才能取得许可证的要求并不统一。这无疑在一定程度上制约了学校领导者在州际之间的流动。此外，就社会对学校领导专业地位的认同而言，也相当不利。在一些全国性的专业协会的倡议下，1994 年 1 月，来自 37 个州的教育厅、州颁证委员会与 10 个全国性的教育管理和领导方面的专业协会的代表们在弗吉尼亚州里斯顿聚会，共同探讨有关学校领导发展和学校领导证书制度建立的重要事宜。会议取得共识，即亟须建立一个各州都认可的学校领导标准。同年 8 月再度集会，专门就"来自校长职位要求的改革压力"、"未来校长的期望"和"有关颁证的改革杠杆支点"这三个问题进行了深度探讨。之后，从 1995 年 3 月到 1996 年 3 月，在为期一年的时间里共举行了 6 次类似的研讨会，相关问题的讨论和研究愈来愈深入。经过

---

① Hallinger, P., "The Emergence of School Leadership Development in an Era of Globalization: 1980—2002", Hallinger, P., *Reshaping the Landscape of School Leadership Development: A Global Perspective*, Lisse: Swets & Zeitlinger Publishers, 2003a, pp. 3 - 22.

几轮磋商，终于在 1996 年 11 月举行的会议上通过了州际学校领导者颁证联会的学校领导标准。该标准包括 6 项基本纲目和 200 项具体的考量指标，它对美国学校领导发展机构以及大学的学校领导发展计划产生了深远的影响。

## 二　三阶跃迁的英国学校领导发展

英国学校领导发展起步相对较晚，但经过若干年的努力，已经取得了世人瞩目的成绩，初步形成了学校领导发展序列，逐渐凸显了本国的特点：研发、改进与相关研究齐头并进；主推高效低耗的学校领导培训形式；重视校长后备力量的人力资源储备；兼顾学习者的个别化需求；与不断变化的教育环境保持呼应同步。

英国的学校领导从 19 世纪中后期到 20 世纪 80 年代的 100 多年时间中持续发展，渐趋成熟，其学校发展的演进历程见表 1－3。

表 1－3　19 世纪中后期到 20 世纪 80 年代英国学校领导发展的演进历程

| 时间 | 19 世纪中后期 | 19 世纪末至 20 世纪 60 年代末 | 20 世纪 70 年代初至 80 年代以来 |
|---|---|---|---|
| 阶段 | 传统认知阶段 | 过渡孕育阶段 | 萌动诞生阶段 |
| 表征 | 校长具有"传统"和"超凡"的权威，深受师生的敬畏和热爱。 | 尚无正规的校长角色指南或培训计划，有关学校管理和教学方面的手册暂且充作培训和引导校长职业发展的资源。 | 综合中学的出现，带来了学校重组的问题，进而引起人们对学校领导的相关思考，传统的观念受到批判性的检视；"詹姆斯报告"应运而生，促成英国教育与科学部加快推进学校领导专业化的步伐。 |

19 世纪中后期（传统认识阶段），英国社会已经形成了对校长角色的传统认识：校长是由那些具有"传统"（traditional）和"超凡"权威（"charismatic" authority）的人来担当的，并以一种仁慈的独裁者（benevolent autocrat）形象而受到师生的敬畏和热爱。[①] 当时，校长普遍拥有相对独立的地位，社会和政府并未考虑要对其提出相应的严密规范要求。因此，这一阶段也可视为英国学校领导的非职业化时期。

随后，在 19 世纪末至 20 世纪 60 年代末（过渡孕育阶段）期间，英

---

① 　冯大鸣：《美、英、澳教育管理前沿图景》，教育科学出版社 2004 年版，第 294 页。

国几乎没有正规的校长角色指南或校长培训计划。这期间，一系列有关学校管理和教学的手册，成为当时仅有的培训校长和支持校长的资源。到了20世纪60年代以后，一些英国学者呼吁社会和政府要对校长角色定位以及对校长培训予以重视。学者泰勒（W. Taylor）在其1968年发表的《培训校长》（*Training the Head*）一文中指出，在英国，任何职前或在职校长都难以找到指导其岗位工作的读本，而这种读本恰恰对其工作大有裨益。[①] 然而在当时，任何有关校长培训或专业发展的想法，都被看作是对传统校长观念的挑战，并会因此招致诘责或非议。

20世纪70年代初至80年代以来（萌动诞生阶段），由于综合学校的出现，制造了学校重组等事宜。在学校重组过程中，人们开始思考有关学校领导问题，于是，传统的校长观念开始经受前所未有的批判性的检视：具有超凡人格的校长能够赋予学校道德目的、能够给学校带来凝聚力的观点受到质疑；对校长的专业能力要求，以及对校长更为宽泛地理解学校环境的要求逐渐浮出水面；有关授权、分享权力以及由于当代课程变革的步幅和复杂性而需要对校长进行培训的建议不断被提出；等等。这时，英国的教育与科学部也意识到，校长非专业的、优游度日的时代是该彻底结束了。

1972年的"詹姆斯报告"（*James Report*）集中表达了当时社会的呼声和政府的决心，在报告中他希望能为今后的校长设计正式的培训课程，并将其称为"联结先进理论和学校实践的重要桥梁"[②]。

1986年英国的学校领导发展真正兴起。英国政府提出当时总的教育改革构想，即学校教育应当与国家的经济发展战略紧密联系，政府应着眼于学校教育的输出，重在提高教育质量标准。随后，1988年教育改革法及其他相关政策，均对校长提出了许多前所未有的新要求，而其中的学校战略规划的制订、学校公共关系营销、在类似于企业董事会的学校管理委员会领导下担当首席执行官的角色等说辞，都是校长非常

---

① Taylor, W., "Training the Head", Allen, B., *Headship in the* 1970s, Oxford: Blackwell, 1968.

② 冯大鸣、托姆林森：《21世纪对校长的新要求》，《教学与管理》2001年第10期。

陌生的。① 此时，学校领导继续专业发展问题也成为一个亟待解决的现实
问题了。之后，英国的校长培训工作在政府强力倡导、专家促进、校长呼
吁下有了实质性的进展，其标识为成立"国家学校领导学院"（National
College for School Leadership）接替以前的"教师培训署"（Teacher Train-
ing Agency）来行使有关职能，专门负责全国中小学校校长的培训工作；
1997 年颁布《国家校长标准》（*National Standards for Headteachers*），共由
5 个部分组成，对校长专业角色（成为一名拥有专业知识和理解能力的学
习者）、专业技能（自身领导技能、决策技能、沟通技能和自我管理）②
以及领导和管理的 5 个维度（战略方向、教学、员工、资源和问责）③ 等
做出了明确规定，为国家各类校长培训项目，如校长的职前、在职和职后
培训的研究、实施和评估确立了标准和规范，建构了校长的培训体系，同
时凸显了国家的权威和重视。后来，到了 2004 年该标准被重新修订，用
以反映 21 世纪校长应当承担的角色，体现了政府对校长的指导和期待。
新修订的校长专业标准考虑到了信息技术对学校的影响，倡导学校之间以
及学校与其他机构的合作，重视校长在提高教学质量方面所起到的关键作
用，竭力贯彻"强调学习中心"，"强调校长的领导能力"以及"凸显最
高专业水准"这三个基本原则，从而确定了成功的学校领导者所必须具备
的知识、专业素质和相应采取的行为，他们将在规划未来、领导教学、发
展自我并设法与他人建立合作关系、管理组织、确保职责落实以及强化社
区往来联系六个关键领域肩负角色使命。④

　　目前的英国学校领导发展系列正是由三个相互联系、逐步递进的发展
计划组成的，恰到好处地反映出英国学校领导发展的"三阶跃迁"的总体
趋势。这三个发展计划分别是"国家校长专业资格"（National Professional

---

① Bolam, R. , "The Changing Roles and Training of Headteachers: The Recent Experience in Eng-
land and Wales", Hallinger, P. , *Reshaping the Landscape of School Leadership Development: A Global
Perspective*, Lisse: Swets & Zeitlinger Publishers, 2003, pp. 273 – 289.

② Teacher Training Agency, *National Standards for Headteachers*, London: Teacher Training Agen-
cy, 1997, p. 8.

③ Ibid. , p. 9.

④ Ibid. .

Qualification for Headteachers，NPQH)、"校长领导和管理计划"（Headt-eacher leadership and Management Programme，HEADLAMP）以及"在职校长领导计划"（Leadership Programme for Serving Headteacher，LPSH)。

### 三 喜忧参半的澳大利亚学校领导发展

澳大利亚真正的学校领导研究与实践始于 20 世纪 90 年代，其间既有雷厉风行的改革政策的出台，又不乏值得汲取的失败教训。与美国和英国相比，澳大利亚学校领导发展方面的研究略显薄弱，以学校领导发展为主题的研究文献数量较少，所开发的校长专业发展方案及其技术含量，也比不上美、英的同类方案。

1989 年，新南威尔士州率先推出"以学校为中心的教育"改革，旋即，其影响波及其他各州。如此一来，学校教育改革在全国范围形成燎原之势，1993 年，全澳各州都已不同程度地实行了类似的改革。澳大利亚教育政策制定当局以其敏锐的洞察力很快就意识到，校长的专业发展是教育改革取得成功的重要保障，相关部门也普遍为校长专业发展调拨了专门的经费。随后，各州又把教师专业发展费用的控制权也转交给校长，这一草率的决定使得这笔经费并没有发挥应有的效用，反而造成了无形的浪费，最终沦为为决策失败所偿付的学费。之所以出现这种结果，一则反映出校长个人认识的浅薄；二则透露出专业发展的课程质量低下，难于应对学校实际面临的问题。由此，引起了政府和教育管理理论界的深度思考。人们逐渐意识到，真正要使校长专业发展的经费得到合理的利用，不仅需要一套完善的运作制度为其保驾护航，而且需要建立高规格的校长专业发展机构，以资从旁督导和辅助。

鉴于美国的经验，组建高质量的、能对校长专业发展全面规划的校长中心已经迫在眉睫。由于澳大利亚教育行政分权制的模式，不太可能创建类似于英国国家学校领导学院的全国性的校长专业发展机构，只能兴办州际范围内的校长中心，其运作模式颇具特色，其中于 1995 年成立的澳大利亚校长中心（Australian Principals Centre，APC）的运作模式比较典型，该中心也是整个澳大利亚运作最好、声誉最卓著的校长中心。澳大利亚校长中心在得到了维州（维多利亚州）教育部和维州校长协会的认可后，在相关人员认真、细致的磋商基础上应运而生。该中心主要采用企业经营的模式，是由维州教育部、墨尔本大学、维州中学校长协会和维州小学校长协会联合主办的非营利性的学校领导发展机构。其主要服务项目包括①：认定校长专业资格和授予校长专业资格证书；设计和提供学校领导发展的计划/课程；通过机构简报和其他出版物为校长提供信息服务，借此来引导和促进校长发展和工作表现的改进。会员制度②贯穿于 APC 服务项目之中，成为该中心的最突出特色。

## 第三节　西方学校领导研究发展的借鉴启示

进入 20 世纪，西方发达国家为探索现代学校管理，倡导了丰富多彩的教育理念，形成了诸多的学术流派。从早期的实用主义教育思想，以及之后的改造主义教育思潮、存在主义教育思潮、结构主义教育思潮、批判主义教育思潮以及后现代教育思潮等，尽管立场不一，但是各个教育思潮都努力关注教育民主、关注受教育者的主体人格塑造，关注教育的社会命运与社会使命等问题。虽然在认识上没有达成一致的观点，但是参与者所提出的富有价值的看法与见解，成为推进当前学校教育改革的重要思想资源。

最近 40 年来，西方学校领导研究（也包括中国学者对西方的研究）取得了长足的发展。就代表性的专著而言，研究者们或者独辟研究视角或者自设框架内容，并没有拘泥于统一而固定的体例；就研究热点问题而言，尤为关注学校领导者个体，特别是对有效领导者品质的研究更为倚重；就理论提炼而言，侧重对学校组织中领导理念与领导规律的探索，一些富有见地的有关学校领导能力方面的先进理念，总结归纳了高效领导的规律与原则；就践行务实而言，善于为学校领导者提高领导能力"把脉问

---

① Australian Principals Centre, *Pathways to Principalship*, Melbourne：Australian Principals Centre, 2001.

② Australian Principals Centre, *Accreditation as Associate Fellow or Fellow of the Australian Principals Centre* (2000*a*), http：//www. apcenter. edu. au. , 2010 - 12 - 21.

切",提供具有建设性的咨询与建议;就思维视点而言,注重案例研究,基于对个案的分析拓展,提炼总结规律。

在学校领导领域的研究和实践层面,美国处于全球领先地位。这不仅与美国的教育管理研究力量强大、教育管理研究经费充裕有关,而且与美国政府对学校领导发展的高度重视有关。

英国的学校领导发展研究与实践虽然晚于美国,但其发展速度却相当之快。从"国家校长标准"的建立到"国家校长专业资格"、"校长领导和管理计划"以及"在职校长领导计划"的开发,都立足坚实的研究基础之上。其学校领导发展的在线学习模式、对21世纪学校领导新要求的融入、对校长个别化需求的充分考虑等,均给包括中国在内的其他国家的学校领导发展事业带来了引人深思的启示。

澳大利亚学校领导发展是随着澳大利亚校长中心等一批高质量的学校领导发展机构的建立才真正走上正轨的。尽管澳大利亚学校领导发展研究比美国和英国逊色不少,但以澳大利亚校长中心为代表的学校领导发展机构的运作模式颇具特色,其会员制度的设计、维系校长和联络社会的手段也不失巧妙。从这个角度来说,澳大利亚的学校领导发展事业亮点突出,值得学习。

菲利普·海林杰在全面回顾、反思过去20年学校领导发展历程以及综合诸多美国、英国、澳大利亚学校领导发展研究者观点的基础上,于2003年提出了7个具有代表性的、在一定程度上反映未来一段时期美、英、澳学校领导发展领域研究和探索趋向的全球性议题。它们是[①]:

1. 从被动式学习向主动式学习演进;

2. 构筑连接培训与实践系统的解决方案;

3. 为绩效标准的运用制作恰当的工具;

4. 为学习者向学校领导者角色顺利过渡制造条件;

5. 对学校领导者的职前培养和职后发展加以评估;

---

① Hallinger, P. , "School Leadership Preparation and Develpoment in Global Perspective: Future Challenges and Opportunities", Hallinger, p. （Ed.）, *Reshaping the Landsacape of School Leadership Develpoment: A Global Perspective*, Lisse: Swets & Zeitlinger Publishers, 2003b, pp. 289 – 300.

6. 开发融会各种文化的本土基础，并使之形成效力；

7. 为大学构建一种研究和开发的角色作用。

总而言之，西方学校领导研究注重不断借鉴和吸取企业领导理论的滋养来丰富完善自身；其理论探讨跳脱了倚重科学主义的局限，健步迈入科学方法和哲学反思的多元发展阶段；相关理论成熟而种类繁多，重视素质理论的再研究，强调情势领导，形成集群化的交叠趋势；推崇实证研究，立足实践深化理论，研究对象富集；主推学校领导管理变革，提高效能的研究价值取向。

# 本章小结

本章立足西方学校领导研究进展状况的基点，选择量化统计和范例阐释两个角度，从宏观和微观两个方面呈现西方学校领导研究发展概况。基于量化统计，我们从研究分布地区、著作成果、学术期刊源、相关学科组成、基本理论分类和研究主题等 7 个方面宏观统览了西方学校领导研究的发展概况。以美国、英国和澳大利亚三个国家为代表，大致介绍了当下西方学校领导研究的现实情状。最后，总结思考西方学校领导研究发展对国内相关研究的借鉴启示，肯定了西方学校领导研究在理论与实践方面的影响作用。

# 第二章

# 西方学校领导理论溯源与传承

## 第一节　学校领导理论在西方的萌发创生

学校领导研究始于美、英为主的西方国家，自从 20 世纪 70 年代校本经营的思想被引入教育领域，学校的管理方式发生了深刻的变革，形成了依据学校本身特征和需要出发的校本管理，学校成为教育改革的主体，以校长为代表的学校领导者也成为教育改革的设计者和发起人。20 世纪 80年代后，西方国家学校领导方面的文献开始大规模涌现。

### 一　学校领导理论寻根探源

探究学校领导理论的发展变迁，对学校领导追本溯源十分必要。现结合学校领导理论的三种根源五大视角对其源头加以考证。

（一）心理根源：基于需要、角色和价值等级的视角

正是在人类欲求转变为需要的过程中，"领导"第一次出现了。"领导"的品质产生于某些模仿、选择、角色承担及共情（empathetic）① 的过程。当人们在经验、知识和理解力、模仿、意向和更高的道德判断能力方面取得进步时，当人们在适应环境和角色承担方面更加娴熟时，他们也就

---

① 共情，是人本主义精神分析学家罗杰斯（C. R. Rogers）提出的一个概念，即能深入他人的主观世界，了解他人感受的能力。它与同情不同，同情涉及对他人的物质帮助和精神抚慰，而共情强调进入对方的精神世界，并理解这个世界。

提高了领导能力，这种能力来自于对他人的需要、角色和价值观念的理解，表现出基本的原则和目的。①

之后有学者发现，马斯洛（Abraham Maslow，1908—1970）的需要发展序列（或需要层次理论 Need-Hierarchy Theory）与科尔伯格（Lawrence Kohlberg，1927—1987）的道德发展动机方面的图表之间有一种重合。②

马斯洛的"最低层次的需要阶段——生理和安全需要"与科尔伯格的"受他人的惩罚和受他人的物品控制欲奖赏"这两个阶段是有关联的；马斯洛的"归属感需要"与科尔伯格的"不被他人认可和受合法权威指责的道德规范水平"在内容上是相呼应的；马斯洛所说的"对于尊重的需要——自尊和社会尊重"与科尔伯格所说的"社会的尊重与不尊重"、"自我批评与自我谴责的道德规范"是重合的。在马斯洛和科尔伯格两种等级结构的低层和中层，在更加机会主义的、有关奖惩的、关注自我的、墨守成规的态度和行为，与生存和归属感的需要之间，存在着一种更加有意义的符合；在两种等级结构的最高层，马斯洛的对自尊和自我实现的需要，与科尔伯格所强调的更少权宜性的、更少关注自我的更高价值之间，同样存在着重要的一致性。通过图2-1，我们可以对两者之间的关联一目了然。

（二）社会根源：基于政治组织、官僚机构、公正和共情的视角

学校作为雏形的社会，是"社会生活的一种形式"③，社会的改良要靠学校来完成。

1. 基于政治组织的视角

近十几年来，在大多数文化中，正式的学校教育已经被视为形成政治看法和行为的主要方式，学生所处的等级和身份的异质性、课程设置和学校质量以及这些学校作为国家价值观念、区域的或社区的传统和宗教学说的代理机构所具有的权威的程度④，影响着教育的方方面面。

---

① ［美］詹姆斯·麦格雷戈·伯恩斯：《领袖》，常键、孙海云等译，中国人民大学出版社2007年版，第87页。

② 同上书，第88页。

③ ［美］约翰·杜威：《人的问题》，傅统先译，上海人民出版社1986年版，第48页。

④ ［美］詹姆斯·麦格雷戈·伯恩斯：《领袖》，常键、孙海云等译，中国人民大学出版社2007年版，第97页。

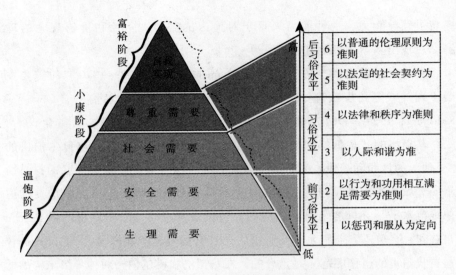

图 2-1  "需要层次论"与"道德认知发展阶段"的对应关系

学校作为一个政治舞台，是形成公民教育的主要工具。在学校组织中，存在着不同的利益群体，由于不同的利益群体存在，所以冲突在所难免。同一个组织中的不同机构之间、不同价值观念之间以及不同的控制制度之间，必然存在着矛盾冲突。学校成员通过从事政治活动谋求自身利益，学校中的方针和政策都是通过协商与谈判的方式形成的，因而提高决策的参与程度可以缓解矛盾，学校行政管理行为受政治行为的直接控制，当学校组织面临重大变革时，学校领导决策要重于学校管理实施。但是基于"有限理性"的理论，我们应该理性审视决策的重要作用，因为"没有一种决策理论既能满足规范的合理性，又能满足描述的精确性"①，这其实更好地诠释了"权变理论"有关学校领导行为的揭示。所以，作为学校领导必须有能力识别政治组织中错综复杂的情境因素，懂得如何提出要求，把握商讨时机，适时做出让步，根据组织内部的权变因素，择取适合自己的领导行为和决策方式。

从政治组织的视角，强调学校领导是一个集权力、权威和竞争利益于一体的行为过程，利益的冲突在个人水平、团队水平和组织水平上被观

① 李怀祖：《管理研究方法》，西安交通大学出版社 2004 年版，第 28 页。

察到，其功能是保证作为整体的学校实现其发展目标，并实施组织内部的权力配置。"在竞争的社会，政治所具有的投资、预测、谈判和风险承担的特性，可能吸引那些个人主义的和企业家类型的人，他们会给政治带来自由放任的资本主义的那种道德和实践——它对于政策制定和政治领导具有至关重要的意义"①。观照这一视角，有助于理解学校领导的政治特质。

2. 基于官僚机构的视角

学校是形同金字塔的官僚机构，构成具有针对专业人员和行政辅助人员而设计的双重管理结构，全体成员在指挥链中占据不同职位，按照学科、专业加以分工，各司其职对上级领导负责，并为实现一个共同的目标而努力奋斗；学校的各项规章制度因"事"确立；教职员工、中层干部竞聘上岗，根据个人工作业绩执行晋级细则，并定期接受上级主管部门的考评。这一组织隐喻所产生的积极作用，单从领导角度来看，学校作为官僚机构具有"授权"职能，形成了一个层次分明、行之有效的系统，它所倡导的成员专业化是教育发展和教师职业发展的必然。

站在领导的立场，需要官僚制来维持和促进学校的发展。首先，"授权"是分布式领导的有效实施，在学校这样一个松散的耦合组织里如何实现分布领导的可行性和有效性，就需要建立一个"合理—合法"的权威，即学校最高领导。其次，学校组织的分层相当必要，随着现代学校规模的不断扩大，建立一个层次分明、行之有效的系统是保证学校组织顺利运行的前提。再次，内部成员的专业化，主要以教师为主体，成为教育发展和教师发展的必然。事实如此，正是伴随着教师专业化的进程，教育的水平和质量才得以提升。此外，学校组织中成员的激励与其绩效相结合，成员的晋升与其业绩相匹配，以确保学校组织成员不断提升自己的工作水平、工作能力和服务意识，同时保障学校组织成员内部公平合理的竞争。最后，学校组织内部的学术权力是源自于个人魅力和文化传统，虽然合理但

---

① ［美］詹姆斯·麦格雷戈·伯恩斯：《领袖》，常键、孙海云等译，中国人民大学出版社2007年版，第121页。

并不合法，官僚制所形成的规章制度的行政能力正好可以弥补学术权力的不足。

### 3. 基于公正和共情的视角

公正是一种社会建构过程。近 20 年来，西方社会发生深刻变革，多种新兴政治经济力量使学校文化领域面临严峻挑战。目前，全球竞争环境中的社会不公正状况、传统学校教育的知识基础、研究和实践都面临着社会公正议题的诘责。学校内部少数学生群体的不公正待遇，一再拷问学校教育的价值立场。

公正是人类社会的永恒追求，传统学校管理侧重角色、控制、任务、官僚制、决策等事项，诸如种族、性别、少数群体等公正问题不断被边缘化。19 世纪后半期，英国公立学校秉承一贯的开放性和绝对的排外性，培养贵族精英，摒弃低层劳工，大大加剧了劳工阶层的社会剥夺和政治挫伤。"一方面，学校千方百计以系统的方式去调查和纠正差学生的表现，一些传统的学校设有严格的目标，另一些'可选择'的公立学校则为学生们提供了学业的各种选择可能。另一方面，学校假定低成就和社会不平等之间存在必然联系，从而限制大量青年人入学，或者巩固强化在学校内部存在的社会和经济的不平等"①，这一办学宗旨与社会公正背道而驰，原因在于真正意义的社会公正应"更多地吸收不同社会背景、教育背景的人进入学校和获得教育、经济上的成功"②。

学校中的角色定性，明显的因人和文化背景的差异而相去甚远。相对于最高层次上，这些角色很可能演变成角色借用，并反映真正的共情能力——进入另一个人或群体的情感和观点的某种至关重要的领导品质——而不是仅仅表达对自我的静态定性，从一定意义上讲，这也是道德领导的发端。

### （三）变革根源：基于组织再造的视角

学校是一个经过选择的特殊环境，它是"明确根据影响其成员的

---

① ［美］詹姆斯·麦格雷戈·伯恩斯：《领袖》，常键、孙海云等译，中国人民大学出版社 2007 年版，第 109 页。

② 丁钢主编：《聆听世界：多元社会中的教育领导》，华东师范大学出版社 2008 年版，第 37—66 页。

智力和道德倾向而塑造的环境典型"①，学校应该肩负起联系家庭和社会的使命。正因如此，"学校本身必须是一个比现在所公认更大程度上生气勃勃的社会机构"②，为了确保学校组织自身的活力，变革势在必行。

学校"组织再造"（organization restructuring）针对学校组织存在的不合理性③，是一种以提高教育绩效为目的，以能满足社会需求变化的方式所进行的系统变革。诸如在结构上重新改造学校的组织与管理方式，尤其是教师所承担的工作及其在教室中的教学过程，以此根本改变学校的传统运作方式，用以提升学校教育的质量和绩效④，这主要涉及技术（强调学校核心技术改革）和专业（重视专业条件的改革）两个层面。学校教育变革应以"教学"核心技术（core technology）的改进为首要任务。在核心技术方面，应该强调新的教学知识与技术的引进、转换和应用。在专业工作条件方面，则要强化教师专业的自主能力与责任，要以增进教师的"系统性知识"（systematic knowledge）与"判断性知识"（judgemental knowledge）为主要任务。⑤ 其中"学习型组织"（learning organization，LO），通过建立有利于组织学习的制度环境，为孕育知识创新的学习共同体的产生创造条件。⑥ 在其中，学习以及带领整个集体进行有效的学习，已经成为信息时代领导者们的最重要职能。学校领导从首席"教"者转变成首席"学习"者，意味着学校作为一个社会学习系统，整个学校组织的"智能"分布在系统中的教师、学生、家长乃至和学校密切相关的其他

---

① ［美］约翰·杜威：《民主主义与教育》，王承绪译，人民教育出版社 2005 年版，第 25 页。

② ［美］约翰·杜威：《学校与社会　明日之学校》，赵祥麟等译，人民教育出版社 2005 年版，第 6 页。

③ Fullan, M., "The School as Learning Organization: Distant Dreams", *Theory into Practices*, 1995, 34, (4), pp. 230 - 235.

④ Murphy, J., *Resturcturing Schools: Capturing and Assessing the Phenomena*, New York: Teachers College Press, 1991, pp. 12 - 14.

⑤ Elmore, R. F., "Why Resturcturing Alone Won't Improve Teaching", *Educational Leadership*, 1992, 49, (7), pp. 44 - 48.

⑥ 赵健：《基于知识创新的学校组织发展——兼论学习共同体与学习型组织的异同》，《全球教育展望》2007 年第 2 期。

人身上。① 学校领导在和教师们共同参与教育变革实践的过程中，通过营造相互支持、宽容多元、激励创新的集体文化，使得浸润在此文化中的显性知识和隐性知识不断转化并相互内化。新的思想、专业的技能在此过程中得到教师认同并成为再造组织的基础，其成果最终在教师的实作绩效中得以体现。

综上所述，特将学校领导理论形成的 3 种根源 5 大视角以及由此推演出的领导策略列表总结，见表 2-1。

表 2-1    学校领导形成的 3 种根源 5 大视角

| 根源 | 视角 | 应对策略 |
|------|------|----------|
| 心理根源 | 需要和价值等级 | 营造和谐融洽的学校文化氛围，采取"期望与奖赏"手段，树立精神领袖等。 |
| 社会根源 | 政治组织 | 鼓励良性竞争，实施教学标准化，设置阶段目标领导，实现组织认同感等。 |
| | 官僚机构 | 促进教师专业发展，实行参与式领导，遵章守则，注重人文关怀等。 |
| | 公正和共情 | 关注学生群体的边缘化问题，提高学生学业成绩，改进学校教育结构，营造良性竞争氛围等。 |
| 变革根源 | 组织再造 | 促进共同学习，激发团队精神，树立并实现共同愿景等。 |

## 二  回眸学校领导研究的形成起点

### （一）"学校管理"和"学校领导"的联系

领导和管理是行动的哲学。作为一种行动哲学，它意味着把价值转变为一个价值与事实相结合的世界。领导和管理的中心议题是与价值和道德相关的哲学问题，而不是科学问题。那么领导和管理的区别是什么呢？作为领导，他不可能也不必要事无巨细什么都管，他必须明确自己的角色定位，他履行的不是一种管理行为，而是一种领导行为。比如说一个学校，它要有一个发展定位和走向，反映了一个校长的价值判断，而不是一种管理模式判断；而作为一个校长，就是对整个学校的办学理念、办学特色、

---

① 赵健：《基于知识创新的学校组织发展——兼论学习共同体与学习型组织的异同》，《全球教育展望》2007 年第 2 期。

发展方向的把握，它是一种文化价值判断。因此、领导就是决定做正确的事；而管理就是把决定要做的事情设法做到最正确，也就是说管理就是正确地做事，它一般不涉及价值判断的问题，仅仅是一种职业的执行力。[1]

学校教育管理与学校领导之间既有联系又有区别，从宽泛的意义上说，"学校管理"一般将"学校领导"包含在内了；但就教育实践而言，"学校管理"和"学校领导"不是二者择一的问题，而是两者之间的平衡问题。[2]

在西方的教育管理文献中，"学校管理"和"学校领导"的区别相对而言比较清晰，学校管理注重照章办事和学校组织的日常运作维持，学校领导关注学校组织的创新和变革；学校管理注重学校组织内部的具体活动，学校领导则关注学校组织的战略性问题，主要区别详见表2-2。

表2-2　　　　　　　　　"学校管理"和"学校领导"的区别

| 区别角度 | 学校管理 | 学校领导 |
|---|---|---|
| 倾向 | 侧重维持，乐于守成，依赖制度，基于控制，关注具体事宜，力求处事正确等。 | 重视发展，乐于创新，依赖团队，基于信任，关注人心，力求做正确的事等。 |
| 目标态度 | 目标源于需要而非欲望，以一种不掺杂个人感情的态度处事。 | 以富于个性化和积极的态度加以对待，提出设想以影响学校组织系统组成，并指引其发展方向。 |
| 功能 | 侧重强化程序控制过程，运用制度的推动力，促进成员前行。 | 侧重指引方向，做出决策，以目标的吸引力，激励成员前行。 |
| 身份 | 居于学校领导层，但不一定扮演核心角色。 | 居于学校领导层的核心位置。 |
| 对人的态度 | 通常运用奖励、惩罚以及其他强制性措施来改变对立者的看法，限制下属的选择，力求把下属纳入一种程序化的工作轨道上来。 | 力图拓展追随者的新思路，并为其发展开启新的空间。 |
| 思维方向 | 具有较为专门的业务和具体的程序，具有技术化和程序化的特征。 | 谋求学校组织的发展方向或组织内部的人际关系协调，提高成员需要的满足程度，思考如何引领学校变革，为学校组织和全体教职工注入新的精神和希望，具有社会化和非程序化的特征。 |
| 职能 | 保持组织秩序的一致性，确保稳定。 | 促使组织产生变化和不断运动，探寻适应性和建设性的变化可能。 |

---

① 陈永明：《教育领导学》，北京大学出版社2010年版，第210页。
② 冯大鸣：《美、英、澳教育管理前沿图景》，教育科学出版社2004年版，第40页。

表2-2从"倾向"、"目标态度"、"功能"、"身份"、"对人的态度"、"思维方式"和"职能"等7个方面对"学校管理"和"学校领导"做出区分。比较发现，两者特点突出差异显见。作为学校领导者，他是学校组织实施领导行为的主体，应该努力创造一种以学生高效学习、教师高效工作、富有创新精神为特征的学校氛围，激发教师的工作热情，不断变革和改善学校组织；作为学校管理者，他要充分利用各种策略创设一种有序和有效的学校环境，执行和维护学校的文化价值、组织目标和既定规则。正如萨乔万尼所说[①]，在领导和管理存在差别的同时，两者之间是相互关联的。领导和管理的不同行为模式只是领导者在管理风格上既必要又重要的变化而已。

（二）由学校教育管理研究的创生推知学校领导研究的起点

学校领导研究创生于何时，很难给出确凿的时间，但我们可以从觉知学校中的教育管理的发端来洞察其生成的蛛丝马迹，锁定大致时段。有关教育管理的诞生时间，学界有不同的看法，概括而言主要有四种观点（见表2-3）。

表2-3    学校教育管理的创生时间

| 时间 | 源地 | 责任者 | 事件 |
|---|---|---|---|
| 19 世纪 30 年代 | 美国 | 霍尔 | 1829 年和 1832 年分别出版了两本涉及教育管理的著作。 |
| 19 世纪后半期 | 德国 | 施泰因 | 1884 年出版的《管理学》一书中，有关于国家权力干预教育的原理以及国家通过何种途径来影响教育的论述。 |
| 19 世纪末 20 世纪初 | 美国 | 威廉·佩恩 | 1875 年出版的《论学校督导》开启了从教育视角专门研究教育管理的先河。 |
| | | 达顿和斯奈登 | 1908 年发表了《美国公共教育行政》，书中详细阐释了教育管理应讲求社会效果的观点。 |
| 20 世纪 50 年代 | 美国 | 葛雷格和坎贝尔 | 1954 年美国教育行政会议在丹佛市召开，1957 年出版《教育行政》一书，成为美国教育管理学走向体系成熟的风向标。 |

①  Sergiovanni, T. J., *Educational Governance and Administration* (4$^{th}$ ed.), Boston: Allyn & Bacon, 1999a, p. 59.

　　第一种观点是孙绵涛在《教育管理学》（2007）中提及的。他在组织译校美国学者威洛尔（D. J. Willower）和弗斯（P. B. Forsyth）的《教育管理学简史》（*A Brief History of Scholarship on Educational Administration*）中发现，曼森（R. Mason）在他的著作中提到，霍尔（S. R Hall）分别在1829年和1832年出版了两本有关教育管理的著作，其中涉及有关学校教育管理的观点。从目前所占有的资料来看，西方最早的学校教育管理研究可以追溯到19世纪30年代，以霍尔出版的著述为标志。①②

　　第二种观点以日本学者久下荣志郎为代表。久下荣志郎曾指出，德国的施泰因（L. V. Stein）是现代教育行政学理论的创始人，他在1884年出版的《管理学》（又译《行政学》）一书中，有专章论述教育行政管理的内容。在著作中他阐述了国家应该通过立法的方式对公共事务的学校教育进行干预，以保障国民平等的受教育的权利。③ 之后的100年来，施泰因的教育行政思想成为一面旗帜，对许多国家的教育管理研究产生了很大影响。由此推论，学校教育管理的产生年代及地点应是19世纪后半期的德国。国内学者孟繁华也赞同这一观点："教育管理理论诞生于19世纪末期，由'现代行政学之父'施泰因首创。教育管理理论之所以在这一时期诞生，有其客观必然性。首先，这同教育发展的客观需要相联系。这一时期，社会对教育有了更大的需求，学校数量、规模迅速扩大，教学内容和方法呈现多样化趋势，出现了许多需要解决的管理问题，因为要求有一套管理理论和方法与之相适应。其次，这一时期西方一般管理理论有了重大进展，一般管理理论对教育管理理论影响是重大的，并且在理论上的某些方法方面二者有一定程度的一致性。同时，西方一些国家教育已经发展到

---

　　① Wi llower, D. J., Forsyth, p. B., "A Brief History of Scholarship on Educaticnal Administration", Murphy, J., Louis, K. S. (Eds.), *Handbook of Research on Educational Administration-A Project of the American Educational Research Association* (2ⁿᵈ ed.), San Francisco: Jossery-Bass Publishers, 1999, pp. 1 – 23.

　　② Mason, R., "From Idea to Ideology: School Administration Texts 1820—1914", Glass, T. E. (Ed.), *An Analysis of Texts of School Administration* 1820—1985, Danvill, Ⅱ: Intersate, 1986, pp. 1 – 21.

　　③ ［日］久下荣志郎、崛内孜：《现代教育行政学》，李兆田等译，教育科学出版社1981年版，第19—27页。

相当水平，积累了一定的管理经验。这也为教育管理理论的诞生和发展提供了客观可能。"①

　　第三种观点认为学校教育管理研究产生于 19 世纪末到 20 世纪初的美国。关于这一认识有两种分歧。其一，从现有文献资料来看，美国学者威廉·佩恩（William H. Payen）于 1875 年出版的《论学校督导》（*Chapter on School Supervision*）首次开启从教育自身的角度对教育管理进行专门研究之先河。② 有学者指出，学校督导作为一门艺术，"它的重要性几乎可能没有被充分地认识到"，但教育科学的发展能够提高和促进对这门"高级艺术"的理解。③ 此后几十年，相关研究者人才辈出、潜心钻研，对确立学校领导的组织原则，推广科学的管理技术、方法和程序等起到积极作用。其二，认为美国两位教育管理专家达顿（S. T. Dutto）和斯奈登（D. Snedden）于 1908 年发表的《美国公共教育行政》（*The Administration of Public Education in the United States*）④ 是世界上第一本学校教育管理著作。在该书共 31 章 600 余页的内容中，涵盖了当时条件下学校教育管理实践从宏观到微观的全部过程。它从介绍美国学校管理入手，上至联邦政府下至地方当局，对各级区域和层次的教育管理问题做了详尽阐释。之所以会形成如此完整的体系，主要是因为 19 世纪末 20 世纪初工业革命风起云涌，各国义务教育迅速普及，教育的内外情况迫切要求尽快提高学校教育管理的水平。⑤

　　第四种观点认为学校教育管理建立于 20 世纪 50 年代，有人以威斯康星大学教授葛雷格（T. R. Greeg）和坎贝尔（R. F. Campbell）所著，并于 1957 年出版的《教育行政》（又译《教育管理行为》，*Administration Behavior in Education*）为标志。有学者指出："对学校教育管理的正规研究，

---

① 孟繁华：《教育管理决策新论——教育组织决策机制的系统分析》，教育科学出版社 2002 年版，第 9 页。

② 杨天平：《西方教育管理研究 100 年》，《外国教育研究》2004 年第 9 期。

③ Culbertson, J., "A Century's Quest for a Knowledge Base", Norman J. Boyan（ed.），*Handbook of Research on Educational Administration*, New York：Longman Inc, 1988, pp. 3 - 26.

④ 刘付忱、刘树范：《国外教育科学发展概述》，《教育管理学》，教育科学出版社 1987 年版，第 22 页。

⑤ 杨颖秀：《教育管理学的发展轨迹、价值取向及其对研究者素质的挑战》，《教学与管理》2005 年第 28 期。

始于本世纪（20 世纪）开始前后。但是，这一领域的'职业化'却是在第二次世界大战后才开始的。"① 学校教育管理作为一种教育现象由来已久，但是人们把它作为科学对象来研究、形成自己的学术观点，并去指导教育管理实践，则是从 20 世纪中叶开始的。② 英国学者托尼·布什（Tony Bush）认为学校教育管理作为一门独立的学问，产生于 20 世纪 60 年代并与工业管理模式息息相关，但直到 20 世纪 90 年代，它才发展成为拥有相当研究成果的专业领域。③

# 第二节　学校领导理论的嬗变历程

## 一　现代学校领导理论探究的四个主要时期

产业革命时期，与对组织其他方面的研究一样，有关领导的研究已经成为一件严肃的事情。依循历史的轨迹，参照领导研究的宏观分野，现代学校领导研究也可以划分为四个历史时期，即品质研究时期、情境研究时期、行为研究时期和权变研究时期。不同时期的研究成果既丰富了我们对学校领导特征的认识，也影响了我们对学校领导过程的思考认识。表 2-4 是对四个主要时期领导研究相关内容作出的总结归纳。

从领导品质研究开始，学者们孜孜以求，为后人留下了许多宝贵资料。

有关品质研究使我们认识到，许多品质与领导效能之间保持着清晰一致的关系。该理论认为成功的领导效能，是因为领导者拥有某些个人特质使然，主张利用科学方法，从生理、人格、智力、人际关系、自信、积极等方面来解释或预测领导效能。品质研究的基本原理让某些人格品质和动机特质增加了个体能够影响他人以及将会努力影响他人的可能性更加接近必然，这些影响涉及了对学校产出的恰当界定、教与学的活动的组织以及合作文化的营造因素等多个方面。

---

① D. E. 奥洛斯基等：《今日教育管理》，张彦杰译，春秋出版社 1989 年版，第 9 页。

② ［美］罗尔德·F. 坎贝尔、托马斯·弗莱明、L. 杰克逊·纽厄尔、约翰·W. 本尼恩：《现代美国教育管理》，袁锐锷译，广东高等教育出版社 1989 年版，第 6 页。

③ ［英］托尼·布什：《当代教育管理模式》，强海燕译，南京师范大学出版社 1998 年版，第 1—4 页。

表2-4　　　　　　　现代学校领导研究历史的四个主要时期

| 时期 | 时间 | 代表研究方法 | 研究假设 | 主要贡献 | 研究评价 | 研究启示 |
|---|---|---|---|---|---|---|
| 品质研究 | 19世纪末—20世纪40年代 | 智商测试 | 领导是天生的，领导是品性混合的产物。 | 对品质特征的单一分析不能解释和揭示领导的有效性，在一个有效领导中，领导者的个人品质绝不是唯一的或关键因素。 | 品质作为领导问题的一个内在组成要素的观念已被接受，但没有考虑环境因素的影响作用。 | 学校领导应该树立独特的个性特点，以身作则地影响和带动学校教职员工为实现共同愿景而创造努力。 |
| 情境研究 | 20世纪40年代后期—50年代 | 绩效测试 | 情境造就领导，领导不是天生的。 | 探索发现了关键性的情境因素（如遴选过程、继任原因、行动命令、继任期间的不稳定性等），对这些因素加以有效利用，可以确保领导岗位的稳固性。 | 过于强调领导的情境因素，而对领导的特质重视不足。把领导研究单纯地局限在情境，显得过于狭隘，甚至适得其反。 | 个人因素与情境因素之间有着强烈的互补关系。领导者通过情境施加影响；情境对领导的影响给予支持和限制。 |
| 行为研究 | 20世纪40年代中期—70年代早期 | 行为描述问卷调查（LBDQ） | 初建任务因素与关心因素（人际关系）是从不同角度出发的不同行为，领导能在不同程度上加以运用。 | 发现了领导行为的两个基本考察维度，即结构维度和关怀维度；有效的领导需要兼具两类行为，即关心、支持和以人为中心的行为，它们与下属的满足感、忠诚和信赖等高度一致；注重行为而非注重领导品质，强调了领导培训的重要性；形成了用来衡量领导行为的方法。 | 结果不具有普适性，领导行为的二分法不足以对美国以外的个人主义文化色彩较少的其他国家的领导理想模式作出解释；忽视了环境因素的作用，不能完全解释领导现象的复杂问题。 | 学校领导首先要处理好和下属的关系，增强团队的内聚力，使下属获得满足感，从而提高效率，完成任务；在决策上积极考虑下属的意见和建议，让下属也参与到决策过程中来，实施"民主领导"的行为方式。 |
| 权变研究 | 20世纪60年代早期至今 | 费德勒权变模式 | 领导者的个性、行为方式以及行为的有效性高度依赖于个人所处的情境。 | 领导者的类型是不变的，领导的效果会随着情境的变化而改变；提倡改变情境，培训领导更好地利用资源。 | 目前仍是一个最可靠的、最具预示力的领导模式，只要在这种模式假设范围之内，它可以为领导效果提供一种可信赖的预示。 | 学校领导必须识别多种权变因素，并根据权变因素选择相应的领导行为决策方式。 |

　　有关情境研究，研究者力求发现使领导走向成功的与众不同的情境特性，从外部环境到内部环境，既有宏观分野下的组织规模结构，又有以微

观切入点着眼的组织成员的基本特征，他们设法通过全息的视角甄别筛选出与学校领导行为和绩效相关的情境因素。无论是早期的领导品质研究，还是随之出现的领导情境研究，它们为领导研究奠定了坚实的理论基础，使得后继研究能够继往开来地持续展开。

有关行为研究，学者们以"领导行为"和"达成效果"为依托来延伸探究触角，前者关注个人、人际关系和群体维持；后者重视任务结果、任务目标实现的程度。根据不同的环境，运用或权衡适切的领导行为，无疑成为提高学校领导绩效的可靠保证，这一时期的研究起到了承前启后的有机沟通作用，它兼容并促着领导者与被领导者的互动。该理论认为领导效能并非取决于领导为何种特质，而是取决于其影响部属的行为模式，主张领导者与被领导者之间的互动是衡量领导效能的关键所在。

有关权变研究，在20世纪70年代达到顶峰，这一研究几乎囊括了之前有关领导研究的全部内容：领导品质、领导情境和领导行为，同时加诸领导效能，为新型的领导变革模式的诞生埋下了伏笔。该理论强调领导的作用在于影响部属的行为，而其行为又受动机及态度等情境因素的影响，主张依照不同的情境采取最佳的领导方式。综合上述四个历史分期，我们可以整合为三个发展阶段，即奠基阶段（领导品质研究和领导情境研究）、过渡阶段（领导行为研究）以及继续发展阶段（领导权变研究）（见图2-2）。

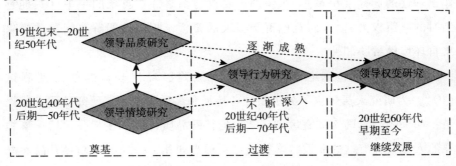

图2-2　领导研究的四个历史分期和三个发展阶段

## 二　四个主要分期下的学校领导理论评介

### （一）品质研究时期：19 世纪末到 20 世纪 40 年代

"领导是天生的"，这种信念在 19 世纪末到 20 世纪上半叶占主导地位。汤姆斯·卡莱尔（Thomas Carlyle）的《论英雄和英雄崇拜》（*On Heroes and Hero-Worship*，1840）、威廉·詹姆士（William James）的《历史上伟大的男人》（*Great Men*，*Great Thoughts and Their Environment*，1880）和高尔顿（Galton）的《遗传的作用》（*Hereditary Genius*，1869）等著作，强调了先天塑造人的个性和行为，呈现出鲜明的时代特征。因此，人们对领导者拥有坚定的信念，认为他们天生具有领导别人的特殊才能。这一时期的历史背景和社会政治结构进一步强化了人们的信念。对人格力量和先天品质的信念，深刻地影响着相关研究人员，使得他们全身心地投入到领导品质的研究当中。

20 世纪前叶，西方经典管理理论先驱者的管理思想在企业取得成功后，顺势引入到教育管理理论中，并在学校管理实践中产生影响。经典科学学校管理观点同样认为：学校领导是位于学校组织中最高层次并具有优于常人的先天心理品质的人。"领导被看作是处在复杂的权力金字塔顶端的'英雄'。英雄的工作就是去发现疑难问题，考虑可选择的解决办法，作出理性的选择（决策）。组织的主要权力都掌握在英雄的手中（其拥有绝对的决策权力）。人们对他寄予很大的希望，相信他能解决问题并排除来自环境的威胁。"[①]

20 世纪早期，对各种人类个性的测验已经出现，例如智商测试（IQ），为研究人员提供了分析领导者特征和品质的工具。研究的假设前提是，如果领导者确实拥有区别于常人的特殊品质，那么在某一领域从事领导的人也会拥有这些品质，学校领导者理当如此，并提出"领导是品性混合的产物"的预断。经过 40 年的研究之后，几乎没有证据证明，领导者

---

① ［英］托尼·布什：《当代教育管理模式》，强海燕译，南京师范大学出版社 1998 年版，第 97 页。

是天生的，也不支持先前的预断。研究发现，领导的每一种品质似乎和具体的环境条件更相关，任何一种或者几种品质的组合都不能确保一个人成为领导者。品质是影响领导有效性的最小因素，绝不是唯一或者关键因素。

拉尔夫·斯托格蒂尔（R. M. Stogdill）在对 1904 年至 1947 年发表的124 项领导特质研究作出评论的基础上把领导所具备的基本特质归纳为五种类型①（见表 2-5）。

表 2-5　　　　　　　　　　　五种领导基本特质类型

| 类型 | 表现 |
| --- | --- |
| 能力 | 智力、机敏、口才、创新能力、判断力 |
| 成就 | 学问、知识、运动才能 |
| 责任 | 可靠性、主动性、坚韧性、进取心、自信、超越的欲望 |
| 参与 | 活动性、社会性、合作性、适应性、幽默感 |
| 地位 | 社会经济地位、声望 |

尽管斯托格蒂尔发现了领导者有别于非领导者的许多特质，但他的结论是，特质理论本身会产生微不足道、令人困惑的结果。他认为，人们无法凭借拥有一些特质的组合而成为领导，因为这些特质随着情境的转换而变化。因此，斯托格蒂尔补充了与领导有关的第六个因素——情境要素。R. D. 曼（Mann）② 随后的研究也印证了类似的结论。

后来，有关领导品质研究采用了多种改良的测量方法，包括"投射测验"（projective test）与"评估中心"（assessment center），并且研究聚焦于经理人和行政管理者，而非其他类型的领导者。一些对改进选拔管理人员的方法感兴趣的工业心理学家仍在潜心专注于品质研究，他们将该研究的侧重点落脚于领导品质与领导效能之间的关系上，从而维持了品质研究的热度，也使得人们认识到品质与情境的双重作用，它们将更加趋于合理

---

① Stogdill, R. M., "Personal Factors Associated with Leadership: A Survey of the Literature", *Journal of Psychology*, 1948, (25), pp. 35 – 71.

② Mann, R. D., "A Review of the Relationships betwween Persnonality and Performance", *Psychological Bulletin*, 1959, (56), pp. 241 – 270.

和平衡。综合众多学者的认识，我们将当前与有效领导相关的品质与技能变量分成三组，即人格、动机和技能（见表2-6）。

表2-6　　　　　　　　　　与有效领导相关的品质与技能

| 技能 | 相关品质 |
| --- | --- |
| 人格品质（personality traits）：以某种特殊行为范式表现出来的相对稳定的倾向。① | 自信的领导者（self-confident leaders） |
| | 承受压力的领导者（stress-tolerant leaders） |
| | 情感成熟的领导者（emotionally mature leaders） |
| | 诚实的领导者（integrity） |
| 动机品质（motivational traits）：一组源自于个体内外、激发个体与工作相关的行为，并且决定其行为方式、方向、强度和持续时间的积极力量。 | 任务与人际需要 |
| | 权力需要 |
| | 成就取向 |
| | 期望 |
| 技能品质（skills traits）：实施领导需要掌握与任务相关的知识与能力，以用来指定和执行解决复杂社会问题与技术问题的方案，并以有效的方式实现目标。② | 技术技能（technical skills） |
| | 人际技能（interpersonal skills） |
| | 理论技能或认知技能（conceptual or cognitive skills） |

在学校领导领域，有关校长品质的研究也不在少数。

例如汉菲尔等人（Hemphill, Griffith & Frederksen）调查分析32位小学校长的领导素质，发现维持组织关系最有效能的校长具有友善、负责、活力、热心、勇敢、富有同情心、自主、自信、接纳、乐观、开朗等特质。③ 伯莱姆（R. Bolam）等人在一项关于学校领导的实践研究中发现，校长的领导特质主要体现在：为人正直、诚实、公平、负责、有亲和力、有战略思考与规划能力、能敏锐察觉员工需求、人际沟通和协调等④。瑞思廷（N. Restine）指出校长的领导特质应该包括概念技能、人际技能、

---

① Yukl, G. A., *Leadership in Organization* (5<sup>th</sup> ed.), Upper Saddle River, NJ: Prentice Hall, 2002.

② Mumford, M. D., Zaccaro, S. J., Harding, F. D., Jacobs, T. O., Fleishman, E. A., "Leadership Skills for a Changing World: Solving Complex Social Problems", *Leadership Quarterly*, 11 (1), pp. 11-35.

③ Hemphill, J. K., Griffith, D. E. Frederkisen, N., *Administrative Performance and Personality*, New York: Bureau of Publication, Teachers College, Coluumbia University, 1962.

④ Bolam, R., McMahon, A., Rocklingtom, K., Weinding, D., *Effective Management in Schools*, London: HMSO, 1993.

技术技能等三大技能，以及当地知识、隐性知识、文化知识、伦理知识、研究知识、个人知识、批判知识、理论知识、政治知识与技艺知识等十项知识。[①] 麦博（Hay Mcber）在对校长采用结构式深度访谈的基础上，总结出具有效能的校长的 17 项特质，分别是：分析思考、挑战与支持、信心、追求革新、授权他人、发展潜能、影响他人、信息搜寻、主动进取、诚实、信念、尊重他人、善于策略性思考、善于团队建设、转化式领导、了解环境、了解他人等。[②] 另外，伊兰·K. 麦克依万通过问卷调查高绩效校长的特质。结果显示：排在前几位的校长特质是善于沟通、能够发挥教育者的作用、制订愿景、担当促进者的角色、担当改革者的角色、建设学校文化、学校发展的活跃分子等。[③]

　　品质研究相关理论具有重要意义。该理论认识到领导者的个人特性和品质对领导绩效的重要影响作用，同时鉴别出领导者应具备的一些素质特征条件。然而，任何理论研究都不会是完美无缺的，不少学者对其争执不断，质疑重重。因而，该理论风靡一时，后又几近销声匿迹。特别是 20世纪 90 年代以来，领导品质研究强势回归，又重新进入人们的视野。尤其是在研究学校领导变革过程中，人们发现学校质量的高下与学校领导的个人素质有着较大的关联，不少研究总结了大量关于高效领导和低效领导的基本特征，由此带动了新一轮学校领导者素质研究的推展。不少西方国家都相继出台了校长专业标准方案，这既是学校领导品质的要求，又是领导品质研究深入落实的写照。

　　（二）情境研究时期：20 世纪 40 年代后期到 50 年代

　　这一时期，学者们用严密的情境分析理论替代了当时饱受诟病的品质研究理论。他们尝试分离出与领导行为和绩效相关的独特的领导

---

　　① Restine, N., "Learning and Development in the Contexts of Leadership Preparation", *Peabody Journal of Education*, 1997, 72（2）, pp. 117 – 130.

　　② "The National College for School Leadership", http://www. Nsclonline. Gov. uk., 2001 – 9 – 5. 转引自林明地《学校领导：理念与校长专业生涯》，九州出版社 2006 年版，第 39 页。

　　③ 伊兰·K. 麦克依万：《高绩效校长的 10 大特质：从优秀走向卓越》，重庆大学出版社 2006 年版。

情境①②③（leadership situation）的属性。综合概括一些常见变量（见表 2－7）对学校领导行为产生重要的影响，那么这些变量便可视为领导情境的决定性因素。

表2－7                          学校领导的常见情境因素

| 分类 | 主要体现 |
|------|----------|
| 组织结构的特点 | 机构规模、层级结构、组织形式、技术水准 |
| 角色特征 | 任务的类型和难度、程序规则、满意度和绩效期望、权力执行 |
| 下属特征 | 教育程度、年龄、知识和经验、对模棱两可事物的容忍度、责任感、权力行使 |
| 内部环境 | 组织氛围、组织文化、开放度、参与水平、群体气场、价值观和规范 |
| 外部环境 | 复杂性、稳定性、不确定性、资源依赖性、制度构建 |

领导的情境因素对在任期间学校领导的领导力的行使产生至关重要的影响。就候任领导和学校组织而言，在新的领导者到来之前和之后不久，都会面临危机情境。因此，学校领导岗位的候任者，如果能对教育领导的关键性情境因素做到心中有数的话，就可以运筹帷幄、游刃有余地确保自身在其领导岗位的稳固地位。但是，情境理论对品质理论超越的同时，又陷入了其研究的瓶颈。因为，领导研究若是单纯地拘囿于某一理论中，又会阻碍自身的进步与拓展，当我们过分地放大情境因素的影响力的时候，那些富有启示性和借鉴性的探究就会距我们渐行渐远。

（三）行为研究时期：20世纪40年代到70年代早期

领导行为是指领导者对被领导者的控制和影响方式。由于品质研究没有产生预期的结论，研究者开始另辟蹊径，转而关注领导者的行为，来寻找领导效果的答案。对领导行为的研究是在先期情境探索的基础上受到关注的，在这一时期各种领导行为研究及其相关测评量表不断得到发展，这与当时的行为科学的盛行密切相关。

---

① Campbell, John P., *Managerial Behavior, Performance, and Effectiveness*, New York: Mcgraw-Hill, 1970.

② Lawler, E. E. Ⅲ., "Education, Management Stly, and Organizational Effectiveness", Personnel Psychology, 1985, (38), pp. 1－26.

③ Vecchio, R. P., "The Impact of Differences in Subordinate and Supervisor Age on Attitudes and Performance", *Psychology and Aging*, 1993, 8 (1), pp. 112－119.

莱文（K. Lewin）和他同事早期的关于民主、专制和放任的著作①②奠定了领导行为的理论基础。书中明确对民主型、放任型和独断型领导予以界定，但是其研究却无法判断哪一种类型是最有效的，或在何种环境下应该采取何种领导方式。尽管如此，他们的开创性研究为后来的研究小组的深入探索指明了方向。

谈及领导行为研究，以利克特（Rensis Likert，1903—1981）为代表的密歇根大学所做出的贡献不容忽视。概括而言，他对领导风格进行了区分，划分出专权式专制领导（exploitative authoritative）、仁慈式专制领导（benevolent authoritative）、协商式领导（consultative）和参与式领导（participative）四种分类形式。进而提出领导的支持关系理论。所谓"支持"是指员工置身于组织环境中，通过工作交往感受到领导、同事等方面的支持和重视，从而认识到自己的价值。如此的环境就是"支持性"的，如此的领导者和同事也是"支持性"的。当然，这种支持关系是双向的：一方面，领导者要考虑下属员工的处境、想法和希望，帮助员工努力实现其目标，使员工从中认识到自己的价值和重要性；另一方面，领导者对员工的这种支持能激发员工对领导采取合作、信任的态度，支持领导者的工作。③

后继研究中最为著名的是 20 世纪 40 年代开展的对俄亥俄州立大学（Ohio State University）领导行为的研究④，并诞生了沿用至今的"领导行为描述调查问卷"（Leader Behavior Description Questionnaire，LBDQ）。这一问卷主要关注初始建构（任务）和关心（人际关系）两个方面。虽然该项研究和其他一些研究明确了一系列领导行为，但并没有说明领导行为和领导效果之间的关系，也没有明确哪一类行为是最为有效的。值得欣慰

---

① Lewin, K. , Lippit, R. , "An Experimental Approach to the Study of Autocracy and Demoracy: A Preliminary Note", *Sociometry*, 1938, (1), pp. 292 – 300.

② Lewin, K. , Lippit, R. , White, R. K. , "Patterns of Aggressive Behavior in Experimentally Created Social Climates", *Journal of Social Psychology*, 1939, (10), pp. 271 – 301.

③ 陈永明：《教育领导学》，北京大学出版社 2010 年版，第 69 页。

④ Stogdill, R. M. , Coons, A. E. , *Leader Behavior: Its Description and Measurement*, Columbus: Ohio State University, Bureau of Bussiness Research, 1957.

的是，对于关心、支持和以人为中心的行为，与下属的满足感、忠诚和信赖等高度一致，业已取得共识。① 也有数据表明，有效领导需要兼具上述两类行为②③，只是这一论证只赢得了少数人的认同。此外，领导行为的二元分类法不足以对美国以外的个人主义文化色彩较少的其他国家的领导理想模式作出合理的解释。④

综上所述，行为研究方法有助于增加我们对各种不同类型领导行为的理解，注重行为而非领导者品质，强调了领导培训的重要性。但该研究同样忽视了环境因素的影响作用，仅仅为高度复杂的领导过程提供了一个脆弱的落脚点。

到了后期，为了对诸多相关研究类型和分类进行整合，尤克尔（G. A. Yukl）⑤ 提出了"任务取向型行为"（task-oriented behaviors）、"关系取向型行为"（relations-oriented behaviors）和"变革取向型行为"（change-oriented behaviors）三种类型的领导行为框架。他指出，为了赢得领导效能，外部环境在适度和这三种行为方面发挥着非常重要的作用。在稳定性的环境中，任务取向型行为应当比变革取向型行为更常用。同样，关系取向型行为在简单稳定环境中比在复杂动态环境中更为可行。在确定的环境中，变革取向型行为或许最为有效。总体而言，根据不同的环境恰当地运用或权衡不同类型的领导行为是提高领导绩效的基础。

各种领导行为理论尽管其具体内容和强调的侧重点各不相同，但它们的共同点是显而易见的，即这些领导行为理论都把领导区分为两种基本类型，一种是强调关心人的人员型领导；另一种是强调完成任务的任务型领

---

① Selter, J. , Numerof, R. E. , "Supervisory Leadership and Subordinate Burnout", *Academy of Management Journal*, 1988, (31), pp. 439 – 446.

② Fleishman, E. A. , Harris, E. F. , "Patterns of Leadership Behavior Related to Employee Grievance and Turnover", *Personnel Psychology*, 1962, (15), pp. 43 – 56.

③ House, R. J. , Filley, A. C. , "Leadership Style, Hierarchical Influence, and the Satisfaction of Subordinate Role Expectation: A Test of Liker's Influence Proposition", *Journal of Applied Psychology*, 1971, (55), pp. 422 – 432.

④ Chemers, M. M. , "Cross-Cultural Training as a Means for Improving Situational Favorableness", *Human Relations*, 1969, (22), pp. 531 – 546.

⑤ Yukl, G. A. , *Leadership in Organization* (5th ed. ), Upper Saddle River, NJ: Prentice Hall, 2002.

导。这些领导行为理论强调领导风格的不同，认为领导是这两种行为的综合体，两种领导行为的不同组合形成不同的领导风格，而单纯的任务型领导或单纯的人员型领导在实践中很难被观察到。随即由领导行为理论引领的行为科学大行其道，渗透到学校领导和管理研究领域，后又形成了教育管理"理论运动"（The Theory Movement）的风潮，受此影响，教育领域的领导研究也发生了转向，更加侧重于学校领导行为的研究。

（四）权变研究时期：20 世纪 60 年代早期至今

领导品质理论和领导行为理论都把着眼点放在领导者身上，把研究焦点集中在领导者本身的特质及其领导行为上。然而，人们逐渐认识到，仅仅依靠领导者本身的因素未必能够达到理想的领导效果，在这种情形下，领导权变理论应运而生。早在 20 世纪 40 年代，已有学者开始寻求更为有效的领导研究的方法了。[①] 因为领导有效性并不单纯接受领导特质及领导方式的影响，还存在着其他的因素。于是，权变研究从幕后走到台前。从 20 世纪 60 年代中晚期至整个 20 世纪 70 年代，领导研究的主流是权变理论。

所谓"权变"是指行为主体根据因素的变化而做出的适当调整。从领导学的角度来看，权变理论是指领导者应该根据情境因素选择有效的领导方式。领导权变理论认为，领导是否有效既不单单取决于领导者的个人特质，也不单单取决于领导行为和方式，它还受领导行为所处的环境和被领导者特点的影响。在该理论看来，不存在一成不变、普遍适用的领导行为或方式，要根据具体情境确定最合适的领导方式。权变理论主要包括费德勒（Fred E. Fiedler）的权变领导模式（Contingency Leadership Model）、赫塞和布兰德（Paul Hersey & Kenneth H. Blanchard）的情景领导理论（Situational Leadership）以及豪斯（R. House）的路径——目标理论（Path-Goal Theory）等。直到 20 世纪 60 年代，一些情境因素（任务和团队类型等）才被应用到领导研究中，这项工作由弗雷得·费德勒率先进行。由此，领

① Stogdill, R. M., "Personal Factors Associated with Leadership: A Survey of the Literature", *Journal Psychology*, 1948, (25), pp. 35 - 71.

导研究逐渐由只考虑领导本身因素的简单模式，向包含权变因素的复杂模式转变。自从领导研究权变理论产生后，领导方式便无好坏之分，只有有效与无效之别。费德勒的权变模式成为领导学上最早的也是最好的研究方法。[①] 到目前为止仍然是一个最可靠、最具预示力的领导模式，大量的学术研究和高级分析支持这一模式假设。

权变模型的最后一组概念是判断领导效能的标准，对实践中的管理者和学者而言，对绩效的感知评价（perceived evaluation）十分重要：学校内部的领导者本身、下属、同事和上级以及学校外部的公众对领导者的主观判断是测量效能的手段。此外，组织参与者的满意程度对领导效能的达成也会产生相应的影响。再之，学校目标实现的相对层次也反映了教育领导者的效能。如此，领导效能（leadership effectiveness）就网罗了一个比较客观的维度（组织目标的大程度）和两个主观的维度（重要参照群体的管制评价和下属的总体工作满意度）。

费德勒认为，领导行为是由领导者个性和情境之间的相互作用引起的。为了测量领导者的动机，费德勒试图以"最难共事者"（least pre-ferred co-worker, LPC）[②] 调查表的得分来衡量领导的个性，从而确定领导风格（leadership style），用以测试领导行为属于任务动机型的还是关系动机型的。[③] 领导效果是领导类型和领导情境控制（situational control）作用的产物。所谓情境控制，是领导者在实施计划、决策和行动策略过程中的权威等级和影响程度。[④] 情境控制受"职位权力"（position power）、"任务结构"（task structure）和"领导者—成员关系"（leader-member rela-tions）三个因素的影响。费德勒又把情境分为有利与不利两种，情境的利弊又与三方面的因素相关，即领导者与被领导者，工作组织的完善程度，

---

①　Fiedler, F. E. , *A Theory of Leadership Effectiveness*, New York：McGraw-Hill, 1967.

②　［美］诺斯豪斯：《卓越领导力——十种经典领导模式》（第2版），王力行等译，中国轻工业出版社2003年版，第65页。

③　Fiedler, F. E. , Garcia, J. E. , *New Approaches to Effective Leadership：Cognitive Resources and Organizational Performance*, New York：Wiley, 1987.

④　House, R. J. , Aditya, R. N. , "The Social Scientific Study of Leadership：Quo Vadis?" *Journal of Management*, 1997, 23（3）, pp. 409 – 473, 422.

领导的权力地位。如果领导者类型与情境相容，那么领导就是有效的；如果权变模型的最后领导者类型不能满足情境的需要，那么领导就失去有效性。这样，费德勒把三个因素的影响情况结合在一起，共组合成八种不同的领导情境类型；后来经过简化归结为三种。① 在"最难共事者"理论中，"效能"（effectiveness）一词简洁明了，它集中体现了群体完成主要任务的程度，就此而言，领导效能就取决于人们对任务完成度的判断。

需要明确指出的是，一个人的 LPC 并不是唯一决定领导行动与信念的关键因素，如果权变模式超出任务动机型和关系动机型假设之外，那么这一应用就是不正确的。

除此之外，与权变模型相对的另外一个假设是说在诸如学校这样的组织中，某些正式的领导行为不但是必要的而且是重要的②，但是有学者③对此提出了质疑，并且创建了领导替代模型（substitutes for leadership model）。这一模型很快获得了不在少数的拥趸，一些追随者认为④，领导替代理论激发了研究者极大的兴趣，因为它可以解释为什么领导者行为在一些情境中有效，而在另一些情境中却失效了。

权变理论提出后，一直备受学界重视。使得 20 世纪 70 年代成为领导权变理论独步天下的时代。⑤ 这一理论改变了以往领导研究只关注领导者自身因素的模式，认识到领导行为和领导效果受领导情境和被领导者因素的制约，从而将领导情境和被领导者因素纳入到领导理论体系。该理论整合运用

---

① House, R. J., Aditya, R. N., "The Social Scientific Study of Leadership: Quo Vadis?" *Journal of Management*, 1997, 23 (3), pp. 409 - 473, 422.

② Howell, J. P., "Substitutes for Leadership: Their Meaning and Measurement: A Historical Assessment", *Leadership Quarterly*, 1997, 8 (2), pp. 113 - 116.

③ Kerr, S., Jermier, J. M., "Substitutes for Leadership: Their Meaning and Measurement", *Organizatioanal Behavior and Human Performance*, 1978, (22), pp. 375 - 403.

④ Podsakoff, p. M., Niehoff, B. P., Mackenzie, S. B., Williams, M. L., "Do Substitutes for Leadership Really Substitutes for Leadership? An Empirical Examination of Kerr and Jermier's Situational Leadership Model", *Organizatioanal Behavior and Human Decision Processes*, 1993, (54), pp. 1 - 44.

Hanson, E. M. Educational Administration and Organizarional Behavior (3$^{rd}$ ed.), Boston: Allyn and Bacon, 1991, p. 191.

⑤ Hanson, E. M., *Educational Administration and Organizarional Behavior* (3$^{rd}$. ed.), Boston: Allyn and Bacon, 1991, p. 191.

了以前的领导理论和研究成果，把领导者个人特质、领导行为与领导情境连同被领导者因素等结合起来，创造了一套比较完善的领导理论体系。该理论使我们认识到，领导方式和行为要契合相应的领导情境，不存在一成不变的最佳领导行为和方式。它以领导行为与领导情境、被领导者因素等之间的交换关系来解释领导现象，否认有普遍适用的领导方式的存在，认为领导方式和行为要与领导情境相匹配。但是，领导权变理论执着于领导行为、领导情境以及领导效能的技术性分析，其理论过于复杂，很难运用于领导实践中。

# 第三节　学校领导学术研究发展趋势

## 一　共词分析的理论认识

共词分析法与共被引分析法，是文献计量学和科学计量学中的两种共现分析方法，都是基于文献数据进行的文献内容分析法，均可以通过文献数据来研究科学知识结构、研究热点、研究前沿、学科评价、知识流动、学科演进和学科范式等。但共词分析法和共被引分析法在应用上存在区别：共被引分析多用于研究成熟学科的研究范式或学科结构等；共词分析多用于研究新学科、新领域的研究范式或成熟的研究热点等。

共词分析方法主要包括词频分析、聚类分析、关联分析及突现词分析等。该方法主要是通过统计关键词对或主题词对两两在同一文献中的共现频次，并进行聚类分析。通过共词网络内节点之间的远近来反映高频或低频关键词或主题词之间的亲疏关系，形成由这些关键词对或主题词对所组成的共词网络，通过软件的使用绘制知识网络图谱，直观生动地展示关键词或主题词之间的关联度，以及这些关键词或主题所代表的学科或者学术领域的结构格局的演变态势。

共词分析方法通常使用高频词聚类来分析过去和现在学科领域的热点，通过低频词聚类预测未来的学科探究热点，还可以利用共词分析的可视化技术横向和纵向分析学科或领域的发展过程、特点以及领域或学科之间的关系，又可以反映某个专业的科学研究水平及其动态和静态结构。

当然，采用共词分析方法所得出的分析结果是在一定的假设前提下才能成立的：根据主题词的受控性与规范性，关键词或主题词是文献研究主题的高度提炼和浓缩，如果两篇文献有两个以上的关键词或主题词相同，则表明这两篇文献在研究主题上相同或相近；反之，如果两篇文献的研究主题越是接近，则相同的关键词或主题词也就越多。如果一对关键词或主题词在文献分布集中的更多文献中共同出现，则表明这对关键词或主题词被关注的程度较高，属于该研究领域的一个主要研究内容或研究方向。如果这对关键词或主题词的年度词频不断攀升，则表明其所代表的研究内容和研究方向是该领域的研究趋势所在。如果一对关键词或主题词在文献集中的区域不存在共现关系，则表明这对关键词或主题词所表征的研究内容或研究方向尚且属于该研究领域的空白。因此，共词分析法主要根据由关键词或主题词共现关系所构成的共现网络，关键词或主题词的"位置"和"词频"来揭示关键词或主题词之间的联系，并运用聚类分析法形成若干聚类，表示该领域的若干研究内容或研究方向。①

共词分析方法的假设前提是由惠科特克（L. R. Whittaker）② 最早提出的：作者在确定论文的关键时都经过慎重考虑，认真选择能够反映论文的主要研究内容、代表学科领域以及与其他学科相联系的学术术语，关键词或主题词应该是相关学科或领域可以信赖的科学指标。③ 1992 年约翰·劳（John Law）和惠科特克④再次重申了共词分析方法的两个假设：文献的关键词能够真实反映文献的科学研究；其他科学家接受的观点可以影响未来使用类似关键词标引发表的科学论文。国内学者廖胜姣将共词分析的假设前提概括为四点⑤：文章的关键词和题名等术语是经过文章作者

---

① 有关共词分析的理论认识来自大连理工大学人文社会科学学院沈君、腾立博士的帮助，在此郑重致谢。

② Whittaker, L. R. , Samaniego, F. J. , "Estimating the Reliability of Systems Subject to Imperfect Repair", *Journal of the American Statistical Association*, 1989, 84（405）, pp. 301 – 309.

③ He Q. , "Knowledge Discovery through Co-Word Analysis", *Library Trends*, 1999, 48（1）, pp. 135 – 139.

④ Law, J. , Whittaker, J. , "Mapping Acidification Research: A Test of the Co-word Method", *Scientometrics*, 1992, 23（3）, pp. 417 – 461.

⑤ 廖胜姣、肖仙桃：《基于文献计量的共词分析研究进展》，《情报科学》2008 年第 6 期。

深思熟虑、认真选择的，能够反映当前该领域的发展；如果不同的术语出现在相同的文献中，则这些术语之间有一定的关系；如果有足够多的作者承认这些术语间的关系，则在这些作者关心的领域，这些术语间的关系非常重要；共词分析是建立在"词"的基础之上的，经过培训的标引者选择用来描述文章内容的关键词，事实上是相关科学概念可以信赖的一个指标。

## 二　聚焦共词分析的学校领导理论研究的新进展：探视研究主题

学校领导相关文献的期刊共被引群集可以视为该领域与其他领域交叉互涉的知识载体，期刊群集之间因知识交流而形成的潜在关联实则就是科学跨界的一种体现形式，透露出相关理论重心发生转移的趋向。经过 Bibexcel 软件处理后获知，5352 篇学校领导相关文献共计获得 2963 对共词对，共现频次在 52—1 次之间。2963 对词对中与"leadership"发生共现关系的词（词组）有 57 个，其中排在前 7 位的分别是"school"（15 次）、"education"（14 次）、"transformation"（10 次）、"instruction"（8 次）、"transaction"（8 次）、"performances"（8 次）和"teachers"（8 次）。所有共现词（词组）和共现频次见表 2−8。

表 2−8　　　　　　　与"领导"形成共现关系的词（词组）

| 词组 | 词频 | 词组 | 词频 | 词组 | 词频 |
|---|---|---|---|---|---|
| SCHOOL | 15 | REFORM | 2 | METAANALYSIS | 1 |
| EDUCATION | 14 | WOMEN | 2 | CHOICE | 1 |
| TRANSFORMATION | 10 | IDENTITY | 2 | CONSEQUENCES | 1 |
| PERFORMANCE | 8 | PERSPECTIVE | 2 | CLASSROOM | 1 |
| TEACHERS | 8 | BEHAVIOR | 2 | COMPETENCE | 1 |
| INSTRUCTION | 8 | CARE | 2 | COMMUNITY | 1 |
| TRANSACTION | 8 | DECISION-MAKING | 2 | IMPACT | 1 |
| CHARISMATIC | 7 | PERSONALITY | 2 | IMPLEMENTATION | 1 |
| ACHIEVEMENT | 5 | ORGANIZATIONS | 2 | HEALTH | 1 |
| WORK | 4 | PROGRAM | 2 | INVOLVEMENT | 1 |
| GENDER | 3 | MATHEMATICS | 2 | KNOWLEDGE | 1 |

续表

| 词组 | 词频 | 词组 | 词频 | 词组 | 词频 |
|---|---|---|---|---|---|
| SCIENCE | 3 | STYLE | 2 | PHYSICIAN | 1 |
| MANAGEMENT | 3 | SHARED | 2 | FEMALE | 1 |
| STUDENTS | 3 | PRINCIPAL | 2 | EXECUTIVE | 1 |
| MODEL | 3 | SELF-EFFICACY | 1 | BUSINESS | 1 |
| STRATEGIES | 3 | OUTCOMES | 1 | PATERNALISTIC | 1 |
| DISTRIBUTED | 3 | RACE | 1 | OPINION | 1 |
| EXCHANGE | 3 | RISK | 1 | PRACTICE | 1 |
| POLICY | 2 | QUALITY | 1 | POLITICAL | 1 |

把与"leadership"形成共现关系的57个词（词组）连同"leadership"一起制成58个词（词组）的共词矩阵（初级矩阵或者原始矩阵），矩阵中各行与列交叉处的数值代表共现频次。首先，把共词矩阵转化为距离相关矩阵，这种转化实际上就是对原始矩阵在数据分析前所进行的标准化处理，进而消除了因论文被引频次高低差异所带来的相似性影响。相似性是由相关系数来衡量的，即正相关越强，两个关键词反映出的研究主题或研究视角越相似。其次，把距离相关矩阵进行因子分析为多维尺度分析奠定基础。通过因子分析获知，58个词（词组）中一共提取15个主成分因子（考察相关系数绝对值即负载绝对值大于0.5的因子），主成分因子聚类比较零碎，共解释原始变量总方差的79.076%，其中前8个主成分已解释了62.438%，超过60%。

碎石图2-3进一步印证了因子分析解释的总变量的结果。图中横坐标表示原始变量的数目，纵坐标表示特征根。可以看出，前8个成分的特征值都很大，从第9个成分开始特征值变小，因子特征值连线也变得相对平缓，即前8个成分对解释变量的贡献最大，所以，我们重点分析前8个主成分，见表2-9。其中"PRINCIPAL"是交叉负载因子，它在Ⅳ和Ⅶ两个聚类中的相关系数绝对值都超过0.5，分别为0.623和0.507，在表中添加下划线突出显示。

位于主成分因子下的所有接受关键词解释或决定了该因子的命名，而且导出主成分因子的命名一般是由高负载值的关键词所决定，一般负载值绝对值

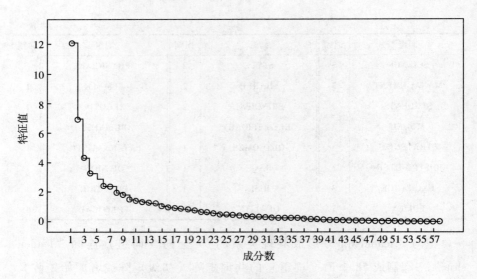

**图2-3 因子分析碎石图**

大于0.7的关键词具有解释意义。[1] 根据每个主成分因子中数值最高的相关
系数绝对值（分别是"TEACHERS" 0.705，"EXECUTIVE" 0.746，"RISK"
0.663，"PHYSICIAN" 0.668，"FEMALE" 0.697，"RACE" 0.667，"MAN-
AGEMENT" 0.558）"COMMUNITY" 0.515，"DECISION-MAKING" 0.597），
同时兼顾其他接受因子，并结合对应文献主题，把9个导出成分因子依次命
名为"课堂教学领导"（Ⅰ），"领导理论研究"（Ⅱ），"心理情绪引导"
（Ⅲ），"体育卫生领导"（Ⅳ），"家校合作研究"（Ⅴ），"人性领导"
（Ⅵ），"校本领导"（Ⅶ），"社区教育领导"（Ⅷ）和"领导实施"（Ⅸ）。

| 表2-9 | 旋转后的共词因子载荷矩阵 |
|---|---|
| 主成分 | 共词 |
| Ⅰ | TEACHERS （0.705） STUDENTS （0.679） CHOICE （0.645） MATHEMATICS （0.640） SELF-EFFICACY （0.631） PERFORMANCE （0.608） OUTCOMES （0.602） ACHIEVEMENT （0.599） CONSEQUENCES （0.599） REFORM （0.586） SCHOOL （0.567） STRATEGIES （0.558） CLASSROOM （0.547） PERSONALITY （0.539） PROGRAM （0.516） |

① Katherine W. McCain., "Mapping Authors in Intellectual Space: A Technial Overview", *Journal of the American Society for Information Science*, 1990, 41, (6), pp. 433-443.

续表

| 主成分 | 共词 |
|---|---|
| Ⅱ | EXECUTIVE （0.746） OPINION （0.739） CHARISMATIC （0.687） LEADERSHIP （0.646） SHARED （0.621） TRANSACTION （0.613） PATERNALISTIC （0.613） DIS-TRIBUTED （0.613） TRANSFORMATION （0.613） STYLE （0.583） EXCHANGE （0.535） INSTRUCTION （0.532） |
| Ⅲ | RISK （0.663） INVOLVEMENT （0.616） IMPACT （0.608） |
| Ⅳ | PHYSICIAN （0.668） PRINCIPAL （-0.623） |
| Ⅴ | FEMALE （-0.697） KNOWLEDGE （-0.638） SCIENCE （-0.574） PRACTICE （-0.511） |
| Ⅵ | RACE （-0.667） |
| Ⅶ | MANAGEMENT （0.558） PRINCIPAL （0.507） |
| Ⅷ | COMMUNITY （0.515） |
| Ⅸ | DECISION-MAKING （0.597） COMPETENCE （-0.559） |

　　根据预处理的结果，绘制多维尺度图 2-4，根据主成分因子圈定图中对应区域。这里 Stress 值（衡量原始矩阵和转化矩阵的适合度）为 0.10125，RSQ 值为 0.97264。一般而言，Stress 值越低，RSQ 值越高，说明适合度越好，Stress 值只要低于 0.2 都可以被接受。① 图中节点分布密集，聚类Ⅵ、Ⅶ、Ⅷ和Ⅸ没有作出具体标识，因此图 2-4 显示的是前 5 个聚类二维空间的对应位置。

　　观察发现，图 2-4 中代表共词的节点密布如织，很多节点交错重合在一起，使得聚类Ⅵ、Ⅶ、Ⅷ和Ⅸ难于明确勾画界定，根据接受因子的负载值它们多分布于第三象限。由于"PRINCIPAL"是交叉负载因子，我们有理由断定聚类Ⅳ和聚类Ⅶ互涉搭界的事实，这使得纵横于第二和第三象限的主成分因子聚类变得更加盘根交错。总体而言，聚类Ⅰ和Ⅱ对其他聚类形成围拢抱合的趋势，充分显现以"领导理论研究"为依托，以"课堂教学领导"为重心的学校领导研究从宏观逐步向微观领域（心理情绪引导、体育卫生领导、家校合作研究等）渗透延伸的融合趋势。

　　值得一提的是，聚类Ⅰ、Ⅱ、Ⅴ、Ⅶ和Ⅷ中都包含"教学领导"的研

---

① Katherine W. McCain. , "Mapping Authors in Intellectual Space: A Technial Overview", *Journal of the American Society for Information Science*, 1990, 41, （6）, pp. 433-443.

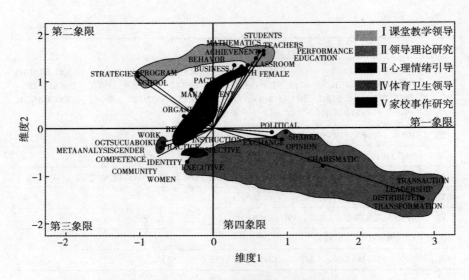

**图 2-4　基于共词分析的学校领导研究主题图谱**

究内容。学校教学领导的研究经历了一个从关注到忽视再到关注的发展过程。① 直至 20 世纪 80 年代，学校教学领导重新提出并受到关注，有关"教学领导"的相关内容成为学校领导研究的焦点。尽管在 20 世纪 90 年代之后，人们将关注热点转移到校本管理方面，教学领导研究似乎式微②；但是 20 世纪 90 年代后期随着美、英、澳等西方发达国家绩效责任制（standers-based accountability system）的强化推行，使得学校教学领导的研究热潮再度升温。

首先是教学领导内涵方面更加丰富多元，其中涉及教师专业发展、专业精神建设、学习共同体建设以及学校共享愿景构建等。③ 在研究重心方面，"教学领导"理论在强化"教"的研究的同时，渐渐把研究重点放在"学"的策略，随之出现一系列有代表性的研究主题，诸如"学习领导者"（learning leader）、"首席学习官"（chief learning officer）、"以学习为

---

① ［美］萨乔万尼：《校长学：一种反思性实践观》（第 6 版），张虹译，教育科学出版社 2004 年版，第 120—122 页。

② Lashway, L., "Developing Instructional Leaders", *ERIC Digest*, http：// www. ericdigests. org/ 2003 - 2/leaders. html, accessed, 2010 - 11 - 23.

③ King, D., "The Changing Shape of Leadership", *Educational Leadership*, 2002, 59（8）, pp. 61 - 63.

中心的领导者"（learning-centered learner），对如何领导"学习共同体"（leading learning community）和"以学习者为中心的领导"（learner-centered leadership）的探讨也受到广泛关注。让·皮亚杰（Jean Piaget，1896—1980）在《发展与学习》（*Development and Learning*）一书中曾指出："认识是对事物的改进和转化，是对这一转化过程的理解，其结果是对事物的构建方式的理解。"① 在整个学校领导过程中，"教—学"功能成为其系统的技术核心，从学校管理活动的原始形态到学校领导模式的更替演变过程始终离不开领导者与被领导者，教育者与受教育者的"教"与"学"的互动交流。其他一切管理活动都位于"教—学"的基本使命之后，"教"的实施，成就管理决策；当个体的知识或行为发生稳定变化后，"学"的功效随即诞生，"教"与"学"相辅相成，互为因果。没有最好的"教授"方式，也就没有对"学习"的最佳诠释，"教""学"相长，它们两者的完美结合才能实现"教学领导"的优化与进步。在领导主体方面，由过去的教学领导以校长为中心（principal-centered）过渡到如今教学领导职能分布于包括校长、副校长、中层领导以及普通教师等在内的学校共同体中，使他们中的每一个人都能在教学领导中承担一定的职责，协同发挥作用。②

### 三　基于突现文献的学校领导理论研究的新进展：翘望研究前沿

（一）探索学校领导研究前沿的设想

"地图上的一个点也是历史上的一个点"③，将这个"点"广义推演，可以赋予多重诠释，诸如学术前沿、研究热点、学科生长点等。如今，新的重大科学突破和科学发现，往往发生在不同研究领域的"交叉点"、"交汇点"、"知识交汇"和"知识接头"等地方，而这些区域因躁动所形

---

① ［美］韦恩·K. 霍伊、塞西尔·G. 米斯克尔：《教育管理学：理论·研究·实践》（第7版），范国睿译，教育科学出版社2007年版，第37页。

② Lingard, B., *Leading Learning: Making Hope Practical in School*, Maidenhead; Philadelpha: Open University Press, 2003.

③ ［美］朱丽·汤普森·克莱恩：《跨越边界——知识　学科　学科互涉》，姜智芹译，南京大学出版社2005年版，第81页。

成的理论热潮、实践指向又会蓄积驱动该领域走势的能量，它必将为未来学校领导的发展开启不可预见的新境界，因为"核心领域的密度在领域边缘、在前线上"①，在交汇之处"开放了创造的空间"②。我们可以把这些区域正视为学校领导研究的前沿领域。

所以，可以不假思索地断言，学校领导前沿领域，能够不断孕育各种理论发现的新成果，演绎各种形式的课题实践活动。通过可视化的知识图谱呈现学校前沿领域的基本情形，目的在于引起一系列思考疑问：在学校领导前沿领域，权威理论如何自觉地同吸取其他学科的理论与方法论洞见相联，如何重构其自身的理论体系以适应未来发展的需要，如何缔结跨学科的"姻亲"关系等。无论怎样，学校领导前沿领域都会是学术争鸣与探索实践最为繁忙的地段之一，它的一端与传统理论藕断丝连，而它的另一端又引领新的研究发现——一种方兴未艾或是呼之欲出的科学碰撞。

如果我们可以确定某一时期以突现文献（burst article）为知识映射的一组施引文献所集中讨论的专题或主题，那么这些专题或主题所反映的领域可以看作学术热点的爆发区域，即研究前沿领域。此处的"突现文献"可以理解为在某一较短时间间隔中，被引或共现的频率在统计上出现明显波动的文献。学术爆发区域的发展态势会出现"升温"与"降温"两种可能。所谓"升温"，即吸引更多的研究者关注、探索、交流以至形成一种学术气场，并相对持久地维持下去，一些之前无人问津的为人所忽略的次要点也许会逐渐升格成"热点"；所谓"降温"，即在某一时段炒热某一研究气氛，随着研究的深入开展，越来越多的人开始关注该研究主题背后的玄机，因此这一主题逐渐"冷却"，但它却产生了一种"排闷效应"或"好望角效应"，即更有价值的学术理论藏在该研究主题的背后，"开启"它或是"绕过"它将会达到更为壮观的科学领地。这一学术爆发区域，可以利用 CiteSpace 软件捕获某一时段在统计上"脱颖而出"的明显波动的文献，尤其要关注突增性相对较"高"的突现文献，回溯突现文献，汇总

---

① Mattei Dogan, Robert Pahre. , *Creative Marginality: Innovation at the Intersections of Social Sciences*, Boulder: Westview Press, 1990, p. 32.

② Ibid. .

施引文献（citing article），通过判读施引文献的交叠区域加以确证。

因循这一设想理顺研究思路，首先，我们探寻基于突现文献的文献聚类；其次，回溯突现文献，甄别施引文献，归纳研究主题，锁定交叠区域，析出研究主题所昭示的前沿领域，结合研究现况，思考学校领导研究新进展所带来的启示。

（二）学校领导学术研究管窥：基于突现文献的可视化描述

把 5352 篇学校领导的相关文献，以每三年为单位时段，设定的阈值为 [4、2、15，4、2、15，4、2、15]，运用 CiteSpace Ⅱ 进行处理，乃得到图 2－5。

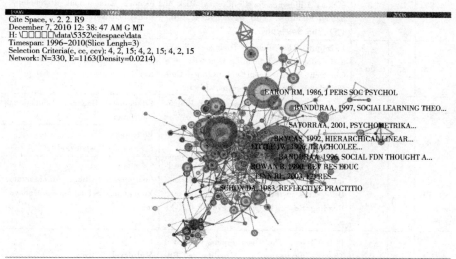

图 2－5　学校领导研究图谱（1996—2010，SSCI）

数据结果中被引频次反映出该文献的关注程度，突增值暗示我们可以"按图索骥"搜集资料，由于该文献"明显波动"而引发的研究风潮的玄机动因。在统计结果中，我们获得突现文献共 74 篇，突增值在 6.96—2.78 之间。图 2－5 中文献节点所形成的聚类彼此相连，肩负起沟通纽带作用的关键节点还可以通过中心性数值的大小加以判别，中心性数值越大越具有桥梁作用。在这里我们选择中心性数值不小于 0.05 的文献进行分析，共计 31 篇。如此，我们以 31 为选取篇数，分别整理出位列前 31 位的突现文献、高频被引文献和中心性大于 0.05 的文献，分别见表 2－10、

2－11 和 2－12。

**表 2－10　　　突现文献的突增性、被引频次、中心性和研究主题**

| 突增性 | 频次 | 中心性 | 突现文献 | 研究主题 |
|---|---|---|---|---|
| 6.95 | 23 | 0 | American Psychiatric Association, Diagnostic and Statistical Manual of Mental Disorders, 1987. | Locus of Control, Adolescent Behavior, Educational Psychology, Behavior Disorders |
| 4.98 | 18 | 0 | T. D. Cook, Quasiexperimentation: Design and Analysis Issues for Field settings, 1979. | Self Management, Cultural Pluralism, MultilevelAnalysis |
| 4.97 | 12 | 0 | B. K. Hamer, Can Instructional and Emotional Support in the First-Grade Classroom Make a Difference for Children at Risk of School Failure? Child Development, 76, (5), pp. 949－967. | Locus of Control, Adolescent Behavior, Educational Psychology, Behavior Disorders |
| 4.78 | 25 | 0.06 △ | L. Delpit, The Silenced Dialogue: Power and Pedagogy in Educating Other People's Children, Other People's Children: Culture Conflict in the Classroom, 1995. | Self Management, Cultural Pluralism |
| 4.45 * | 37 * | 0.06 * | M. Fullan, The New Meaning of Educational Change, 1991. | Educational Change, Educational Innovation |
| 4.4 | 20 | 0 | G. Grace, School Leadership beyond Educational Management, 1995. | Educational Change, Leadership Responsibility |
| 4.33 | 21 | 0 | K. E Stanovich, Matthew Effects in Reading: Some Consequences of Individual Differences in the Acquisition of Literacy, Reading Research Quart, 1986, (21), p. 360. | Learning Activities, Administrator Education, School Based Management |
| 4.3 * | 45 * | 0.07 * | B. G. Glaser, The Discovery of Grounded Theory: Strategies for Qualitative Research, 1967. | Multilevel Analysis |
| 4.28 | 10 | 0 | I. Lundberg, Effects of an Extensive Program for Stimulating Phonological Awareness in Preschool Children, Reading Research Quart, 1988, (23), p. 263. | Learning Activities, Locus of Control, Adolescent Behavior, Educational Psychology |
| 4.25 | 14 | 0.01 | J. G. Parker, Peer Relations and Later Personal Adjustment: Are Low-Accepted Children at Risk?, Psychological Bulletin, 1987, (102), p. 357. | Locus of Control, Adolescent Behavior, Educational Psychology, Behavior Disorders |
| 4.22 | 24 | 0 | J. S. Coleman, Equality of Educational Opportunity, 1966. | Public Education, Educational Finance, Educational Policy, Community Education |

续表

| 突增性 | 频次 | 中心性 | 突现文献 | 研究主题 |
|---|---|---|---|---|
| 4.18 | 14 | 0 | R. K. Yin, Case Study Research: Design and Methods, 2003. | Case Studies |
| 4.15 | 15 | 0.01 | J. P. Spillane, Distributed Leadership, 2006. | Educational Change, Leadership Responsibility, Educational Innovation, School Based Management |
| 4.13 | 11 | 0 | B. Witziers, Educational Leadership and Student Achievement: The Elusive Search for an Association, Educational Administration Quarterly, 2003, (39), p.398. | Leadership Responsibility, Educational Change, Educational Research, Administrator Education |
| 4.08 | 15 | 0 | P. Senge, The Fifth Discipline, 1990. | Leadership Responsibility, Administrator Education, Stress Management |
| 4 | 10 | 0 | N. D. Brener, Reliability of the Youth Risk Behavior Survey Questionnaire, American Journal of Epidemiology, 1995, (141), p.575. | Locus of Control, Adolescent Behavior, Educational Psychology, Behavior Disorders |
| 3.81 * | 38 * | 0.05 * | J. Cohen, Applied Multiple Regression/Correlation Analysis for the Behavioral sciences (2nd edition), 1983. | Educational Psychology, Multilevel Analysis |
| 3.77 | 12 | 0 | R. C. Turner, Effect of Intensive Blood-Glucose Control with Metformin on Complications in Overweight Patients with Type 2 diabetes (UKPDS 34) UK Prospective Diabetes Study (UKPDS) Group, Lancet, 1998, (352), p.838. | School Health Services, Nutrition Instruction, Physical Activities, Health Insurance |
| 3.73 | 19 | 0.01 | E. A. Hanushek, The Economics of Schooling: Production and Efficiency in Public Schools, Journal of Economic Literature, 1986, (24), p.1141. | Business Education, Higher Education, Organizational Effectiveness, School Effectiveness, Leadership Responsibility, Public Education, ducational Finance |
| 3.63 | 37 ◇ | 0 | A. Strayss, Basics of Qualitative Research Techniques and Procedures for Developing Grounded Theory, 1998. | Multilevel Analysis |
| 3.6 | 27 | 0 | M. Tschannen-Moran, Teacher Efficacy: Its Meaning and Measure, Review of Educational Research, 1998, (68), p.202. | Locus of Control, Behavior Problems, Self Concept, Self Esteem, Self Management |
| 3.58 | 18 | 0 | J. S. Coleman, Social Capital in the Creation of Human Capital, American Journal of Sociology, 1988, (94), p.95. | Public Education, Educational Finance, Educational Innovation, Multilevel Analysis |

| 突增性 | 频次 | 中心性 | 突现文献 | 研究主题 |
|---|---|---|---|---|
| 3.53 | 29 | 0.03 | J. Pfeffer, The End of Business Schools? Less Success than Meets the eye, Academy of Management Learning & Education, 2002, (1), p.78. | Administrator Education, Business Education, Higher Education, Educational Innovation |
| 3.48 | 30 | 0 | P. Hallinger, Exploring the Principal's Contribution to School Effectiveness: 1980—1995, School Effectiveness and School Improvement, 1998, (9), pp.157–191. | Organizational Effectiveness, School Effectiveness, Leadership Responsibility, Multilevel Analysis, Educational Research, Educational Innovation, Community Education |
| 3.45 | 22 | 0 | M. Q. Patton, Qualitative Research & Evaluation Methods, 2002. | Multilevel Analysis |
| 3.44 | 8 | 0 | R. W. Novaco, Anger Control: The Development and Evaluation of an Experimental Treatment, 1975. | Adolescent Behavior, Stress Management, Behavior Disorders |
| 3.42 | 11 | 0 | J. Acker, Hierarchies Jobs Bodies: A Theory of Gendered Organizations, Gender & Society, 1990, (4), p.139. | Multilevel Analysis, Organizational Effectiveness, Leadership Responsibility |
| 3.4 | 9 | 0 | S. M. Sheridan, Considerations of Multiculturalism and Diversity in Behavioral Consultation with Parents and Teachers, School Psychology Review, 2000, (29), p.485. | Cultural Pluralism, Locus of Control, Behavior Problems, Self Concept, Self Esteem, Educational Psychology |
| 3.39 | 12 | 0.01 | J. Cohen, Applied Multiple Regression/Correlation Analysis for the Behavioral Sciences, 2003. | Educational Psychology, Multilevel Analysis |
| 3.38 | 14 | 0.02 | H. Shamoon, The Effect of Intensive Treatment of Diabetes on the Development and Progression of Long-Term Complications in Insulin-Dependent Diabetes Mellitus, The New England Journal of Medicine, 1993, (329), p.977. | Educational Change, Leadership Responsibility, Educational Policy, Educational Research, Community Education |
| 3.35 | 34◇ | 0 | J. Chubb, Politics, Markets and American's Schools, 1990. | Educational Change, Leadership Responsibility, Educational Policy, Educational Research, Community Education |

表 2 - 11　　　　　　　　　　高被引文献及其对应的研究主题

| 中心性 | 频次 | 文献 | 研究主题 |
|---|---|---|---|
| 0.13 | 121 | A. Bandura, Social Foundations of Thought and Action: A Social Cognitive Theory, 1986. | Behavior Problems, Locus of Control |
| 0 | 113 | J. Cohen, At the Critical Moment: Conditions and Prospects for Critical Management Studies Statistical Power Analysis for the Behavioral Sciences, 1988. | Locus of Control, Adolescent Behavior, Stress Management, Behavior Disorders |
| 0 | 93 | American Psychiatric Association, Diagnostic and Statistical Manual of Mental Disorders, 1994. | Locus of Control, Adolescent Behavior, Educational Psychology |
| 0.02 | 82 | A. Bandura, Self-efficacy: the Exercise of Control, 1997. | Locus of Control, Behavior Problems, Self Concept, Self Esteem, Self Management |
| 0.07 | 79 | M. B. Miles, Qualitative Data Analysis Ebook Rapidshare, Megaupload Search Results, 1994. | Multilevel Analysis |
| 0.1 | 72 | R. M. Baron, The Moderator-Mediator Variable Distinction in Social Psychological Research: Conceptual, Strategic, and Statistical Considerations, Journal of Personality and Social Psychology, 1986, (51), p. 1173. | Locus of Control, Health Insurance |
| 0.08 | 63 | J. Lave, Situated Learning. Legitimate Peripheral Participation, 1991. | Learning Activities, Educational Psychology |
| 0 | 61 | M. Q. Patton, Qualitative Evaluation and Research Methods, 1990. | Leadership Responsibility, School Effectiveness, Adolescent Behavior, Multilevel Analysis |
| 0.01 | 56 | A. Bandura, Self-efficacy: Toward a Unifying Theory of Behavioral change, Psychological Review, 1977, (84), p. 191. | Locus of Control, Adolescent Behavior, Multilevel Analysis |
| 0.03 | 49 | A. Strayss, Basics of Qualitative Research: Grounded Theory Procedures and Techniques, 1990. | Multilevel Analysis |
| 0.01 | 46 | L. S. Vygotsky, Mind in Society: The Development of Higher Psychological Processes, 1978. | Locus of Control, Behavior Problems, Self Concept, Self Esteem |
| 0.03 | 46 | Y. S. Lincln, Naturalistic Inquiry, 1985. | Multilevel Analysis, Behavior Problems, Behavior Disorders |

续表

| 中心性 | 频次 | 文献 | 研究主题 |
|---|---|---|---|
| 0.04 | 45 | A. Hargreaves, Changing Teachers, Changing Times, 1994. | Educational Change, Leadership Responsibility, Educational Policy, Educational Research, Case Studies |
| 0.07 | 45 | B. G. Glaser, The Discovery of Grounded Theory: Strategies for Qualitative Research, 1967. | Multilevel Analysis |
| 0.04 | 44 | E. Wenger, Communities of Practice: Learning, Meaning and Identity, 1998. | Locus of Control, Behavior Problems, Self Concept, Self Esteem, Learning Activities |
| 0.09 | 42 | A. A. Bandur, Social Learning Theory, 1977. | Learning Activities |
| 0 | 38 | L. S. Aiken, Multiple Regression: Testing and Interpreting Interactions, 1991. | Multilevel Analysis |
| 0.05 | 38 | J. Cohen, Applied Multiple Regression/Correlation Analysis for the Behavioral sciences (2nd edition), 1983. | Educational Psychology, Multilevel Analysis |
| 0 | 37 | A. Strayss, Basics of Qualitative Research Techniques and Procedures for Developing Grounded Theory, 1998. | Multilevel Analysis |
| 0.02 | 37 | J. M. Burns, Leadership, 1978. | Leadership Responsibility |
| 0.06 | 37 | M. Fullan, The New Meaning of Educational Change, 1991. | Educational Change |
| 0.01 | 36 | S. W. Raudenbush, Hierarchical Linear Models, 2002. | Leadership Responsibility, Multilevel Analysis |
| 0.05 | 35 | J. B. Rotter, Generalized Expectancies of Internal Versus External Control of Reinforcements, Psychological Monographs, 1966, (80), p.1. | Locus of Control |
| 0.05 | 34 | J. P. Spillane, Investigating School Leadership Practice: A Distributed Perspective, Educational Researcher, 2001, (30), p.23. | Leadership Responsibility, Locus of Control, Adolescent Behavior |
| 0 | 34 | J. Chubb, Politics, Markets and America's Schools, 1990. | Educational Change, Leadership Responsibility, Educational Policy, Educational Research, Community Education |
| 0.03 | 34 | J. W. Meyer, Institutionalized Organizations: Formal Structure as Myth and Ceremony, American Journal of Sociology, 1977, (83), p.340. | Organizational Effectiveness, Leadership Responsibility, Multilevel Analysis |

续表

| 中心性 | 频次 | 文献 | 研究主题 |
|---|---|---|---|
| 0.07 | 32 | T. Hirschi, Causes of Delinquency, 1969. | Adolescent Behavior, Locus of Control |
| 0.04 | 32 | P. Hallinger, Reassing the Principal's Role in School Effective: A Review of Emperical Research, 1980—1995, Educational Administration Quarterly, 1996, (32), p. 5. | Organizational Effectiveness, Leadership Responsibility, Multilevel Analysis, Educational Research |
| 0 | 32 | American Psychiatric Association, Diagnostic and Statistical Manual of Mental Disorders, 2000. | Locus of Control, Adolescent Behavior, Educational Psychology |
| 0.03 | 31 | I. Ajzen, Understanding Attitudes and Predicting Social Behavior, 1980. | Locus of Control, Behavior Problems, Self Concept, Self Esteem |
| 0.01 | 31 | S. Gibbon, Teacher Efficacy: A Construct Validation, Journal of Educational Psychology, 1984, (76), p. 569. | Locus of Control, Behavior Problems, Self Concept, Self Esteem, Self Management |

表 2 - 12　　　中心性大于等于 0.05 的文献的被引频次和研究主题

| 中心性 | 频次 | 文献 | 研究主题 |
|---|---|---|---|
| 0.16 | 28 | A. S. Bryk, Hierarchical Linear Models: Applications and Data Analysis Methods, 1992. | Multilevel Analysis |
| 0.13 | 121 | A. Bandura, Social Foundations of Thought and Action: A Social Cognitive Theory, 1986. | Behavior Problems, Locus of Control |
| 0.12 | 29 | D. A. Schön, The Reflective Partitioner: How Professionals Think in Action, 1983. | Case Studies |
| 0.12 | 10 | R. L. Linn, Accountability: Responsibility and Responsible Expectations, Educational Research, 2003, (32), p. 3. | Educational Research |
| 0.11 | 20 | J. W. Little, The Persistence of Privacy: Autonomy and Initiative in Teachers' Professional Relations, Teachers College Record, 1990, (91), p. 509. | Case Studies, Leadership Responsibility, Organizational Effectiveness |
| 0.1 | 72 | R. M. Baron, The Moderator-Mediator Variable Distinction in Social Psychological Research: Conceptual, Strategic, and Statistical Considerations, Journal of Personality and Social Psychology, 1986, (51), p. 1173. | Locus of Control, Health Insurance |
| 0.1 | 5 | A. A. Satorra, A Scaled Difference Chi-square Test Statistic for Moment Structure Analysis, Psychometrika, 2001, (66), pp. 507 - 514. | Multilevel Analysis |

| 中心性 | 频次 | 文献 | 研究主题 |
|---|---|---|---|
| 0.09 | 42 | A. Bandura, Social Learning Theory, 1977. | Learning Activities |
| 0.08 | 63 | J. Lave, Situated Learning, Legitimate Peripheral Participation, 1991. | Learning Activities, Educational Psychology |
| 0.08 | 15 | B. Rowan, Commitment and Control: Alternative Strategies for the Organizational Design of Schools. Review of Research in Education, 1990, (16), pp. 353 – 392. | Administrator Education, Leadership Responsibility |
| 0.08 | 9 | A. Brkk, Trust in Schools: A Core Resource for School Reform, 2002. | Educational Change, Leadership Responsibility, Educational Innovation |
| 0.07 | 79 | M. B. Miles, Qualitative Data Analysis Ebook Rapidshare, Megaupload Search Results, 1994. | Multilevel Analysis |
| 0.07 | 45 | B. G. Glaser, The Discovery of Grounded Theory: Strategies for Qualitative Research, 1967. | Multilevel Analysis |
| 0.07 | 32 | T. Hirschi, Causes of Delinquency, 1969. | Adolescent Behavior, Locus of Control |
| 0.07 | 29 | B. M. Bass, Leadership and Performance beyond Expectation, 1985. | Leadership Responsibility |
| 0.07 | 20 | K. S. Louis, Professionalism and Community: Perspectives on Reforming Urban schools, 1995. | Leadership Responsibility, School Effectiveness, Adolescent Behavior |
| 0.07 | 8 | K. Leithwood. The Development and Testing of a School Improvement Model, School Effectiveness and School Improvement, 2006, 17, (4), p. 201. | Leadership Responsibility, School Effectiveness |
| 0.06 | 37 | M. Fullan, The New Meaning of Educational Change, 1991. | Educational Change |
| 0.06 | 25 | L. Delpit, The Silenced Dialogue: Power and Pedagogy in Educating Other People's Children, Other People's Children: Culture Conflict in the Classroom, 1995. | Self Management, Cultural Pluralism |
| 0.06 | 20 | A. Bandura, Perceived Self-efficacy in Cognitive Development and Functioning, Educational Psychologist, 1993, (28), p. 117. | Locus of Control, Behavior Problems, Self Concept, Self Esteem |

续表

| 中心性 | 频次 | 文献 | 研究主题 |
|---|---|---|---|
| 0.06 | 20 | V. Fournier, At the Critical Moment: Conditions and Prospects for Critical Management Studies, Human Relations 2000, (53), p. 7. | Locus of Control, Adolescent Behavior, Stress Management |
| 0.06 | 14 | K. S. Louis, Does Professional Community Affect the Classroom? Teachers' Work and Student Experiences in Restructuring Schools, American Journal of Education, 1998, (106), p. 532. | Locus of Control, Educational Change, Leadership Responsibility |
| 0.06 | 14 | A. E. Woolfolk, Teachers' Sense of Efficacy and Their Beliefs about Managing Students, Teaching and Teacher Education, 1990, (6), p. 137. | Locus of Control, Adolescent Behavior, Leadership Responsibility |
| 0.05 | 38 | J. Cohen, Applied Multiple Regression/Correlation Analysis for the Behavioral Sciences (2nd edition), 1983. | Educational Psychology, Multilevel Analysis |
| 0.05 | 35 | J. B. Rotter, Generalized Expectancies of Internal Versus External Control of Reinforcements, Psychological Monographs, 1966, (80), p. 1. | Locus of Control, Behavior Disorders |
| 0.05 | 34 | J. P. Spillane, Investigating School Leadership Practice: A Distributed Perspective, Educational Researcher, 2001, (30), p. 23. | Leadership Responsibility, Locus of Control, Adolescent Behavior |
| 0.05 | 29 | M. Fullan, Change Forces: Probing the Depths of Educational. Reform, 1993. | Educational Change |
| 0.05 | 19 | D. C. Lortie, Schoolteacher: A Sociological Study, 1975. | Locus of Control, Adolescent Behavior, Leadership Responsibility |
| 0.05 | 18 | T. E. Moffitt, Adolescence-Limited and Life-course Persistent Antisocial Behavior: A Developmental Taxonomy, Psychology Review, 1993, (100), p. 674. | Locus of Control, Adolescent Behavior, Behavior Disorders |
| 0.05 | 15 | P. T. Ashton, Making a Difference: Teachers' sense of Efficacy and Student Achievement, 1986. | Locus of Control, Adolescent Behavior, Leadership Responsibility |
| 0.05 | 12 | B. Hart, Meaningful Differences in the Everyday Experience of Young American Teenren 1995. | Adolescent Behavior, Self Concept, Self Esteem |

表 2 - 10 是位列前 31 位的突现文献，其中中心性大于 0.05 的 "高"

中心性文献，添加了"△"标记以突出显示，被引频次超过30次的文献被添加了"◇"标记。可以看到，有的文献其中的2个指标数值（被引频次、中心性或者被引频次、突增值或者突增值、中心性）相对较高，有的文献则在3个指标数值上都相对显著，为了加以区分我们用"＊"标记加以突出。这样我们再根据相应文献所在的聚类逐一归纳提炼所有文献的研究主题，同时回溯比照其施引文献的研究主题，进一步探寻学校领导研究的微观衍生分支。

为了深入研究，我们把图2-5进行转化，得到时间线视图2-6。图中展示出以被引文献及其施引文献标题短语混合网络所表达的文献聚类，其中每个聚类标签以与之对应的主要施引文献的标题短语命名。由于同一聚类的文献节点被排布在同一水平线上，基于时间的序列依次排列，所以每个聚类中的文献好似串联在各自时间线的珠粒，展现了基于该文献聚类的相关理论成果的历史演进态势。聚类与聚类之间通过中心性数值较大的起桥梁作用的节点沟通联结，使得学校领导研究分布形成了密集如织的知识网络，区域交界处，学科跨界如火如荼。

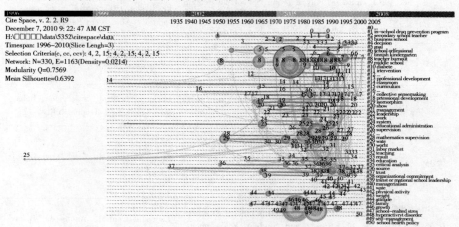

图2-6    时间线图

根据表2-12高中心性文献所对应的研究主题，"Multilevel Analysis"和"Case Studies"两个主题所涵盖的一切研究范式，它们几乎把所有文献集结而成的聚类收编聚拢，好似一条标签被贴在一道宽泛的、以整合为理念的活动光谱上，肩负起多元性和新的探索领域知识重组的使命，将以更具渗透性、微妙性和渐进性的方式缓慢入侵学校领导研究的腹地而引起新的知识思考。在未来的探索实践中，我们可以根据具体的研究目的和每个问题的差别，选择不同的切入点，有效利用领域交叉所产生的影响力和适切的研究方法，进一步增强学校领导研究延展跨界的可能程度。

（三）学校领导研究前沿的判定

在基于突现文献可视化描述学校领导研究概况的基础上，延伸研究触角，继续探寻学校领导前沿领域的研究态势。回溯突现文献"蹑迹循踪"其施引文献，对施引文献研究主题的交叠区域加以甄别判读，从而确定学校领导前沿领域。数据显示，74 篇突现文献的被引总频次为 1259 次，其施引文献合并相同文献后合计超过 1200 篇。突增值的均值为 3.47（保留小数点后两位），其中超过均值的突现文献共计 26 篇。前文统计的位列前 31 位的突现文献的突增值在 6.95—3.35 之间，其突增值绝大多数超过均值（我们将其视为"高"突现文献，这让着重关注的文献由 26 篇增至 31 篇）。我们逐一查阅这 31 篇文献的标题、摘要和关键词，把突现文献的研究主题及其施引文献的研究主题汇总对照。根据施引文献集中反映的主题，结合关键词词频、文献所在聚类标签（图 2-6），对照《ERIC 叙词词表》（*Thesaurus of Educational Resources of Information Center Descriptors*）[①]，找到 31 个（见表 2-10，2-11，2-12 最后一列，共计 31 个）能够高度涵盖所有施引文献研究主题、统摄标题短语，并昭示前沿领域的主题叙词。根据每一个词条在叙词表中的组别，参照叙词表所提供的"BT"（Broader Term Designation）"NT"（Narrower Term Designation）"RT"（Related Term Designation）条目，逐一筛选出前沿领域研究主题的上位、下位和相关研究主题，如此延展出学校领导前沿领域的研究主题蔓延滋生的一系列新的综合型、横断型的研发专题板块（见表 2-13）。

---

① James E. , *Houston in Educational Resources of Information Center*, *Thesaurus of ERIC Descriptors*, 14<sup>th</sup>, Oryx Press, 2001.

表 2 - 13　　　　　　　　　　学校领导研究前沿主题板块

| 上（下）位主题 | 前沿主题 | 相关主题 | 板块 |
|---|---|---|---|
| | | *THE EDUCATIONAL PROCESS：SOCIETAL PERSPECTIVES* EDUCATIONAL LEVELS DEGREES AND ORGANIZATION | |
| Change | Educational Change | *Educational Development*，*Educational Environment*，*Educational Improvement*，*Educational Innovation*，Educational Trends，Excellence in Education *School Restructuring* | |
| Innovation-★Instructional Innovation | Educational Innovation | *Educational Change*，*Educational Development*，*Educational Environment*，*Educational Improvement*，*Educational Research*，*Educational Technology* Experimental colleges，*Experimental Curriculum*，*Experimental Schools*，*Experimental Teaching*，Nontraditional Education，*Theory Practice Relationship Research and Development*，*School Restructuring* | |
| Professional Education | Administrator Education | Administrator Qualifications，*Business Administration Education*，Management Development，Public Adminitration Education，Supervisor Qualification，Specialist in Education Degrees | |
| Policy | Educational Policy | Academic Accommpdations（Disabilities）Bilingual Education，Board of Education Policy *Educational Administration*，*Educational Assessment*，*Educational Principles*，*Excellence in Education*，New Federalism Official of Education，School District Autonomy，Regular and Special Education Relationship，*School Policy*，*School Restructuring*，Self Determination | 领导体制变革 |
| Educational | Educational Finance | Access to Education，Assistantships，Bids，Block Grants，Bond，Issues，Budgeting，Budgets，Capital，Capital Outlay for Fixed Assets，Categorical Aid，Corporate Support，Costs，Debt（Financial），*Educational Administration*，Educational Equity（Finance），*Educational Planning*，Educational Vouchers，Endowment Funds，Equalization Aid，Expenditures，Expenditure Per Student，Federal Aid，Fellowships，Finance Reform，Financial Exigency，Financial Needs，Financial Policy，Financial Problems，Financial Services，Financial Support，Fiscal Capacity，Fiscal Neutrality，Foundation Programs，Full State Funding，Fund Raising，Grants，Incentive Grants，Inflation（Economics），Paying for College，Instructional Student Costs，Loan Default，Loan Repayment，New Federalism，Noninstructional Student Costs，Politics of Education，Private Financial Support，Private School Aid，Property Taxes，Proprietary Schools，Revenue Sharing，Salary Wage Purchasing，Retrenchment，Differentials，Scholarship Funds，School Accounting，School Budget Elections，School Business Officials，School Funds，*School District Spending*，*School District Wealth*，School Support，School Taxes，State Aid，State Federal Aid，State School District Relationship，Student Costs，Student Costs，Student Financial Aid，Student Costs，Student Financial Aid officers，Student Loan Programs，Tax Allocation，Tax Effort，Training Allowances | |

续表

| 上（下）位主题 | 前沿主题 | 相关主题 | 板块 |
|---|---|---|---|
| *THE EDUCATIONAL PROCESS: SCHOOL PERSPECTIVES* *THE EDUCATIONAL PROCESSES: CLASSROOM PERSPECTIVE* | | | |
| Responsibility | Leadership Responsibility | Administrator Responsibility, Instructional Leadership, leadership Qualities, School Responsibility, Teacher Responsibility | 领导效能提升 |
| | Organizational Effectiveness | Administrator Effectiveness, Cost Effectiveness, Efficiency, Organizational Theories, Organizations Groups, Program Effectiveness, Self Evaluation Groups, Systems Analysis | |
| School Administration Institutional Autonomy | School Based Management | Beginning Principals, Budgeting, Decentralization, Decision Making, School Accounting, Participative Decision Making, School Organiztion, *School Policy*, *School Restructuring*, School Supervision | |
| Organizational | School Effectiveness | *Academic Achievement*, Cost Effectiveness, Administrator Effectiveness, *Educational Assessment*, *Educational Quality*, Effective Schools Research, *Excellence in Education*, Instructional Effectiveness, Outcomes of Education, *School Restructuring*, *Program Effectiveness*, *Teacher Effectiveness*, School Role, Accountability, *Student Development* | |
| *EDUCATIONAL LEVELS DEGREES AND ORGANIZATION* THE EDUCATIONAL PROCESS: SOCIETAL PERSPECTIVES | | | |
| Education | Public Education | Community Colleges, Compulsory Education, Free Education, Private Education, Public College, Public School Teachers, Public Schools, Public Sector, *School Districts*, State Boards of Education, State Colleges, State Departments of Education, *State Schools*, State Universities, Adult Education, Community Colleges, Community Coordination, Community Development, Community Resources, Community Schools, Community Services, Continuing Education, *Extension Education*, Lifelong Learning, Nonschool Educational Programs, Outreach Programs, Popular Education | 多元分域领导 |
| Postdoctoral Education | Higher Education | Academic Advising, Access to Education, College Admission, College Attendance, College Bound Students, College Curriculum, College Instruction, College Preparation, College Programs, Degrees（Academic）, Develpoing Institutions, Doctoral Programs, *Educational Benefits*, *ExtensionEducation*, Graduate, Students Master Programs, NotrationalStudents, Undergraduate Students, Postsecondary Education as a Field of Study | |
| Education | Community Education | Adult Education, Community Colleges, Community Coordination, Community Schools, Community Development, Community Resources, Community Services, Continuing Education, *Extension Education*, Lifelong Learning, Outreach Programs, Nonschool Educational Programs, Popular Education | |
| Vocational Education | Business Education | *Bussiness Administration Education*, Business Education Facilities, Business Education Teachers Economics Education | |

续表

| 上（下）位主题 | 前沿主题 | 相关主题 | 板块 |
|---|---|---|---|
| | | *INDIVIDUAL DEVELOPMENT AND CHARACTERISTICS*<br>*HEALTH AND SAFETY & MENTAL HEALTH*<br>*STUDENTS TEACHERS SCHOOL PERSONNEL* | |
| Problems | Behavior Problems | Adjustment to Environment, Antisocial Behavior, *Behavior-Disorders*, Hyperactivity, Behavior Patterns, Discipline, Emotional Problems, Mental Diorders Obedience, Minimal Brain Dysfunction, Obedience, Paranoid Behavior, Personality Problems, Problem Children, Psychological Patterns, Psychopathology Resistance Psychology, *Self control*, Self Destructive Behavior, Student Problems, Withdrawal Psychology | 心智意行领导 |
| Disabilities | Behavior Disorders | Alcoholism, Antisocial Behavior, Attention Deficit Disorders, Autism, Behavior Patterns, Behavior Problems, Clinical Psychology, Drug Addiction, Emotional Disturbances, Learning Problems, Mental Disorders, Neurological Impairments, Personality Problems, Problem Children, Psychiatry, Psychopathology, Recidivism, *Suicide*, Self Injurious Behavior, Withdrawal（Psychology） | |
| Foundations of Education | Educational Psychology | Educational Anthropology, Educational Counseling, *Educational Principles*, Educational Sociology, *Educational Theories*, Intervention, School Psychology, Social Psychology | |
| | Locus of Control | Attribution Theory, Congruence Psychology, Delay of Gratification, Extraversion Introversion, Field Dependence Independence, Individual Power, *Self Concept* Personal Autonomy | |
| Behavior | Adolescent Behavior | Adolescent Attitudes, Adolescent Development, Affective Behavior, Behavior Development, Child Behavior, Parent Child Relationship, Social Behavior, Student Behavior, Adventure Education, Catharsis, Counseling Techniques, Health Behavior, *Health Education*, Resilience Personality, Self Management, Symptoms Individual Disorders | |
| ★Body Image Self Congruence Self Esteem | Self Concept | Adventure Education, Aspiration, Attribution Theory, Consciousness Raising, Defense Mechanisms, Delay of Gratification, Egocentrism, Ethnicity, Extraversion Introversion, *Femininity*, Gestalt Therapy, Humanistic Education, Identification Psychology, *Locus of Control*, Masculinity, Morale, Personality, Perspective Taking, *Sexual Identity*, Phenomenology, Racial Identification, Reality Therapy, Self Motivation, Reference Groups Self Actualization, *Self Concept Measures*, Self Disclosure（Individuals）, *Self Evaluation（Individuals）*, Significant Others Social Cognition | |

续表

| 上（下）位主题 | 前沿主题 | 相关主题 | 板块 |
|---|---|---|---|
| Self Concept-★ Self Efficacy | Self Esteem | Assertiveness, Human Dignity, Personality Traits, Resilience (Personality), *Self Concept Measures*, *Self Evaluation* (*Individuals*) | 心智意行领导 |
| Self Control | Self Management | Independent Study, Self Directed Groups, Self Help Programs, Self Reward, *Stress Management*, Time Management | |
| | Stress Management | Adventure Education, Catharsis, Counseling Techniques, Health Behavior, *Health Education*, Resilience Personality, *Self Managemnt*, Symptoms Individual Disorders | |
| Activities-★Study | Learning Activities | Activity Learning, Activity Units, Advance Organizers, Class Activities, Cooperative Learning, Directed Reading Activity, Discovery Learning, Educational Games, Experiential Learning, Learning Experience, Time to Task, Learning Modules, Learning Strategies, Negative Practice Observational Learning, Problem Based Learning, Problem Sets, School Activities | |
| *INDIVIDUAL DEVELOPMENT AND CHARACTERISTICS PUBLICATION/DOCUMENT TYPES* | | | 视角范式探索 |
| Research | Educational Research | Behavioral Develpment, *Educational Innovation*, Educational Practices, *Educational Principles*, Educational Researchers, Educational Status, Comparison Educational Testing, Exceptional Child Research, *Experimental Curriculum*, *Experimental Schools*, *Experimental Teaching*, Field Studies, Graduate, Surveys, Institutional Research, Laboratory Schools, School Statistics, *School Surveys*, Social Science Reserch, *Student Surveys*, Teacher Researchers, Teacher Surveys, *Theory Practice Relationship* | |
| | Cultural Pluralism | Acculturation, Bilingualism, Cross Cultural Studies, Cultural Difference, Cultural Influence, Cultural Interrelationships, Cultural Conflict, Cultural Contact, Diversity Student, Ethology, Ethnic Relations, Multicultural Education, Racial Relations, Sociocultural Patters | |
| Statistical Analysis | Multilevel Analysis | Comparative Analysis, Correlation, Generalizability Theory, Mathematical Models, Robustness Statistics, Sampling | |
| | Case Studies | Case Method (Teaching Technique), Case Records, Counseling, Qualitative *Research* | |

续表

| 上（下）位主题 | 前沿主题 | 相关主题 | 板块 |
|---|---|---|---|
| | **INDIVIDUAL DEVELOPMENT AND CHARACTERISTICS**<br>**PHYSCIAL EDUCATION AND RECREATION & HEALTH AND SAFETY** | | |
| Instruction | School Health Services | Child Abuse, Child Advocacy, Child Development, Child Neglect, Child Psychology, Child Safety, Child Welfare, Childhood Needs, Dental Health, Diseases, Failure to Thrive, Hygiene, Family health, Health Programs, Health Related Fitness, *Health Services*, Immunization Programs, Infant Care, Infant Mortality, Mental Health, Nutrition, Pediatrics, Perinatal Influences, Physical Fitness, *Physical Health*, Prenatal Care, Prenatal Influences, Preventive Medicine, *School Health Services*, *Public Health*, Primary Health Care, Sick Child Care, Special Health Problems, Student Infant, Death Syndrome, Integrated Services, Sports Medicine, Comprehensive School Health Educational, Breakfast Programs, Lunch Programs, *Child Health*, Comprehensive School Health Education, Personnel Services, *Physical Education*, *Physical Recreation Programs*, Pupil Personnel Services, School Nurses, Sick Child Care | 身心健康督导 |
| Instruction | Nutrition Instruction | Foods Instruction, *Health Education*, Home Economics | |
| Activities | Physical Activities | Adapted Physical Education, Health Activities, Movement Education, *Physical Education*, *Physical Recreation Programs*, Playground Activities, Recreational Activities | |
| Insurance | Health Insurance | Health Care Costs, Health Maintenance Organizations, *Health Services*, Teacher Employment Benefits | |

　　主题板块 2-13 中，前沿领域的 31 个研究主题分别是 "不断改变的学校领导"、"学校领导变革"、"学校行政领导"、"学校领导政策"、"学校财政领导"、"学校领导者责任"、"学校组织绩效"、"校本领导"、"学校领导功效"、"公共教育领导"、"高等教育领导"、"社区教育领导"、"商业学校领导"、"行为问题研究"、"行为失常（控制）"、"教育心理学研究"、"学校领导中的控制观"、"青春期学生的行为（督导）"、"自我概念（意识）"、"自我认可（评价）"、"自我管理（学校）"、"学校压力领导"、"教学领导"、"学校领导（深层）探究"、"学校领导的文化多元性问题"、"学校领导的多元研究（方法）"、"学校领导案例分析"、"学校保健服务"、"营养教育指导"、"体育活动（领导）"和"卫生保健（领

导）"。这 31 个研究主题，各有侧重，彼此涵盖。有的直接指向领导结果，例如"学校组织绩效"和"学校领导功效"；有的重视学校领导实施过程，例如"自我管理（学校）"和"学校领导中的控制观"；有的涉及学校常规领导活动，例如"教学领导"、"学校保健服务"、"体育活动（领导）"、"营养教育指导"、"青春期学生的行为（督导）"和"学校财政领导"等；有的涉及教育分域领导问题，例如"高等教育领导"、"社区教育领导"和"公共教育领导"；有的着眼于学校领导研究范式，例如"学校领导的多元研究（方法）"；有的涉及学校领导宏观背景，例如"学校领导政策"；有的涉及学校领导者的素质问题，例如"学校领导者责任"；有的则选择了学校领导中不容回避的关键或是热点问题深入探究，例如"学校领导中的文化多元性问题"和"学校压力领导"；而"自我概念（意识）"、"自我认可（评价）"和"教育心理学研究"的专题则更多地从心理学和组织行为学的学科视角出发来关注学校组织变革领导等。

　　反复爬梳比对发现，在我们提炼的 31 个主题叙词中，有两个主题叙词"Self Management"和"Physical Activities"与时间线图 2－6 中的 #49 和 #42 文献聚类标签完全一致，足见这两个研究主题统摄下的文献内容自身的稳定成熟性。权威资料显示，"在 20 世纪后期对教育体制的重新建构中，自我管理的学校是效率更高和效益更好的学校，这种管理使国家的教育管理机构相对变小，在中央确定的方针和经费的原则下，学校得到授权管理他们自己的事物。关于'自我管理'有两个观点：一个是关注管理责任，另一个是关注在经费困难的情况下的资源分配重点"①。有关自治院校所可能具有的潜在效率和效益无疑更大决定于学校内部领导的性质和质量。

　　我们进一步把这 31 个主题叙词整合为 6 个研发专题板块，每个板块包括所隶属的研究主题以及遴选出的与之对应的上位和下位主题，其中下位主题添加"★"标记，每个板块横向题头是隶属主题叙词的所属的叙词组别，板块名称纵列书写，它们依次是：领导体制变革、领导效能提升、

---

　　①　Caldwell, B., Spinks, J., *Leading the Self-Managing School*, London: The Farmer Press, 1992, p. 14.

多元分域领导、心智意行领导、视角范式探索和身心健康督导。

我们看到，前沿领域研究主题的上位研究主题，存在交叉重叠的情况，有的上位研究主题，干脆就是某一前沿领域研究主题的相关主题，而有的主题则涵盖了更为丰富的内容。例如"校本领导"是西方 20 世纪 80 年代学校改革运动中出现的一种新的教育管理模式，它强调教育主管部分应将其权力逐渐下放给学校，给予学校更大的权力和自主决策的空间，使学校能够按照自己的意愿和具体情况来决定资源的分配、学校财政的预算、课程的设置、教科书的选择、学校认识决策等方面的改革措施，从而达到改革学校已有的管理体系，优化学校教育资源，提高学校办学质量的目的。校本领导强调学校管理中的人性假设、管理原则、管理策略、管理体制的根本性变革，这一研究主题的延展性又与主题板块中"领导体制变革"、"多元分域领导"、"心智意行领导"等多项所属内容错杂互补。31个前沿领域主题的相关主题也不是孤立存在的，它们之间存在"分裂与混合"（fragmentation and hybridization）的双重特性，诸如"行为问题研究"自然就会关注"青春期学生的行为（督导）"问题；"营养教育指导"、"学校保健服务"和"卫生保健（领导）"三者之间也不存在泾渭分明的界限。交叉重叠的相关研究主题，在表中用斜体下划线区分。

如此，31 个学校领导前沿领域的研究主题彼此之间形成以核心主题为突现问题（点），从而带动相关研究领域（面：主题板块），形成"点""面"结合、以"点"带"面"的知识交汇和学术震荡态势。前沿领域的研究主题与其上位、下位和相关研究主题之间或是交叉或是包容，错综复杂，有声有势。

我们有理由相信，学校领导前沿领域在各种理论知识交流的推拉牵扯之下，会不断产生出新的知识范畴，它们会填充已有的主题板块罅隙。当然，新知识所引发的新兴趣的延展同样会反作用于新的知识范畴，从而又会产生更新的知识领域，它们的规模较之先前更为壮大，把包括已有研究在内的理论收编聚拢，汇聚成声势浩大的合力去破解更为复杂的难题。这一连锁效应实际上是由新的学校领导发展变革引发的。

# 本章小结

　　本章基于时间线的视点着重探究学校领导理论起源和演进流变。首先从心理根源（需要和价值等级的视角）、社会根源（官僚机构和公正共情的视角）、变革根源（组织再造的视角）三大根源五大视角出发，对学校领导策略的形成追本溯源；论证学校领导和学校管理的必然联系，进而从学校领导的上一级范畴——和学校有关的教育管理层面——推知学校领导研究诞生的历史起点。因循历史脉络，从学校领导的诞生起点出发，阐发学校领导重要理论探究的嬗变过程，选择"品质研究"、"情境研究"、"行为研究"和"权变研究"四个重要的研究时期，探究关注学校领导理论的发展趋势。最后运用共词分析，聚焦突现文献，回溯"高"突现文献的施引文献，归纳交叠重合的研究主题，探索思考学校领导理论的最新进展，尤其是其理论研究前沿的推展情势，总结整合出前沿领域中，有关校领导研究主题的6大研发板块，即领导体制变革、领导效能提升、多元分域领导、心智意行领导（研究）、视角范式探索和身心健康督导等。

# 第三章

## 关联等级视角下的学校领导
## 理论的新审视

### 第一节 关联等级下的学校领导理论的析出

我们把共词对形成的共词矩阵进行双变量相关分析用以探索共词之间的关联程度。共词关联度主要采信 Pearson（皮尔森）相关系数值，同时比照 Kendall's tau-b 等级相关系数和 Spearman 等级相关系数，进行双边检验（Two-tailed）。输出结果中，相关系数绝对值在 0.05（双侧）的显著性水平上不为零时，右上角用"＊"标志该数值所对应的词组与"leadership"关联程度比较显著；相关系数在 0.01（双侧）的显著性水平上不为零时，右上角用"＊＊"标志该数值所对应的词组与"school leadership"关联程度非常显著；右上角没有出现"＊"标志，表明该数值所对应的词组与之关联程度相对较弱，具体数值详见表 3-1。

表 3-1　　　　　　　　　　皮尔森关联等级

| Pearson 相关系数值 | 关联等级 |
| --- | --- |
| ＊＊ | 高度相关 |
| ＊ | 中度相关 |
| 没有 ＊ | 低度相关 |

综合所有统计结果，把标志"＊＊"在 0.01 水平（双侧）相关性非

常显著的数值所对应的词（词组），划定为高度相关等级；把标志"＊"在 0.05 水平（双侧）相关性比较显著的数值所对应的词（词组），划定为中度相关等级；而把没有标志"＊"的数值所对应的词（词组），划定为低度相关等级，等级设定标准见表 3－2。

**表 3－2　　　　　　　　　　　　　共词的关联等级**

| 关联等级 | 关联词组 |
|---|---|
| 高度相关 | TRANSFORMATION（0.982＊＊）TRANSACTION（0.982＊＊）CHARISMATIC（0.718＊＊）DISTRIBUTED（0.982＊＊）EXCHANGE（0.377＊＊）SHARED（0.368＊＊）PATERNALISTIC（0.982＊＊）OPINION（0.413＊＊） |
| 中度相关 | WORK（－0.203＊）MANAGEMENT（0.194＊）CONSEQUENCES（0.204＊）POLITICAL（0.335＊） |
| 低度相关 | PERFORMANCE（0.044）EDUCATION（0.097）ACHIEVEMENT（0.056）SCHOOL（0.143）GENDER（0.123）TEACHERS（0.090）SCIENCE（0.049）POLICY（0.060）REFORM（0.029）STUDENTS（0.138）WOMEN（0.023）IDENTITY（0.069）MODEL（0.054）PERSPECTIVE（0.016）BEHAVIOR（0.050）CARE（0.111）DECISION-MAKING（0.054）PERSONALITY（0.089）ORGANIZATIONS（0.011）STRATEGIES（0.130）SELF-EFFICACY（0.070）OUTCOMES（0.127）RACE（0.045）RISK（0.049）PROGRAM（0.067）QUALITY（0.119）MATHEMATICS（0.042）METAANALYSIS（0.086）CHOICE（0.106）CLASSROOM（0.100）COMPETENCE（0.039）COMMUNITY（0.028）IMPACT（0.044）IMPLEMENTATION（0.062）HEALTH（0.050）INVOLVEMENT（0.061）KNOWLEDGE（0.175）INSTRUCTION（0.175）STYLE（0.053）PRINCIPAL（0.115）PHYSICIAN（0.034）FEMALE（0.079）EXECUTIVE（0.076）BUSINESS（0.118）PRACTICE（0.109） |

表 3－2 显示，在分析的共词对中，所有与"School Leadership"高度相关和中度相关的词（词组），与之匹配后暗示出学校领导理论概念集群的"新—旧"过渡呈递的多元研究进展情形。其中具有代表性的"新"理论分别是变革型领导、魅力（型）领导、共享（式）领导、分布式领导、管理式领导和政治（型）领导；而与"新"理论相对的传统理论"交易型领导"和"家长式领导"也将随着时代的发展被赋予"新"的研究取向。

# 第二节　学校领导理论的深入思考

## 一　变革型领导和交易型领导

变革（转化）型领导这一概念最早由汤顿（Downton）在 1973 年提

出，而最终作为一个重要的领导理论则始于社会学家伯恩斯。1978 年，伯恩斯把领导力的类型分为交易型领导（Transactional Leadership）与变革型领导（Transformational Leadership）。① 指出交易型领导关注领导者和下属之间的交易关系，而变革型领导注重发挥下属的最大潜力。后来变革型领导经过巴斯（Bernard M. Bass）、考泽斯（Kouzes）和波斯纳（Posner）等人的研究和推广，成为了较为优势的领导范式。②

在伯恩斯看来，大多数领导关系即领导者与追随者的关系是交易型的，领导者接近下属着眼于这种交易，而下属也为获取某种利益而接受领导者的安排，这种类型尤其存在于各种群体、立法机构和政党中。我们在前文所涉及的俄亥俄州州立大学的研究、密歇根大学的研究、费德勒领导权变理论模型、路径—目标理论等，基本上都是对交易型领导的描述和解释，属于交易型领导理论。交易型领导的前提假设是：人是理性的人，受利益的激励，具有趋利性的特征；个人利益重于群体规范。基于这一假设架构，领导者和被领导者之间是一种短期的利益行为关系，包含着较多的功利成分。变革型领导，也被翻译成转型性领导，它具有丰富的内涵。有的学者主张，变革型领导可以作为一个概念群来理解，诸如魅力（Charismatic）领导。在 5352 篇学校领导相关文献中，涉及学校变革型领导的文献占有 1171 篇，而在这之中，魅力领导作为关键词被引频次达到 212 次。

变革型领导在教育领域落地生根后，作为一种可供选择的模型超越了指导性的教学领导。它突出表现了分享天性和全体成员多元发展这两个重要的特征。变革型领导具体体现在构建愿景、用承诺来实现组织目标、提供精神激励、提供个体支持、为全体成员解释并鼓励高期望值等方面，它特别重视人与人的关系，强调人的参与，要求转变全体成员的情感、态度和信念。变革型领导某种意义上说也是一种道德领导，原因在于：领导者

---

① ［美］詹姆斯·麦格雷戈·伯恩斯：《领袖》，常键、孙海云等译，中国人民大学出版社 2007 年版。

② 于泽元：《校本课程发展与转型的课程领导》，《课程领导与课程评价的理论与实践》（第五届两岸三地课程理论研究研讨会），西北师范大学出版社 2003 年版，第 7 页。

与被领导者之间不仅存在权力上的关系，而且存在共同的需要、渴望和价值观念的关系。[①]

我们将交易型领导与变革型领导的区别总结归纳如下（见表3-3）。

表3-3　　　　　　　　　交易型领导与变革型领导的比较

| 分类比较 | 交易型领导（Transactional Leadership） | 变革型领导（Transformational Leadership） |
|---|---|---|
| 人的假设 | 人是理性的人，受利益支配，具有趋利性 | 人属于某一特定群体，并受群体规范的影响 |
| 个人与群体 | 个人利益重于群体规范 | 群体规范重于个人利益 |
| 使命 | 领导就是交换下属有价值的东西，通过利益引领成员实现组织目标 | 领导就是建立群体规范，以群体规范引领成员实现组织目标 |
| 工作热情 | 下属工作消极被动 | 下属工作积极主动 |
| 应激 | 为赏而做，注重外在收获，计较个人得失 | 为美好东西而做，注重责任和义务，崇尚道德 |
| 定性 | 功利性领导 | 超越自我利益 |
| 需要层次 | 重在满足低层次的需要 | 重在提升员工的需要 |
| 操控性 | 易于实施 | 实施复杂 |
| 道德性 | 无视领导的道德内涵 | 注重领导的道德性 |
| 组织环境 | 组织结构严密但文化松散的环境 | 组织结构宽松而文化联结紧密的环境 |

变革型领导不仅可以运用于政治领域和工商企业等组织中，而且还可以应用于学校领导领域，把它作为一个重要的理论工具，分析包括校长领导在内的教育领导问题。[②] 事实上，人们发现越来越多的文献中对于高效率学校领导行为的描述，都与变革型领导相吻合[③]，从这一事实印证了变革型领导在学校组织领域的适用性。正因如此，变革型领导对学校领导领域有着非常重大的影响。一些研究者孜孜不倦的探索实践使得该理论在各

---

① ［美］詹姆斯·麦格雷戈·伯恩斯：《领袖》，常键、孙海云等译，中国人民大学出版社2007年版，（序言）第5页。

② 孙锦明：《中学校长领导力研究》，华东师范大学博士学位论文，2009年。

③ Owens，R. G.，*Organizational Behavior in Education: Instructional Leadership and School Reform*（7th ed.），Bosston：Allyn and Bacon，2001，p. 245.

个方向都取得了长足的进步。莱斯伍德（K. Leithwood）① 等人成功地把巴斯的变革型领导框架进行转换，并运用到了教育环境中去，证实了变革型领导的效果总是呈正方向的，经过 20 年的检验，奠定了该模型在教育中应用的理论基础。莱斯伍德的研究主要集中在学校领导行为、学校文化以及师生之间的关系上，他们的研究表明，变革型领导对学校改革和重构发挥着重要作用，能够提升教师对学校的忠诚度，影响教师的目标设定以及教师对学校发展和自身能力的信心，影响学校组织气候和文化，并最终营销学校组织的效能。② 莱斯伍德认为，总体而言，当时较为流行的教学领导对于改进学校来说是不够的，因为教学领导只涉及学校改进第一层面的变化即教学的技术层面，诸如倡导构建式学习，倡导为理解而教等，它不能触及学校变化的第二个层面——学校的社会心理层面，诸如发展共享的愿景、建设崇尚勤奋和努力的工作文化以及领导分权。③ 鉴于此，有效推进学校社会心理层面的改进为变革型领导提供了大展拳脚之地。

萨乔万尼（T. J. Sergiovanni）则证实了变革型领导可以极大地提高学生的学业成就。萨格（Sagor）④ 研究发现，由变革型校长领导下的学校，老师和学生共同反映出学校文化的发展能够带动个体成功。其中也有学者冷静审视，认为变革型领导仅仅是创建高绩效学校的方法之一⑤。中国香港学者郑燕祥从交易型领导和变革型领导的概念出发，认为传统的交易型领导理论只注重领导的管理技术和人际关系技能，他鼓励领导者改变其领

① Leithwood, K., "The Move toward Transformational Leadership", *Educational leadership*, 1992, 49, (5), pp. 8 - 12.

② Leithwood, K., "Leadership for School Restructuring", *Educational Administration Quarterly*, 1994, 30 (4), pp. 498 - 518; Leithwood, K., Janzi, D., "Transformational School Leadership Effects: A Replication", *School Effectiveness and School Improvement*, 1999, 10, pp. 451 - 479; Leithwood, K., Janzi, D., "The Effects of Transformational Leadership on Organizational Conditions and Student Engagement with School", *Journal of Educational Administration*, 2000, 38 (2), pp. 112 - 129.

③ Leithwood, K., "Leadership for School Restructuring", *Educational Administration Quarterly*, 1994, 30 (4), pp. 498 - 518.

④ Sagor, Richard, "The TQE (Total Quality Education) Principal: A Transformed Leader", Frase, L. E., *Total Quality Education for World's Best Schools: The Comprehensive Planning and in Plementation Guide for School administrators*, Thousand Oaks, CA: Corwin Press Inc, 1994, (4).

⑤ Mitchell, D. E., Tucker, S., "Leadership as a Way of Think", *Educational Leadership*, 1992, 49 (5), pp. 30 - 35.

导行为以切合特定的领导情境。在这一理论框架之下，一个交易型的领导者只是充当管理者的角色，其主要工作就是通过交易的方式激励下属实现预定的目标。

变革型领导理论自伯恩斯提出以来受到理论界和实践界的极大关注。变革型领导是学校重构运动的产物，它适应了学校组织结构再造的需要，但也存在不足之处，其领导理论缺乏清晰的概念，尤其是变革型领导与交易型领导的关系至今还莫衷一是；该理论也没有阐释清楚领导行为是如何导致下属行为发生改变的；在实践方面，教师参与不足，操作难度较高。

我们整理 1171 篇有关变革型文献中被引频次超过 25 次的关键词，见表 3 - 4。

表 3 - 4　　　　　　　　　　被引频次超过 25 次的关键词

| 词组 | 词频 | 词组 | 词频 |
| --- | --- | --- | --- |
| TRANSFORMATIONAL LEADERSHIP | 474 | INTELLECTUAL | 50 |
| INFLUENCES | 454 | INNOVATION | 48 |
| TRANSACTIONAL LEADERSHIP | 312 | VALIDITY | 43 |
| CHARISMATIC LEADERSHIP | 244 | OUTCOMES | 41 |
| MOTIVATION | 217 | CONSEQUENCES | 38 |
| MODEL | 125 | JOB-INFLUENCES | 37 |
| MANAGEMENT | 97 | ORGANIZATIONAL INDIVIDUAL BEHAVIOR | 32 |
| ORGANIZATIONS | 94 | CONTEXT | 32 |
| INDIVIDUAL | 87 | TRUST | 30 |
| METAANALYSIS | 69 | MEDIATING ROLE | 30 |
| CONSIDERATION | 69 | EMPOWERMENT | 29 |
| INDIVIDUAL EXCHANGE | 64 | INDIVIDUAL-EFFICACY | 28 |
| SATISFACTION | 64 | VALUES | 27 |
| COMMITMENT | 56 | MLQ | 26 |
| ANTECEDENTS | 50 | DETERMINANTS | 25 |

经过系统聚类分析，我们将上述关键词划分成四个聚类，每个聚类所接受的关键词见表 3 - 5。

表 3-5　　　　　　　　　　　　　　聚类成员

| 聚类名称 | 关键词组成 |
|---|---|
| Ⅰ：领导魅力影响 | TRANSFORMATIONAL LEADERSHIP, CHARISMATIC LEADERSHIP, INDI-VIDUAL, VALIDITY, TRUST, INDIVIDUAL-EFFICACY, VALUES, JOB-INFLUENCES, INFLUENCES |
| Ⅱ：动机激励达成 | MOTIVATION, TRANSACTIONAL LEADERSHIP, SATISFACTION, COM-MITMENT |
| Ⅲ：智慧促成 | INTELLECTUAL, MLQ, MODEL, MANAGEMENT, ORGANIZATIONS, METAANALYSIS, INNOVATION, OUTCOMES, CONSEQUENCES, OR-GANIZATIONAL INDIVIDUAL BEHAVIOR, MEDIATING ROLE, EMPOW-ERMENT, DETERMINANTS |
| Ⅳ：个体关怀 | INDIVIDUAL EXCHANGE, CONSIDERATION, ANTECEDENTS, CONTEXT |

我们结合所属文献，逐一分析每个聚类的接受成员，并将其还原于对应的文献中，结合所在文献的主题和结论，进一步思考这些关键词折射出的深层题旨，恰好印证了理解变革型领导理论所囊括的四个维度。①

领导魅力影响。学校领导应该凭借自身人格魅力得到学校组织成员的认同，他们应该令全体教师员工心悦诚服，从而发自内心地追随自己。

动机激励达成。学校领导应该规划令人心之所向的学校未来发展愿景，校长应该以更高的标准要求下属，并采取各种措施激励教职员工的热情，给他们传递实现未来宏伟蓝图的信心，兑现给予他们的工作奖励承诺（commitment），使之获得职业的满足（satisfaction），进而赋予其从事的事业以重要意义。

智慧促成。学校领导应该对习以为常的假设提出疑问，富于探索和冒险精神，鼓励教师员工质疑求证，不断培养他们学习和创造的愿望。

个体关怀。学校领导应该富有人文情怀，善于倾听组织内部个体（individual）成员的意愿和想法，勇于面对"反对的声浪"，设法解决他们的困难，满足他们的需求，并适当给予他们指导和帮助。

---

① Judgy, T. A., Piccolo, R. F., "Ttransformational and Transactional Leadership: A Meta-Analysis Test of Their Relative Validity", *Journal of Applied Psychology*, 2004, 89 (5), pp. 755-768.

## 二 魅力型领导

20 世纪初，德国社会学家韦伯（Max Weber）提出"charisma"，即"魅力"这一概念，意指领导者对下属的一种天然的吸引力、感染力和影响力，是存在于领导个体身上的一种品质，这些品质普通人难以企及，难以用理性、美学或者别的观点加以解释。所谓魅力型领导（Charismatic Leadership）就是"基于对某一个人的超凡神圣、英雄主义或者模范性品质的热爱以及由他揭示或者颁布的规范性形态或者命令"的权威。

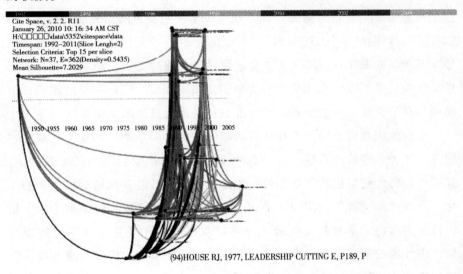

Cite Space, v. 2. 2. R11
January 26, 2010 10: 16: 34 AM CST
H:\□□□□□\data\S352\citespace\data
Timespan: 1992–2011(Slice Lengh=2)
Selection Criteria: Top 15 per slice
Network: N=37, E=362(Density=0.5435)
Mean Silhouette=7.2029

1950 1955 1960 1965 1970 1975 1980 1985 1990 1995 2000 2005

(94)HOUSE RJ, 1977, LEADERSHIP CUTTING E, P189, P

图 3-1 时间线图

从 20 世纪 70 年代后期开始，一些学者对这一概念作了重新解释和定义，并进行了深入的研究，充实了新的内容。豪斯（Robert House）于 1977 年指出，魅力型领导者有三种个人特征，即高度自信、支配他人的倾向和对自己的信念坚定不移。[①] 在 5352 篇学校领导相关文献中，所有关于

---

① House, R. J., "A 1976 Theory of Charismatic Leadership", Hunt, J. G., Larson, Sc L. L. (Eds.), *Leadership: The Cutting Edge*, Carbondale, IL: Southern Illinois University Press, 1977, pp. 189-207.

魅力型领导的文献占有 628 篇，时间跨度从 1992 年到 2011 年。我们以两年为时间片段，选择被引频次超过 15 个最高次数的被引文献，利用 CiteSpace Ⅱ 绘制时间线视图 3－1（2012－1－26），图中显示出的关键文献节点正是豪斯的这篇文献，其被引频次为 94 次。

随后，本尼斯（W. Bennis）在研究了 90 名美国最有成就的领导者之后，发现魅力型领导者有 4 种共同的能力，那就是：有远大目标和理想；明确地对下级讲清这种目标和理想，并使之认同；对理想的贯彻始终和执着追求；知道自己的力量并善于利用这种力量。①

香港学者郑燕祥统整学校领导的三个范围和五个向度时，提出学校领导在"情意领域"、"行为领域"和"认知领域"三个范畴划分的基础上，可以从"结构领导"、"人性领导"、"政治领导"、"文化领导"和"教育领导"五个向度来观照。其中在"文化领导"层面对应于"情意领域"明确指出学校领导可以"运用个人魅力吸引成员的注意，完成学校的愿景；帮助成员对于文化上的改变做好心理准备；激励成员追求文化卓越"等。②

学校组织是由不同的人在教育活动中组成的关系系统，这个大系统内包含着各种各样的小系统，并且各个系统交互作用形成复杂的关系网络。我们可以将学校组织看作是学校文化的载体，也可以看作是学校文化的外化，二者犹如"魂"与"体"的协同关系。"任何一种组织变革实际上是一种组织维持，是对其文化的一种界定或捍卫。"③ 特别是在学校转型时期，内外的变革要求促使学校进行组织层面的变革以实现可持续发展。为了实现文化领导的情意侧面，学校领导者会运用个人魅力，吸引成员关注学校活动背后的意义和价值。为应付变迁中教育环境的挑战，他们协助成员在心理上为文化改变做好准备。他们也激励成员追求学校教育卓越的文化。特别是针对学校领导的个人层面而言，显著的情意所在通常就是"魅力领导"的最好诠释。

随着经济全球化的发展，市场竞争日趋激烈，各类组织，尤其是企业

① 《魅力型领导理论》，百度百科，http：//baike. baidu. com/view/3178573. htm，2010－12－6。
② 郑燕祥：《教育领导与改革新范式》，上海教育出版社 2005 年版，第 198—199 页。
③ 张雄：《论组织变革与组织文化塑造的动态统一》，《学术探索》2004 年第 9 期。

组织迫切需要魅力型领导者的改革和创新精神，以应对环境的挑战。所以魅力型领导理论从 20 世纪 80 年代起，日益受到研究者的重视。①②③④ 当然任何理论都不可能完美无缺，如果领导者过分强调自己个人需要高于一切，要求下级绝对服从，或利用其高超的说服能力误导或操纵下级，其不良影响可想而知。正如约翰逊兄弟所说："学校不是建筑物、课程和机器。学校是人们之间的相互关系和相互作用。"⑤ 任何独断专行的操控，都将使学校领导的魅力指数丧失殆尽。

### 三 共享（式）领导

共享（式）领导（Shared Leadership）实质上是对过去期待领导个人集"权威"、"法理"、"魅力"于一身去引领组织发展的一种超越。作为一种新的领导思想，它主张由领导者和其下属成员组成的管理团队来共同承担领导责任，领导者必须摆脱传统独自负责和控制一切的观念，使下属成员更愿意承担责任并更具主动性。他们需要的是"一种可以鼓励所有组织成员的、共享的集体努力"⑥，以及激励教师分享思想、信息，协同工作实现共同的目标。同时，共享（式）领导又是团队同时进行的、持续的、相互影响的行为过程，伴有一系列不同的非正式领导者的出现，他们与学校的正式领导者形成互补互动的关系，更易于激发教师参与学校事务的积极性和主动性，形成组织结构层次之间多向活跃沟通的新的组织活力，促使学校改革中"成事""成人"这一价值目标在更多的教师身上

---

① Conger, J. A., Charismatic, R. N., *Leadership*, San Franciso: Jossey-Bass, 1988.

② Sergiovann, T. J., *Value-added Leadership*: *How to Get Extraordinary Performance in Schools*, New York: Harcourt Brace Jovanovich, 1990.

③ Shamir, B., House, R. J., Arthur, M. B., "The Motivational Effects of Chrismatie Leadership: A Self-concept Based Theory", *Organization Science*, 1992, (4), pp. 1–17.

④ Bolman, L. G., Deal, T. E., *Reframing Organization*: *Artistry*, *Choice*, *and Leadership* (2$^{nd}$ ed.), San Francisco: Jossey-Base, 1997.

⑤ 约翰逊兄弟（Tohnson, D. W., John, R. T.）：《领导合作型学校》，唐宗清译，教育出版社 2003 年版，第 298 页。

⑥ Harris, A., "Teacher Leadership and School Improvement", Harris, A., Day, C. Hopkins, D. Hargreave, M., Hargreaves, A. Chapman. C., *Effective Leadership for School Improvement*, London: Routledge Falmer, 2003b, pp. 72–83.

体现。① 具体表现为：教师群体的稳定性和共同目标弥漫于学校的每一个角落；所有的学校利益相关者会对学校工作获得全面了解；全体成员共同讨论学校的课程和教学安排，一致通过学校的秩序和纪律建议；组织内部形成开放和诚实的交际氛围；学校领导和社区形成切实有效的支持等。

在 5352 篇学校领导相关文献中，有关"共享（式）领导"的文献占有 1771 篇，时间跨度从 1990 年到 2011 年。我们以 2 年为时间片段，选择被引频次超过 30 个最高次数的被引文献，利用 CiteSpace Ⅱ 绘制时间线视图，图中的文献共形成两个聚类，我们使用主题词标签命名这两个聚类，它们分别是"Shared Leadership"和"Network Effect"，见时间线图 3 - 2。

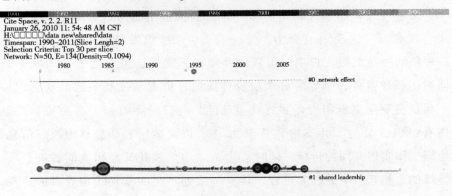

**图 3 - 2　时间线图**

某种意义上说，学校共享（式）领导可以被看作学校团队充分授权的发展，和传统的垂直管理中领导者作用相比，共享（式）领导把领导者从控制的作用更多地转移到推动作用，把团队成员卷入到决策过程，如此团队成员则产生千丝万缕的联系，交织成紧密关联的人际关系网络（Network）。学校领导者不再认为自己的责任是决定前进的方向和控制工作的进行，其他成员的工作则是履行自己的职责。在共享（式）领导中，领导者会认为每个人都是领导者，而他自己的任务是建立一支强而有力的团队，团队成员拥有共同的愿景，大家平等参与、相互影响，承担责任并彼

---

① 叶澜：《"新基础教育"论——关于当代中国学校变革的探究与认识》，教育科学出版社 2006 年版，第 351 页。

此合作；共同分享经验、集体感、归属感和团队意识。当团队的所有成员充分参与到团队的领导，为最大限度地发挥团队的潜力而毫不犹豫地进行指导和影响团队其他成员时，则实现了共享（式）领导，同时也摆脱了组织空间范围所造成的局限。

共享（式）领导是对传统领导模式离经叛道式的扬弃，领导理论的嬗变过程成为时代发展的注脚，不少学者对此发表见解。①② 这一理论实现了从一味倚重个体到依赖集体的探索视野的突破，充分彰显了学校组织在多方参与和自主管理的情境下，不同层面的多元领导才能不断激发团队的热情与想象力，推动学校组织的持续健康发展。如此一来，学校组织有"强健的专业人员共同体的支持，而且这些共同体与高水准的学生成就联系在一起"③，组织基体从此焕发出最强大的凝聚力。

在多方参与和自主管理的情境之下，组织中需要不同层面的多元领导者，共享（式）领导便是其中典型之一。在学校领导者和其团队成员协同参与的学校管理建设中，人与人之间的社会关系网络缔结并孕育了各种学科知识的融合与杂交。我们由此统计了被引频次超过 100 次的引文所隶属的学科领域，其中位列前 20 位的学科见表 3 - 6。

表 3 - 6　　　　　　　　　　　　位列前 20 位的相关学科

| 学　科 | 关联频次 | 学　科 | 关联频次 |
|---|---|---|---|
| 管理学 | 3069 | 普通医学 | 451 |
| 应用心理学 | 1013 | 统计学 | 439 |
| 组织行为学 | 766 | 经济学 | 312 |
| 领导学 | 733 | 商贸财经学 | 303 |
| 教育行政学 | 730 | 护理学 | 298 |
| 组织学 | 723 | 社会科学 | 290 |

---

① Ulrich, D., "Credibility x Capability", Hessslbein, F., Coldsmith, M., Beckhard, R., *The Leader of Future*, San Francisco: Jossey-Base, 1996, pp. 209 - 220.

② Yukl, G., *Leadership in Organizations* (4th ed.), Upper Saddle River, NJ: Prentice-Hall, 1998.

③ 托马斯·J. 萨乔万尼：《校长学：一种反思性实践观》，张虹译，上海教育出版社 2004 年版，第 297 页。

续表

| 学　科 | 关联频次 | 学　科 | 关联频次 |
|---|---|---|---|
| 社会心理学 | 710 | 政治学 | 273 |
| 一般心理学 | 658 | 内科学 | 199 |
| 市场学 | 625 | 工程技术学 | 165 |
| 人类学 | 566 | 公共行政学 | 149 |

在表 3－6 中，位列前五位的学科管理学、应用心理学、组织行为学、领导学和教育行政学都与组织领导管理学相关，组织领导管理方面的知识理论有助于丰富共享式学校领导的领导理念，提高其领导理论与实践的结合能力。这也从侧面证明，学校领导者在引领学校变革发展中应该充分激发全校成员共同参与的积极性，设法从外在结构控制到组织内部以校本管理、团队合作、协同决策、人心向背等方面进行授权赋能和调度统筹。因此有不少学者主张建立以学校领导者为领导核心的辐射状的领导者社群（Community of Leadership）①②，进而把"共享"的理念向深层次延展，以此完成学校教育实践的群体参与过程，实现个体间文化的整合与同化的影响，并在行为方式上相互作用，彼此干预。

## 四　分布式领导

受到彼得·圣吉（Peter M. Senge）的学习型组织理论"去中心领导者"（de-center leader）的主张和萨乔万尼"领导者的领导者"思想等的影响，分布式领导（Distributed Leadership）的概念在 20 世纪 90 年代后被提出，它是在试图突破"正统"领导研究思路和基于领导者角色的研究中诞生的一种领导取向。③ 目前，分布式领导还没有一个非常严谨的定义，抑或追究"分布"的字眼，强调领导影响力散见于有结构的组织关系中，并通过组织中各种联合力量的形式得以表现；抑或侧重功效，将其视为观

---

① Barth, R. S., "School: A Community of Leaders", *Lieberman, A. Building a Professional Culture in Schools*, New York: Teachers College Press, 1988.

② Pinehot, G., "Creating Organizations with Many Leaders", Hesselbein, F., Goldsmith, M., Beckard, R. *The Leader of Future*, San Francisco: Jossey-Bass, 1996, pp. 25－39.

③ 冯大鸣：《美、英、澳教育管理前沿图景》，教育科学出版社 2004 年版，第 74—80 页。

察、分析、探讨领导实践的新的概念透镜（*conceptual lens*）①，这一"众说纷纭"的混乱，也正体现出该理论"固本枝荣"的必要。分布式领导至今不仅受到教育界的重视，也被工商业界所关注。已有的有关分布式领导的研究主要集中在分布式领导理论的发展、分布式领导概念的理解、分布式领导理论的运用等几个方面。

有关分布式领导的诞生，可以追根溯源至 20 世纪 50 年代的领导分布式模式②的提出，该模式指出领导角色可以从群体的角度来观察，领导职责可以由群体成员共享。研究者发现在学校内部提倡并推广分布式领导模式，对于提高学校管理绩效和学生的成绩等方面具有显著的效果。③④1995 年出版的《分布式领导：通过合作改进学校》⑤ （*Distributed Leadership*：*School Improvement Through Collaboration*）是较早以分布式领导为专题的书籍之一，尽管当时分布式领导理念尚在启蒙阶段，还没有相对严谨完备的理论主张。进入 21 世纪以后，分布式领导研究日趋步入正轨。

分布式领导概念的提出具有重要意义，尤其是在学校这样的知识型组织中。甚至有学者声称，教育要不断取得进步和成功，就必须在学校组织中建立分布式领导，而不是依赖少数的领导精英。⑥⑦ 因而，学校领导者必须学会分权，学会集思广益，这样才能应付纷繁芜杂的动态环境。

有关分布式领导概念的内涵分析可谓五花八门。统揽方家观点，主要有：处于行为分析的视点，认为分布式领导不是个人对其他人做一些事，

---

① Harris, A. , "Distributed Leadership in Schools Leading or Misleading?", *Management in Education*, 2002, 16, (5), pp. 10 – 13.

② Gibb, C. A. , "Leadership", Lindzey, G. , *Handbook of Social Psychology* （Vol. 2）, Cambridge, MA：Addison Wesley, 1954.

③ 冯大鸣：《美、英、澳教育管理前沿图景》，教育科学出版社 2004 年版，第 75—76 页。

④ 李洁芳：《分布式领导概念内涵、角色关系辨析与未来研究展望》，《外国经济与管理》2008 年第 8 期。

⑤ Clift, R. T. , Thurston, T. W. , *Distributed Leadership：School Improvement through Collaboration*, Greenwich, CT：JAI Press, 1995.

⑥ Fink, D. , Hargreave, A. , "A Sustainning Leadership", *Phi Delta Kappan*, 2003, 84 （9）, pp. 693 – 700.

⑦ Fink, D. , Hargreave, A. , "The Seven Principles of Sustainable Leadership", *Educational Leadership*, 2004, 61 （7）, pp. 8 – 13.

也不代表人们对团体或组织所做的一系列个人行动。领导不是位高权重的单一个体所行使的职能，而是处于共同文化合作工作氛围中发生的集体行为。① 站在工具论的立场，分布式领导被视为一个重要的诊断性框架，是帮助领导者战略性思考和技能开发的一种工具②，更有人建议，最好把分布式领导理解成一种思考领导的方式，而不是一种操作方法或实践行动；处于综合视角的考量，认为分布式领导究其概念而言，"行为" 畸重，"角色" 畸轻，领导原本就不是个人的事，理应分布于组织之中，领导角色随着不同组织的发展需要随时更替、转变。③ 根据英国国家学校领导学院（National College for School Leadership，NCSL）委托、资助的有关分布式领导研究文献，经过系统梳理回顾，归纳出该理论有三个与众不同的要素：其一，强调领导作为相互关联个人的团体或网络的自然属性；其二，强调领导界线的开放性；其三，使多种多样专门技能被分布于多数人而不是少数人成为必需。④

单凭概念特性本身，分布式领导的概念提出就是对传统领导实践和理论的挑战和变革。尽管不同学者给予分布式领导的诠释不尽相同，但大体来说，分布式领导可以理解为一个组织或团体中的多个成员随工作任务、个人特点和能力，以及情境的不同而动态地承担领导角色。如此看来，相较之其他领导理论，分布式领导的主要特征是把 "领导" 视为结合行为（conjoint activity）的产物。具体到学校情境来说，分布式领导强调领导角色和职能要动态分布于学校组织成员当中，校长要从传统的个人英雄式领导者转变为支持式领导者。⑤ 目前，尽管缜密的分布式领导理论体系尚在构建完善中，但教育领导理论实践界对其发展前景充满期待。如同有的学者所指出的那样，分布式领导旨在将领导职能广泛分布于整个组织层，它

---

① Harris. A., "Distributed Leadership and School Improvement", *Educational Management Adminitration & Leadership*, 2004, 32, (1), pp. 13 – 20.

② Archer Jeff., "Weaving Webs", *Education Week*, 2004, 23, (27), p. 50.

③ Harris, A., "Introduction: Challenging the Orthodoxy of School Leadership: towards Alternative Theoretical Perspectives", *Educational Management Adminitration & Leadership*, 2003, 23, (2), p. 125.

④ Nigel Bennett, Christine Wise, Philip Woods, "Distributed Leadership", http://www. ncsl. org. uk/literature reviewes, 2010 – 12 – 6.

⑤ Clift, J. p. Spillane, *Distributed Leadership*, San Francisco: Jossey-Bass, 2006.

并不意味着人人都来领导学校，也不意味着放弃校长对学校发展的终极责任，校长是认识学校发展的重要守门人和引路人。[①]

分布式领导理论令人耳目一新，自提出伊始一直受到理论界和实践界的高度重视，人们以极大的热情投入到分布式领导的理论构建和实践研究中。分布式领导理论运用于实践主要表现在以下几个方面：

（1）在学校组织成员中分享领导职能。校长个人的领导模式在学校组织中毕竟存在一定的局限性，成功的学校领导者要把授予领导权给他人当作资金的首要任务。[②] 如若不然，即在学校组织成员中不能分布校长的领导职能，要在类似学校这样的复杂组织中，让校长独自领导各种力量完成教学之类的任务是难以实现的。[③][④]

（2）创建合作性的工作关系和团队精神是分布式领导的核心工作。作为学校领导，要注重与教师合作性工作关系的建设和团队精神的培养，只有在领导行为分布于整个学校组织的情况下，当教师在他们认为有意义的工作领域获得授权并在团队精神支持下开展工作时，改进学生学习成果的可能性才能大大增加。

（3）创新学校管理体制。当前的学校组织基本上都属于科层化组织，学校成员之间有着较为严格的等级关系，分布式领导的实施一举打破了这种传统的科层组织结构，原因在于，分布式领导主张弱化领导的职位权，强化了以领导工作为中心的生成型、流质型领导团队，这样就会产生一系列的学校管理体制方面的调整和改革。分布式领导的实施还需要学校文化建设、教师能力建设以及人力资源开发等一系列的先行措施的保驾护航。[⑤][⑥]

分布式领导突出强调"依靠组织内的多重领导资源指导和完成不同规

---

① Harris, A., "Distributed Leadership and School Improvement: Leading or Misleading", *Educational Management Administration & Leadership*, 2004, 32 (1), pp. 11 – 24.

② 冯大鸣：《美、英、澳教育管理前沿图景》，教育科学出版社 2004 年版，第 77 页。

③ Spillance, J. P., *Distributed Leadership*, San Francisco: Jossy-Bass, 2006, p. 26.

④ Elmore, R. F., *Building a New Structure for School Leadership*, Washington DC: Albert Shanker Institute, 2000, p. 14.

⑤ 张俊华：《教育领导学》，华东师范大学出版社 2008 年版，第 129 页。

⑥ 冯大鸣：《美、英、澳教育管理前沿图景》，教育科学出版社 2004 年版，第 78—80 页。

模、不同复杂程度和不同范围的任务"①，这并未完全将传统的个体领导理论弃之于不顾，事实上"个体领导理论与分布式领导理论不会互相否定或削弱对方的重要，而是提供了有关学校领导的相互补充的观点"②，即领导行为可以是单独的个体行为，也可以是若干个体彼此独立或者整体一致的行为。③

### 五　管理式领导

管理（式）领导（Managerial Leadership）是以管理为途径来实施领导的行为过程，这一理论在明确管理概念的基础上，厘清了领导的概念，它特别强调领导技术性的一面。管理式领导不仅重视领导者的功能、任务或行为，而且同时也假定组织成员具有理性行为。另外，这一理论还强调领导者在组织中的法定权力，认定权威与影响力会根据成员在组织阶层中的职位来配置。④ 因此，管理式领导自身又包括了组织领导（Organizational Leadership）、组织行为（Organizational Behavior）、组织管理（Organizational Management）等相关理念。

在5352篇学校领导相关文献中，涉及"管理（式）领导"的文献将近5000篇，时间跨度从1992年到2011年。我们以2年为时间片段，选择被引频次超过30个最高次数的被引文献，利用CiteSpace II绘制时间线视图，析出文献一共形成四个聚类，我们使用主题词标签命名这四个聚类，它们分别是"Organizational Support"（组织支持）、"Justice"（公平）、"Multibussiness Team"（多元商务团队）、"Cross-cultural Perspective"（跨文化视角）（见时间线图3-3）。

我们进一步探究"Organizational Support"（组织支持）的文献聚类，选择其中被引频次超过15个最高次数的被引文献，绘制时间线图后形成

---

① ［美］韦恩·K.霍伊、塞西尔·G.米斯克尔：《教育管理学：理论·研究·实践》（第7版），范国睿译，教育科学出版社2007年版，第403页。

② 同上书，第405页。

③ Groan，P.，"Distributed Leadership as a Unit of Analysis"，*The Leadership Quarterly*，2002，13（4），pp. 423-451.

④ 蔡怡：《教育领导理论新进展》，《比较教育研究》2007年第1期。

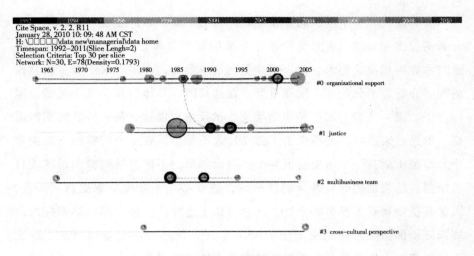

图 3-3 时间线图

"组织支持"聚类下的两个子聚类,分别是"Theory building"(理论建设)和"Climate"(氛围)(见图 3-4)。其中,被引频次和中心性最高的文献为 B. M. Bass(1985)的 *Leadership and Performance beyond Expectations*[1],其数值分别为 35 次和 0. 32。

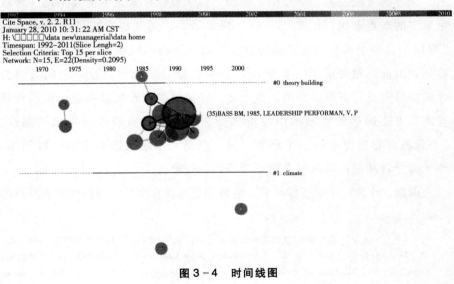

图 3-4 时间线图

---

① Bass, B. M. , *Leadership and Performance beyond Expectation*, New York: The Free Press, 1985.

　　研究发现，一个组织想要在变幻无常的环境中维持稳定，不仅需要领导者的智谋和胆略，更需要领导者对组织发展变革做出适切的管理应对，这与古典管理模式颇为相似。正是受到这一影响，许多专家学者主张学校的领导和管理不分伯仲，同样重要。在这其间，具体的操作尤为关键。原因在于"某一人群对某一特定情境所作的反应可能适合某一特定时期的需要，但是后来也可能变得失去了意义。人不是生活在一个纯粹的自然世界中，而是生活在一个历史的世界中，因而如果他不愿意被纯粹的传统或自然所强加的规则的固有性所羁绊的话，他就必须不断地争取更新。而且，人比其他动物有更显著的个性，这就保证了他在任何特定的时期都能对他周围环境的情况作出完全不同的反应"①。人的这种不断争取更新、改变周遭环境的个性使他身处的组织带有动态性和诸多不确定性。

　　伴随着对领导和管理过程中科学至上和工具性主义的质疑，人们逐渐认识到教育领导与管理过程中充满着价值、伦理和道德的因素，成为推动学校组织变革乃至人自身发展的巨大动力。因此，学校领导和管理不可避免地根植于人类的愿望和价值层面上。"通过领导者对学校日常工作的介入，领导者才能发挥在学校中的影响力，学校领导者至少需要采用一种双重焦点的观点来执行任务"②，这一现实需要，无疑也造成了"领导"和"管理"这两个概念的交叉模糊性。然而，不同的组织具有不同的性质和特征；因此，教育组织（如学校）和非教育组织（如企业）之间其组织性质和特点应是有所区别的。鉴于此，任何照搬或者挪移企业组织的管理理论和方法诉诸教育领域中终将成为笑柄，如同福斯特所指出的那样："当代教育管理理论的一个严重失误，就是它不愿关涉真正的教育问题。绝大部分管理理论都是借自商业管理和公司理论。"③

　　因此，作为一个学校领导者，应该注重对教育组织本身的性质和特点的

---

　　①　[荷] C. A. 冯·皮尔森：《文化战略》，刘利圭译，中国社会科学出版社 1992 年版，第 16 页。

　　②　Leithwood, K., Duke, D. L., "A Century's Quest Understand School Leadership", Murphy, J., Louis, K. S., *Handbook of Research on Educational Administration* (2nd ed.), San Francisco: Jossery-Bass Publishers, 1999, pp. 45 – 53..

　　③　Foster, W., *Paradigms and Promises: New Approaches to Educational Administration*, Buffalo: Prometheus Press, 1986, p. 93.

研究，注重在具体的各级各类教育组织情境中研究学校领导和管理，从而发展对于活生生的教育实践真正具有指导作用的学校领导理论。近二三十年来，西方的学校领导研究取得了丰硕的成果，尤其是彰显教育组织特征的领导研究发展较快，其中基于教育组织的学校领导理论方面的新进展甚至"已在很大程度上改变了以往教育管理研究界'移植'普通领导理论的定势，从而使教育领导研究具有更多'个性'和'再造性'的成分"①。

## 六　政治型领导

有关学校的政治（型）领导（Political Leadership），与通常作为政治管理方式的领导不同。对这一理论的正确理解，应该还原学校组织生活，从文化和政治的特殊性加以考虑。

处于对组织运作架构的理解，博尔曼（Bolman）和迪尔（Deal）在研究中指出，一个组织中一般会有四种领导取向，分别是：结构领导（Structural Leadership）、人力资源领导（Human Resources Leadership）、政治领导（Political Leadership）和象征领导（Symbolic Leadership）②；学者郑燕祥同样提出"政治领导"的向度，认为它与学校领导的"结构领导"、"人性领导"（Human Leadership）、"文化领导"（Cultural Leadership）和"教育领导"（Educational Leadership）并列为学校领导研究的五个向度。③他进一步指出，政治领导中所涉及的"领导"是指能建立联盟支持学校，在帮助解决学校成员冲突时具有说服力和影响力④。这一类型的学校领导善于鼓励开放的气氛，用以处理成员间的不同利益和相互冲突。他们践行垂范，促成内外相关的联盟合作，并广邀成员参与决定，以资实现学校愿景规划。他们灵活运用不同的权力基础（Power Bases）⑤和

---

① 冯大鸣：《美、英、澳教育管理前沿图景》，教育科学出版社 2004 年版，第 54 页。

② Bolman, L. G., Deal, T. E., "Images of Leadership", *Occasional Paper*, Cambridge, MA: Haravard Univ. Press, National Center for Educational Leadership, 1991, (20), pp. 1 – 21.

③ 郑燕祥：《教育领导与改革新范式》，上海教育出版社 2005 年版，第 197 页。

④ 同上。

⑤ Yukl, G., Falbe, C. M., "The Importance of Different Power Sources in Downward and Lateral Relations", *Journal of Applied Psychology*, 1991, (75), pp. 132 – 140.

策略来履行学校活动和改变。就认知领域而言，他们以建设性的方式诠释冲突，并重视"双赢"解决方法的重要性。他们强调作决定时民主价值的重要性，并且促使成员理解学校管理中参与的重要意义。

我们把5352篇学校领导相关文献中的4759篇有关政治领导方面的文献做了归纳，其中关键词民主（DEMOCRACY）共计出现118次，我们提取与之形成共词对且被引频次不为0次的共词对绘制社会网络图谱（图3-5）。同时，我们参考对应文献的主题、摘要和主要结论等，可以比较直观地了解有关学校政治领导中"民主"理念的重要意义。

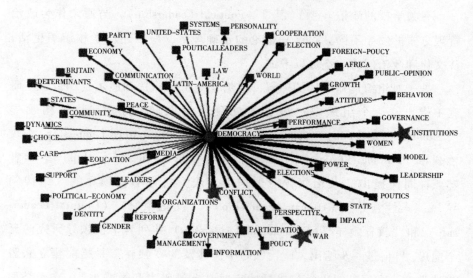

图3-5　社会网络图

图3-5中，词对连线的粗细昭示共现的频次，同时也证实了两者之间的密切程度，我们看到在学校政治领导的实施中，民主对于平息组织内部"冲突"，消弭组织子系统间的"战争"，建设组织"机构"方面发挥着重要的作用，为此我们在图中用星形加以突出显示。

学校不仅仅将民主平等作为一种有效的管理方式，强调尊重、信任与接纳、交流、公平竞争、沟通与合作，而且更加重要的是，民主平等已经成为学校成员的一种生活方式，学校成员在相互尊重、相互合作的基础上来处理彼此的关系。这种交往关系是以交往双方互为主体为前提的，主体之间是平等的对话关系。只有在这样平等的、尊重的、民主的关系之中，才能实现人的主体性和个体的发展和张扬。①

学校政治型领导主要通过组织生活中控制地盘、分配资源和获得地位、参与决策过程体现出来。这些提供获得利益所需要的物质、象征和话语资源与权力。学校部门机构，是整个学校系统的重要子系统和政治区划，学校因推行变革而特地成立的子系统中，充斥利益冲突和政治自立的例子并不鲜见。学校领导只有从被动施政形态转化为主动施政的形态，促成学校有效操控自身的话语权，并由内向外驱动发展，学校内部的领寻变革才有可能是有机的。实践表明，有效体现学校政治领导的民主风范，树立民主型的学校政治领导形象，势必能实现一种领导权力在集体，重大决策和政策均由集体成员参与讨论决定、共同执行的领导方式。这种方式，是学校领导和更高一级行政部门在理性的指导下，较少下达强制性命令或指示，注重相互理解与沟通交流，营造宽松和谐氛围，使部下自主地施展应有的才华能力的行为过程。学校政治领导民主化趋势乃是当今教育世界的一大潮流。就其宏观而言，它主要是为了加强学校民主化管理，促进学校决策和法规的民主化进程以及体现教师共同参与的全员性和公开性原则。

## 七　家长式领导

所谓家长式领导（Paternalistic Leadership）② 是一种表现在人格中的、包含强烈的纪律性和权威、包含父亲般的仁慈和德行的领导行为方式。根据这一定义，家长式领导包含三个重要维度：威权、仁慈和德行领导。威权是指领导者的领导行为，要求对下属具有绝对的权威和控制，下属必须完全服从。仁慈是指领导者的领导行为对下属表现出个性化，关心下属个人或其家庭成员。德行领导则大致可以描述为领导者的行为表现出高度个人美德、自律和无私。

---

① 易丽：《文化生成：营造学校发展"新生态"》，江苏教育出版社 2011 年版，第 38 页。
② 《家长式领导》，百度百科，http://baike.baidu.com/view/4214866.htm，2010 - 12 - 6。

这一概念很容易使人联想到萨乔万尼所提到的道德领导（Moral Leadership）理论，从中不难发现两者之间的相似性。如果我们选择道德视角，对"家长式领导"作出必要的扬弃和保留，我们可以挖掘出这一理论的"潜能"之所在。在 5352 篇学校领导相关文献中，有关家长式领导的文献只有 488 篇，相对于其他学校理论研究文献所占比例尚少。我们统计其中被引频次超过 2 次以上的关键词发现，其中与"道德领导"内涵直接相关的关键词非常多。主要包括"道德发展"（MORAL DEVELOPMENT，7 次），"道德危害"（MORAL HAZARD，4 次），"道德判断"（MORAL JUDGMENT，3 次），"道德认同"（MORAL IDENTITY，3 次），"个人道德哲学"（PERSONAL MORAL PHILOSOPHIES，2 次），"道德多数"（MORAL MAJORITY，2 次），"道德危难"（MORAL DISTRESS，2 次）和"道德基础"（MORAL FOUNDATION，2 次）等。

"道德权威"是重构家长式领导灵魂的内核，学校领导应以伦理道德为基础，以品德修养为修补，采取尊重、关怀、真诚分享的领导方式，以"家长"的胸襟和气量宽恕错误、接纳多元的意见，看重道德规范的认知、认同与实践，关注责任心和义务感的培养，不断唤起下属公平正义与道德勇气的展现。道德领导拓展了领导权威的来源，不仅包括科层权威、心理权威、技术——理性权威，而且包括专业权威、道德权威。[①]

传统的领导概念中隐含着学校不能由内部来改善的观念：学校共同体既没有领导自己的才智，也没有领导自己的愿望。校长和教师反被认为是走卒，期待着主子的摆布，或等待专家提供解决学校问题的游戏计划。[②]诸多教育实践告诉我们，学校的管理者应该努力成为领导的领导者，施展"家长"威严。基于这一角色定位，他们要努力培养教师和其他人员的种种能力，以便使人们不再需要直接的领导。这要通过团队建设、领导发展、分享式决策以及努力构建团队精神的价值来达成。家长式的学校领导

---

① ［美］萨乔万尼：《道德领导：抵及学校改善的核心》，冯大鸣译，上海教育出版社 2004 年版，第 39—49 页。

② 同上书，第 140 页。

代表了学校领导的一个有力的概念，是一个比现在能从学校管理文献中找到的、比谋求改革学校的政策制定者较多关注的领导概念更值得多加强调的领导概念。因而，拥有家长威严的成功的学校领导者能够把心理权威的最为先进的元素与专业和道德权威结合起来。除此，这一类型的学校领导者，必须具备服务意识，在这里"服务"意味一种领导的手段，从而使领导者获得实施领导所必需的"认同并许可的接受性"（legitimacy）。领导者常常通过个体的热情、投入来确定服务对象的需要。更为重要的是，领导者要具有高瞻远瞩的胆识，要服务于有助于把学校塑造成多个学校组织共同体的价值观和理念。从这层意义上来说，一个学校组织共同体的所有成员都要扮演好学校大家庭的成员角色，都要参与分担学校领导的"家长"角色的重任。如此，学校领导演变成了一种德行，诸如教师变得更少地依赖学校管理者，更具有自我管理能力，并能够充分地分担领导的负重。"领导的领导者"和服务意识的领导方式把"家长"职责带入学校领导者的角色核心。长此以往，学校领导者职位所固有的权利和特权就丞渐边缘化，注意力被集中于领导者的义务和责任上，尤其是对学校本身和学校组织成员的义务和责任。"家长"的形象修饰了一种富有吸引力的学校领导者形象，因为它囊括了学校共同体的所有成员，也包含了共同体所有服务对象。

随着社会的快速变迁，经济全球化的冲击，根植于中国传统文化的家长式领导，如能不断调整"道德伦理"价值权重，及时掌握学校组织成长周期的动向，不断深化"学校是一个学习共同体"的愿景共识，一定能使该理念发挥其最佳效用，从而把学校组织引向新生。

# 第三节　学校领导理论研究之积木式组块构架

## 一　整合模型设计

当前，理论框架与研究方法不断多样化的发展趋势，已经在很多的研究领域引发出一系列新的学术问题，即由于研究者采用不同的概念与方法论，他们常常变得形同陌路，互不了解。经常会出现他们的研究基于不同认识论假设，使其问题彼此相异，相去甚远。所以，作为一个整体的研究领域，多样化研究非但没有带来知识总量的增加，反而产生了一个无法预测的结果，这就是无法将不同的研究结果整合为可供实践者与政策制定者大胆使用的具体证据。①

在这里，我们期望规避"殊途"而导致的"分歧"，试图把前文的研究通过一种"统整"方式"集合"概括，综合理解。

我们借鉴陈永明教授的校长评价指标框架的三大基本范畴②，即教育领导包括价值领导、教学领导和组织领导，纳入前文我们依据 31 个文献主题叙词整合归纳的 6 个学校领导研究的专题板块维度，即领导体制变革、领导效能提升、多元分域领导、心智意行领导、视角范式探索和身心健康督导，进而把基于关联等级析出的学校领导理论进行综合审视。我们尝试构建立体状的积木组块式模型加以形象化地统整呈现，以资激励我们用新的方式去思考已有的理论认识，这也许可以扩展我们固守的探究视野、创造无限拓展新知的可能性（见图 3-6）。

我们以学校领导理论为横向维度，以前沿领域的学校领导研究主题板块为纵向维度，在二维坐标轴的基础上，引入学校领导的三大基本范畴形成三维坐标系。这样，我们无论基于某个单一方位的积木组块的侧面，都可以引入至少两个（或两个以上）的参照面（维度）从微观切入点着眼，进一步审视其深层内涵。如此延伸的探索触角，并不是漫无目的的发现，而是有目的、有侧重的探究。从任意两个二维空间看，横向与纵向相交的积木组块侧面就如同一个纵横交织的矩阵的交集（见图 3-7）。

① Robinson, V., "Critical Theory and the Social Osychology of Change", Leithwood, K., Chapman, J., Croson, D., Hallinger, P., Hart, A., *International Handbook of Educational Leadership and Administration*, London: Kluwer Academic, 1996, pp. 775 - 812. Gunter, H., "Critical Approaches to Leadership in Education", *Houral of Educational Inquiry*, 2001, 2 (2), pp. 94 - 108. Richmon, M. J., Allison, D. J., "Toward a Conceptual Framework for Leadership Inquiry", *Educational Management & Administration*, 2003, 31 (1), pp. 31 - 50.

② 陈永明：《教育领导学》，北京大学出版社 2010 年版，第 236 页。

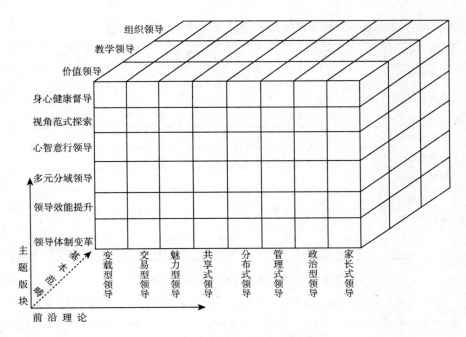

**图 3-6　学校领导理论研究的组块模型**

图 3-7 是两个二维矩阵的叠加合成，即首行价值领导、教学领导和组织领导与左起首列变革型领导、交易型领导、魅力型领导、共享式领导、分布式领导、管理式领导、政治型领导和家长式领导所形成的第一个二维矩阵。左起首列所顺次列举的 8 个学校领导理论又和最后一行"领导体制变革"、"领导效能提升"、"多元分域领导"、"心智意行领导"、"视角范式探索"和"身心健康督导"所组成的第二个二维矩阵。事实上，这两个二维矩阵的任何一个，就拿第一个二维矩阵来说，如果我们引入尾行的任一题项，就是在二维矩阵的基础上，所添加的第三个参照维度，这实际上就是把某一个学校领导理论的探究指向微观层面的"着陆点"，进行"放大"、"聚焦"，进而揭示"真相"的"形散神聚"的深入钻研。比如，探究"变革型领导"理论，我们可以引入"价值领导"、"教学领导"和"组织领导"的维度去考虑；同样我们也可以在"领导体制变革"、"领导效能提升"、"多元分域领导"、"心智意行领导"、"视角范式探索"和"身心健康督导"等方面加以认识；我们当然还可以把"变革型领导"放到"价值领导"的层

面，再叠加"领导体制变革"的历史背景去作更细致的解读。

| | 价值领导 | | 教学领导 | | 组织领导 | |
|---|---|---|---|---|---|---|
| 变革型领导 | | | | | | |
| 交易型领导 | | | | | | |
| 魅力型领导 | | | | | | |
| 共享式领导 | | | | | | |
| 分布式领导 | | | | | | |
| 管理式领导 | | | | | | |
| 政治型领导 | | | | | | |
| 家长式领导 | | | | | | |
| | 领导<br>体制变革 | 领导<br>效能提升 | 多元<br>分域领导 | 心智<br>意行领导 | 视角<br>范式探索 | 身心<br>健康督导 |

**图 3－7 学校领导理论研究的二维矩阵①**

注：①价值领导是由学校组织的本质特性决定的。它要求校长成为学习型领导，民主、开放、授权，具有凝聚力和人格魅力，注意变革创新和专业发展，能带来组织文化的改变及学校成员心智模式与行为模式的转变。

②教学领导是学校教育的核心领域，也是学校领导的重要方面。它不仅包括对教的领导，还包括对学的领导，不仅注重校长的教育教学领导，还包括教师和其他成员对改进学校效能的重要作用，涵盖教师专业发展、学习共同体建设，创新人才培养等方面。

③组织领导是校长通过在组织成员中合理分布领导职能，来完成组织内部管理和组织外部的关系协调。

## 二 分布式学校领导理论的个例解读

所有的学校领导活动都是建立在教育领导变革体制的基础之上，都是在教育领导体制规定与指导下进行的。目前，学校领导的变革策略无不体现在两个主要方面②，其一是国家现有体制的改善；其二是学校领导的转型，诸如强调校际以及学校其他公立、私立部门之间形成新型的伙伴和网络关系。教育领导体制决定着学校领导的职位、主要领导内容、权力与责任的分配与落实、学校组织的公平与效率等。校长无须把自己定位于学校

---

① 陈永明：《教育领导学》，北京大学出版社 2010 年版，第 227—228 页。
② Michael Barber, "The Very Big Picture", *Improving Schools*, 2000, 3 (2), pp. 5 - 17.

组织的唯一思想者和单打独斗的英雄，而应该成为"领导的领导者"，推行分布式领导尤为重要。那么，基于分布式领导的理念，从组织领导角度来考虑，它源于学校组织背景，对学校组织中的教和学（教学领导的角度）的领导行为研究的重视，更是直接回应了学校组织的前提。从领导效能提升层面来看，校长被视为学校产生过程中最重要的因素，在这种有效学校中，学校领导者通常激励教师在教与学的质量方面不断争取改进；因而有效领导应该着眼于学校领导和管理中的技术理性，强调领导和管理过程的价值无涉（value free），从而达到学校领导的有效性和效率的要求。从视角范式探索深入，分布式领导是比变革型和道德领导更新的、近年备受关注的学校领导新理念，其基本思想可以概括为：领导行为应该分布于学校组织的各个层面；领导行为应该为集体行为；其核心工作在于创建合作性的学校组织合作关系；同时，分布式领导应该善于培养新的领导者。正如当时代发生重大的变化时，学校领导的思维、观念与行为要及时更新。要善于冲破旧的习惯和人为障碍，根据事实变化创建和绘制符合基本行为精神的新地图——范式转换。

综合各个维度，我们可以从三种角色定位[1]，但从学校组织个体而言，对分布式学校领导进行考量和权衡：

(1) 直线式角色：领导、管理并指导他人以保证其有效工作（"领导效能提升"、"心智意行领导"的维度）。

(2) 项目角色：协调资源的使用以实现特定目标。通常会有明确的目标描述集中指向较为短期成果，诸如学生学业成就的提高、身心健康指标的提升；单个学校利益和教育执行区域或社区之间潜在的矛盾；平衡学校内部成员的直线管理关系和其他高层专业领导的有效需求；平衡开会的时间，以保证所有相关者形成参与和协调的机制，直接投入到活动创办和实施过程中等（"领导效能提升"、"心智意行领

① 蒂姆·西姆金斯：《教育领导——"什么是有效领导"或"如何理解领导"》，刘冷馨、苏红译，褚宏启：《教育管理与领导》（第1卷），教育科学出版社2008年版，第20页。

导"、"多元分域领导"、"身心健康督导"的维度)。

（3）网络角色：在其他组织机构中与个体或团体建立合作伙伴关系，以解决日常或追求共同的目标，克服因不同的文化、价值观和工作经历而导致的内部专业壁垒等（"领导效能提升"、"多元分域领导"的维度)。

事实证明，变革要远比我们想象的复杂得多，为此学校领导者要付出巨大的能量去完成预期的愿望，也许这些能量会在突如其来的失败中丧失殆尽，但是他们必须要顽强地从失败中奋起，寻找和形成新的能量源泉，因为变革势在必行！正所谓"领导力并不是指善于做出聪明的决定……而是善于激发其他人的能量来作出正确的决定并做得更好。换言之，就是帮助他人释放出与生俱来的正面力量。有效的领导力比授予他人权力更能激励他人；它起到了连接作用，而不是指控；是模范示范作用而不是单纯地作出决定。做到这一点，就必须投入——首先自己投入，然后才能带动他人"[①]。

# 本章小结

本章主要聚焦于学校领导研究的主要理论。基于双变量相关研究，提炼整理与"Leadership"密切相关的关键词，根据关联等级，析出有关学校领导的主要研究理论，它们分别是交易型领导、变革型领导、魅力（型）领导、共享（式）领导、分布式领导、管理（式）领导、政治（型）领导和家长式领导等，并对其进行深入论述。最后把上述理论按照"价值领导"、"教学领导"和"组织领导"三大基本范畴，同时纳入 6 个学校领导研究前沿领域的专题板块（领导体制变革、领导效能提升、多元分域领导、心智意行领导、视角范式探索和身心健康督导），进行综合审视，重新构建立体状的积木式组块模型进行统整呈现。并试着结合分布式学校领导理论，按照积木组块模型进行解读分析。

---

① Mintzberg, H. , *Managers not MBAs*, San Francisco: Berret-Koehler, 2004, p. 143.

# 第四章

# 中国学校领导研究与理论概览

## 第一节　中国学校领导研究的发展述评

### 一　中国学校领导研究的基本概况

在中国，领导学理论被关注大体始于党的十一届三中全会后。1982年10月，中共中央国务院发出的《关于中央党政机关干部教育的决定》，把领导科学列为党政干部必须学习的共同业务基础课之一。1982年到1983年间，研究建立领导学体系问题，并首先在党校系统尝试。自1984年以来，无论是领导学的学科建设，还是干部普及宣传与实践的应用方面，取得的成绩令人瞩目。到了20世纪80年代以后，领导学课程开始进入普通高校，进一步推动了领导学的系统研究，对领导学在中国学界占据合法席位大有裨益。

学校领导研究的发端则更晚，国内的学校领导研究约略始于20世纪80年代，虽然晚于西方，但是进步很快。在这一研究领域中，"（领导）工作"备受关注，这是因为广大中小学推行"校长负责制"，导致对教学工作和领导工作的极端重视。《校长的威信从何而来》（李传梅，1992）、《发挥校长的领导作用》（鞠孟谦，1988）和《校长负责制问题刍议》（萧沅，1988）等论文使"（学校）领导"、"校长负责制"成为高关注度的话语。笔者选择"学校领导"为篇名检索项，附加"精炼"条目，利用《中国期刊全文数据库》对1979—2010年这30多年（检索时间2010 - 07 - 26）的期刊论文进行检索，剔除新闻报道、人物传记（访谈）、图书（出版）讯息、学校简介、会议纪要、工作总结、征稿启事等其他文献类型的数据，重点研究期刊论文，合并少数一稿两投或多投的篇章后获得396篇论文，具体篇数分布见表4 - 1，制成曲线图（见图4 - 1）。

表4 - 1　　　　《中国期刊全文数据库》以"学校领导"为篇名的
期刊论文研究数量（1979—2010）

| 阶段 | "五五"期间 | | "六五"时期 | | | | | "七五"时期 | | | | |
|---|---|---|---|---|---|---|---|---|---|---|---|---|
| 年份 | 1979 | 1980 | 1981 | 1982 | 1983 | 1984 | 1985 | 1986 | 1987 | 1988 | 1989 | 1990 |
| 学校领导 | 0 | 1 | 2 | 1 | 9 | 8 | 12 | 5 | 16 | 10 | 14 | 6 |
| 阶段 | "八五"时期 | | | | | "九五"时期 | | | | | | |
| 年份 | 1991 | 1992 | 1993 | 1994 | 1995 | 1996 | 1997 | 1998 | 1999 | 2000 | | |
| 学校领导 | 10 | 10 | 6 | 17 | 17 | 13 | 15 | 11 | 21 | 14 | | |
| 阶段 | "十五"时期 | | | | | "十一五"时期 | | | | | | |
| 年份 | 2001 | 2002 | 2003 | 2004 | 2005 | 2006 | 2007 | 2008 | 2009 | 2010 | 合计 | |
| 学校领导 | 16 | 16 | 13 | 16 | 23 | 21 | 16 | 14 | 31 | 12 | 396 | |

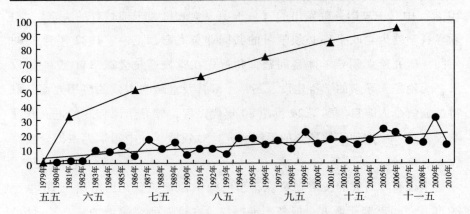

图4 - 1　　《中国期刊全文数据库》以"学校领导"为篇名的
期刊论文变化曲线（1979—2010）

由图4 - 1可见，在1979—2010年的30多年间，学校领导研究论文数量在略有起伏中平稳增长。如果将1979—2010年以"五年计划"为时段参照，依次考察从"五五"时期至"十一五"时期的论文总数，加总结果依次是 1 篇、32 篇、51 篇、60 篇、74 篇、84 篇和 94 篇，曲线呈陡直走势，充分表明学术界对学校领导研究的关注度越来越高。

为了进一步明晰"十一五"期间（2006—2010）的研究概况，我们转变检索方式，以"学校领导"为研究主题，对《中国期刊全文数据库》中这段时期的期刊论文进行初步检索，考虑前后两个时期的时序衔接，我们把 2005 年发表的论文也考虑其中，共计获得 6407 篇文献（检索时间 2010 – 07 – 02）。精确查询范围为"教育与社会科学综合"，统摄于"学校领导"研究主题之下，分别选择以"学校领导"为篇名、关键词和摘要为检索项，匹配"精确"附选项，对上述文献进行净化处理后，获得 2993 篇论文。

对检索出的论文认真梳理并重点阅读，根据每篇文章的研究内容对其整理归纳，整合为十大主题分类，就其篇数而言，数量相对较多的议题我们用楷体加以突出（详见表 4 – 2）。

表 4 – 2　　以"学校领导"为主题的研究内容划分（2005—2010）

| 研究分类 | 涉及内容 | 篇数 |
|---|---|---|
| S1：学校微观领导 | 课程领导，教学领导，课程管理，课程改革，课程设置，课程计划，学业成就领导，学生管理，情感管理，人事管理，德育管理，班级领导，德育领导，体育领导，美育领导，校本领导，财务领导，档案管理，科研领导，校园治安管理，课程督导，教学导视，教务领导 | 996 |
| S2：类型化学校领导 | 中小学，高等学校，薄弱学校，民办职业学校，农民工子弟学校，高职/高专，农村学校，边远山区学校，城市学校，郊区学校，私立学校，公立学校 | 436 |
| S3：学校组织领导 | 学校组织文化建设，文化领导，组织管理，文化管理，学习型组织建设，科层管理，组织机构职能，组织机制，制度领导，人本领导，制度设计，人际关系构建，组织绩效 | 770 |
| S4：学校领导专业提升 | 领导能力，领导角色，校长联合会，校长负责制，校长责任制，校长专业标准，校长培训，校长领导力，课程领导力，能力提高，作风建设，作风改良，领导修养，领导权威，学术权力，行政权力使用，领导风格，校长证书制度，领导胜任力 | 192 |
| S5：学校宏观领导 | 教育行政领导，领导体制改革，领导政策框架设计，领导管理统战 | 90 |

续表

| 研究分类 | 涉及内容 | 篇数 |
|---|---|---|
| S6：学校领导改进与发展 | 道德领导，学校发展，和谐发展，自主发展，可持续发展，学院发展前景规划，专业发展，效能改进，学校变革，管理变革，学校绩效改进，道德领导模式，领导困境突围，领导道德理念创新，领导全面发展，转化式领导，多元化领导 | 113 |
| S7：学校领导决策手段 | 报偿激励，控制理论，期望理论，权变领导，决策理论，整合与合并，标杆管理，目标管理，公平策略，模糊管理，赏识，能本管理，例外管理，交易型领导 | 111 |
| S8：学校领导团队建设 | 领导班子组建，领导干部培养，领导人才培养，学习型团队建设，学习共同体，校长组阁 | 86 |
| S9：学校领导战略转型 | 领导转型性变革，领导战略，战略规划，战略调整，建构主义领导 | 11 |
| S10：学校集体领导 | 分布式领导，教师领导，参与式领导，教师参与，骨干教师参政，教师多元发展，赋权式领导 | 188 |

在微观研究中，"课程领导"和"教学领导"的研讨比较突出。日本学者佐藤学教授在接受访谈中强调，"学校改革的中心在于课堂"①，唯有从课堂教学层面的改革开始，才有可能有新的课程创造和新的"学习共同体"的创造。② 相对于微观研究，"学校宏观领导"研究中，有关"教育行政领导"所占的论述比重较大，教育行政作为国家行政的重要组成部分，意味着"国家通过行政部门对教育事业进行领导和管理"③，面对纷繁芜杂的教育组织结构和不断推进的教育事业，宏观层面的教育行政组织必须率先进行相应的革新。"学校领导"作为"新基础教育"的重大主题，国内研究者更注重对"中小学学校领导改革"的探索，其成果颇丰，相关文献归为"类型化学校领导"研究，例如华东师范大学课题组在"新基础教育"成型性研究阶段基于实证分析所取得的研究成果④，可以

---

① 钟启泉：《课堂改革：学校改革的中心——与日本佐藤学教授的对话》，《全球教育展望》2004 年第 3 期。

② 同上。

③ 萧宗六、贺乐凡：《中国教育行政学》，人民教育出版社 1996 年版，第 3 页。

④ 叶澜、李政涛、吴亚萍：《学校转型性变革中的评价改革——基于"新基础教育"成型性研究中期评估的探究》，《教育发展研究》2007 年第 4A 期。江苏省常州市钟楼区"新基础教育"研究课题组：《素质教育区域推进中的学校转型性变革》，《基础教育》2008 年第 12 期。杨小微、李伟胜、徐冬青：《学校领导与管理变革的探索与反思》，《教育发展研究》2009 年第 8 期。

从中获得有见地的启示。其间，以叶澜教授为首的研究群体投身教育实验十余年，探索转型时期中国基础教育改革与发展的出路，形成追求中国教育原生态理念的"生命·实践"教育学派。对"学校组织领导"而言，有关学校的"组织文化建设"受到了学者们的重视，而"领导力"作为学校的重要组织资源和核心竞争力，它提升后连锁带动"领导团队"整体实力的增强以及"领导决策"的适切运用，会对提高学校管理绩效和学生成就产生积极作用，当然，相关探索结论有待于进一步证实。"分布式领导"以一种学校组织结构中各种联合力量所形成的"集体领导"形式，扩展了领导的范畴，相对增加了研究的难度，尚存争议和研究潜力。英国学者阿尔马·哈瑞斯（Alma Harris）断言："分布式领导目的在于推进组织发展和变革，一个成功的领导者就是一个分布式领导者。"[①] 至于"学校领导的战略转型"议题，关乎领导范式的过渡和未来走向，仍是今后相当长一段时期的研究热点。

　　围绕"学校领导"研究主题，我们又对 2993 篇论文中在篇名、关键词和摘要中都出现"学校领导"的 122 篇文章进行重点研究，除去"学校领导"（频次 123）之外，对表意相近且表述不同的关键词做整合处理，经过词频统计，获得被引频次超过 3 次的关键词共计 19 个。这 19 个关键词高度概括出"学校领导"研究的部分主要内容，均出现在表 4 - 2 中，其中位列二至十位的其余 9 个关键词分别是：课程领导/管理（32 次）、领导（能）力（21 次）、改革/变革（21 次）、领导班子/团队（19 次）、（中小学）校长（17 次）、道德领导（16 次）、学校组织（15 次）、高（等学）校（11 次）、分布式/参与式领导（10 次）。

　　每两个关键词如果同时出现在一篇文章中，它们就具有一次共现关系，把关键词制成矩阵后进行社会网络分析（Social Network Analysis），形成以"学校领导"为核心节点的可视化社会网络图（见图 4 - 2）。图中每个节点代表一个关键词，连线代表关键词与"学校领导"的共现关系，线

---

　　① Alma Harris. , "Distributed Leadership and School Improvement", *Educational Management & Leadership*, 2004, 32, (1), pp. 11 - 24.

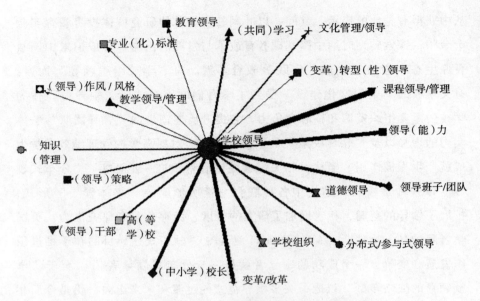

**图 4 - 2　19 个关键词与"学校领导"研究主题的社会网络图**

的粗细反映出 19 个关键词所揭示的研究内容与"学校领导"研究主题之间共现次数，如此我们可以直观地了解到在"学校领导"研究主题之下的相关研究内容的关注热度。

通过因子分析，表 4 - 2 中的十大研究内容可以形成 5 个主成分因子（考察相关系数绝对值即负载绝对值大于 0.5 的因子），参照接受因子的相关系数绝对值，把这 5 个主成分因子分别命名为"领导角色定位"（Ⅰ）、"领导变革"（Ⅱ）、"领导实施"（Ⅲ）、"领导理念"（Ⅳ）和"组织领导"（Ⅴ），旋转后 5 个主成分因子共同解释原始变量总方差的 80.537%（见表 4 - 3），其中两个交叉负载因子"学校领导战略转型"和"学校微观领导"用添加"＊"标记凸显。

**表 4 - 3　　　　"学校领导"十大研究内容的因子聚类**

| 研究分类 | Ⅰ领导角色定位 | Ⅱ领导变革 | Ⅲ领导实施 | Ⅳ领导理念 | Ⅴ组织领导 |
|---|---|---|---|---|---|
| 学校领导团队建设 | 0.700 | | | | |
| 类型化学校领导 | 0.686 | | | 0.415 | 0.425 |
| 学校集体领导 | 0.678 | | | | |

续表

| 研究分类 | Ⅰ领导角色定位 | Ⅱ领导变革 | Ⅲ领导实施 | Ⅳ领导理念 | Ⅴ组织领导 |
|---|---|---|---|---|---|
| 学校领导改进与发展 | | 0.864 | | | |
| 学校领导战略转型 | 0.608 * | − 0.633 | 0.337 | | |
| 学校领导决策手段 | | | 0.902 | | |
| 学校微观领导 | | 0.555 * | 0.724 | | |
| 学校宏观领导 | | | | 0.861 | 0.327 |
| 学校领导专业提升 | | − 0.309 | | − 0.746 | 0.429 |
| 学校组织领导 | | | | | 0.911 |
| 旋转后累计方差贡献（%） | 18.624 | 35.403 | 51.649 | 66.679 | 80.537 |

　　根据表 4-3，把十大研究内容分类进行多维尺度分析（见图 4-3）。图中五角星标识代表交叉负载因子"学校领导战略转型"和"学校微观领导"，前者位于聚类Ⅰ和Ⅱ中，后者位于聚类Ⅱ和Ⅲ中。图中显示，除去聚类Ⅴ单独接受的研究内容"学校组织领导"之外，聚类Ⅱ对聚类Ⅰ整体构成包含格局，并与聚类Ⅲ和Ⅳ交叉排列形成经纬交织的分布态势。

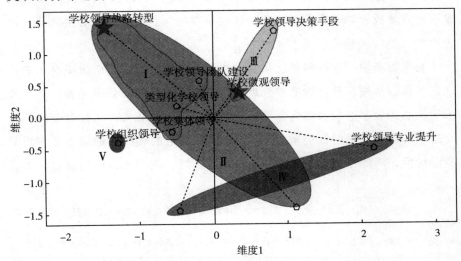

图 4-3 "学校领导"10 大相关研究内容的分布格局

## 二　中国学校领导研究的简要评述

以表 4 - 6 所得到的 5 个研究聚类作为评述视角，分别从 "学校领导角色定位"、"学校领导变革"、"学校领导实施"、"学校领导理念" 和 "学校组织领导" 5 个方面对学校领导研究进行综述。

（一）研究审视

1. 学校领导角色定位

角色的概念最早由美国社会心理学家乔治·赫伯特·米德（G. H. Mead）提出，在他之后诸多社会研究家对这一概念作了发挥或者新的界定。总括而言，角色是 "处于一定社会地位的个体，根据社会的客观期望，借助自己的主观能力，适应社会环境所表现出来的行为模式"[①]。

错综复杂的角色网络，形成了学校领导之所以成为领导的独特的生存方式，传统囿于科层体制和正式职位的个体领导角色已无法满足社会的需求，蒋金魁在厘清 "校长角色"、"角色冲突" 等基本概念的基础上，探讨了学校转型性变革过程中校长角色冲突的类型表现，透析了导致学校领导冲突的多重原因，立足实践反思了学校领导冲突的路径取向。[②] 时代的发展要求学校领导做出角色转变，这也是校长专业化发展的必由之路，因为 "校长是一种使命，而非工作"[③]。

有学者指出，学校领导已从官僚体制的指令制定者转向组织合作的团队服务者；从按部就班的简单管理者转向变革创新的愿景领导者；从以技术为核心的效率追求者转向强调价值引领的道德权威者；从社会变化的被动适应者转向积极的社会重建者。[④] 伴随着角色的转换，他们不断实现其专业价值，诸如：创设与模糊性相协调的环境；创设允许信息能量和人力

---

① 周晓虹：《现代社会心理学：多维视野中的社会行为研究》，上海人民出版社 1999 年版，第 366 页。

② 蒋金魁：《学校转型性变革中校长角色冲突探析》，《现代教育论丛》2008 年第 6 期。

③ Richard Bates. , "Administering the Global Trap: The Role of Educational Leaders", *Educational Management & Leadership*, 2002, 30（2）, pp. 139 - 156.

④ 王海英、伍州：《学校改进的路径分析：学校领导的视角》，《教育科学》2009 年第 2 期。

资本提高的教学机会；提升多样性；构建合作关系共同体；提升组织自我归属感；组合社区力量和人力资源；构建普遍意义的共同语言；创设负有责任心和正义感的学习化社区等。① 新的角色转变有助于完成新时代背景下学校改进的历史使命，并业已成为杰出学校变革所必备的条件。这样的学校领导在自我成长的过程中，不仅敢于直面转型社会提出的挑战，而且善于营造学校变革的氛围；能在对外适应与自主创新之间保持适度的张力；能在向组织成员提出挑战的同时提供有力的支持；能在学校制度重建与文化更新之间进行双向的构建。②

中国学校领导的科学化、专业化、职业化是社会客观形势的迫切需要，也是提高教育质量的突破口。造就一代具有开拓意识、进取精神、创造能力、宏观视野的校长，对校长专业发展所必备的知识结构、能力培养和个体素质行为等方面展开探索，对新时期校长的专业角色加以审视及定位非常必要。

2. 学校领导变革

随着新世纪的到来，中国社会进入了全面转型的新时期，社会环境变幻莫测、混乱交织，学校作为实现各方面教育改革理想的交汇点，面临着前所未有的生存和发展压力。变革的时代需要学校领导的变革，这当中关系到领导层面的每个成员以及核心领导力的形成，其蜕变历程漫长、渐变而富有挑战性，贯穿于学校内外系统的整体，它需要战略和系统的合力推动。学校领导可以在个人、组织与系统三个层面引领学校变革③，正是因为其变革自身的特殊性和长期性，因此，学校领导变革的实践探索离不开反思和重建。

学校组织系统整体的"转型性变革"是当前"新基础教育"践行者基于学校领导变革实践所达成的共识，它所涵盖的价值取向、构成系统要素之基质、相互关系、结构整体框架、管理体制和运作机制等关系系统整体性的各个方面都将发生变化，而最终追求的是形态转换

---

① 刘朋：《学校改革策略问题之研究》，华东师范大学硕士学位论文，2003 年。

② 杨小微：《转型性变革中的学校领导》，《教育研究与实验》2005 年第 4 期。

③ 黄忠敬：《学校领导如何引领学校变革》，《教育发展研究》2009 年第 18 期。

的基本完成。① "整体转型性变革是一种系统更新式的变革。它不满足对系统的修补，也不是只需要消除和改变原来系统中不合适的或需要改变的方面，而是必须包含着重建的任务。重建形成的新形态在整体上不同于原先的形态，并且是一种整体发展性的变化，它是以发展为价值取向，整体转型为目标的变革。"② 在此基础上，叶澜教授从学校的基本形态、内在基质和实践过程三个维度综合思考提出了学校变革的转型问题，勾勒出了现代型学校的五大特质③，即价值提升、重心下移、结构开放、过程互动和动力内化。学校领导变革沿着"学习—研究—实践—反思—重建"④ 的转型轨迹，螺旋上升、循环往复，从细节到整体，由微观到全局，逐步"优化学校变革与发展的治校机制、实施机制、发展机制和动力机制"⑤，最终促进学校组织不断更新，自我超越，走向自觉自为。

在学校领导变革推进的过程中，遵循可持续的发展原则，以学校的人本管理、价值取向的"公正领导"为伦理诉求，正确处理好代际领导、跨代领导以及延续领导的教育培养，善于挖掘共同领导的巨大潜力⑥，对学校领导的发展变革之路蹑迹寻踪，总结过去（不断探索总结新经验），立足当下（将经验转化为既具抽象性又具操作性的指标体系来提高经验的形态化程度，逐步扩大经验的影响力⑦），放眼未来（推动改革逼近目标，为变革蓄积新的策源力），促成学校领导在倡导变革与实践变革中实现双赢。

3. 学校领导实施

学校领导的探索实施过程，不可避免地会受到内外部各种因素的促进与约束，经受来自现实的冲击与拷问。反观中国领导实施的现状，不难发

---

① 叶澜、李政涛、吴亚萍：《学校转型性变革中的评价改革——基于"新基础教育"成型性研究中期评估的探究》，《教育发展研究》2007 年第 4A 期。

② 同上。

③ 叶澜：《实现转型：世纪初中国学校变革的走向》，《探索与争鸣》2002 年第 7 期。

④ 杨小微、李伟胜、徐冬青：《学校领导与管理变革的探索与反思》，《教育发展研究》2009 年第 8 期。

⑤ 同上。

⑥ 何华宇：《可持续教育领导力：背景、内涵及行动提升》，《发展教育研究》2010 年第 2 期。

⑦ 叶澜、李政涛、吴亚萍：《学校转型性变革中的评价改革——基于"新基础教育"成型性研究中期评估的探究》，《教育发展研究》2007 年第 4A 期。

现，学校外部虽已发生翻天覆地的变化，面临更为复杂的环境、更高的要求和更大的问责，但其内部的领导观念、角色、定位等改变微乎其微。

有人指出，当前既缺乏对本国学校领导行为的微观研究、经验性研究，也缺乏与构建现代学校制度、学习型学校等相应的学校领导职责、功能转换的研究，更没有学校领导与学生成就、学校发展的相关性研究。[1]学校领导的决策手段直接或间接影响学校教育活动实施的成败和效率，面对多元的挑战，学校需要一个强有力的共同体予以支持。为此有人构建了开放的学校协作共同体行动模型[2]，并指出，在学校领导实施过程中，领导者应提供支持性的、参与性的、关爱性的领导行为，激励教师参与决策，树立人本思想，以人性为基点，通过不断改善心智模式来带动团队或组织的跃迁并最终提升学校的核心竞争力。学校领导践行实施过程，是学校领导者职权、角色、自身素质等因素的综合体现，是校长在学校管理实践智慧的结晶。按照加拿大学者霍基金森的教育管理价值论思想，学校领导的实践本质是一种协调价值冲突的道德领导，即随时进行价值判断，作出价值协调和选择，在满足组织成员私利和达成组织目标之间寻求平衡，从而创造一种新的合作领域和境界。[3]

因此，在实际操作中，学校领导需要有灵敏的应变能力，确保学校组织在其引导下自我调节、自我更新和自我提升，努力使学校组织更具"包容性"，朝向"创造"和"发展"的目标跃迁，并能够适应和支持学习与学习者，平衡成员间的追求方向和任务，致力于解释和加强学校领导的有效意义。

4. 学校领导理念

教育本真目的的凸显，教育核心任务的达成，体现了学校领导的道德理念、教育理念、治校理念和价值观等。理念指导着行动和选择，是至关重要的。治校理念包括个人和学校两方面，前者实为一种教育哲学，而后

①　方学礼：《分布式领导——西方学校领导再造探研》，《外国教育研究》2005 年第 12 期。

②　张兆芹：《学校领导决策模型的实证研究》，《教育发展研究》2010 年第 6 期。

③　Hodgkinson，C.，*Administrative Philosophy：Values and Motivations in Administration Life*，Oxford：Pergamon，1996，p.179.

者可视为学校评鉴的重要指针；只有学校领导者有较圆熟而健全的治校理念，其价值观才不致被商业化的时风所扭曲，在行政决策与师生的行政态度上，不会有过大的偏差或偏激。① 时代对学校领导者提出更多的要求和更高的期望，这些期望涉及学校领导理念重构的方方面面，它们的终极诉求在于转变人的思维方式和生存方式。

面对知识经济以及全球教育的改革浪潮，学校领导应该随时更新领导理念，站在学校宏观发展的潮头不断提升专业能力，其中校长专业标准的研究与推进是亟待落实的核心问题。有学者指出，专业标准是职业发展的标志和尺度，也是衡量职业是否发展成熟的重要指标之一。② 就校长职业而言，研究和建立校长专业标准是校长专业发展的必然要求，是校长专业发展的行动框架和现实路径，也是通向未来学校的目标与途径；制定校长专业标准，可以明确学校领导者的基本条件和素质能力，衡量校长职业所达到的专业层次和个体专业发展程度，更是在职业角色、核心职责、领导能力等方面为校长专业培训提供理论依据，从而实现教育领导理念创新。

学校领导理念的更新，"不只是具体观点的改变，更要有认识学校管理的思维方法的更新，其中最重要的是要从实体式的思维转向关系思维"③，在平衡成人与成事的关系中寻求领导价值观的更新；出于责任人与合作者的考量，实现领导人际关系观的更新；在形成秩序与推进改革的功能中，完成领导功能观的更新；在分割与统整的处理选择中，体现领导时空观的更新。④

### 5. 学校组织领导

学校作为一种特殊的社会组织形式存在着众多复杂的子系统，主要包括人、结构、技术和任务等四个子系统⑤，它们在很大程度上影响并制约

---

① 郭为藩：《社会变迁与学校领导》，《教育发展研究》2005 年第 11 期。

② 许苏：《美国〈学校领导标准〉及其特点分析》，《外国中小学教育》2008 年第 12 期。

③ 叶澜：《"新基础教育"论——关于当代中国学校变革的探究与认识》，教育科学出版社 2006 年版，第 336 页。

④ 同上书，第 336—339 页。

⑤ ［美］欧文斯：《教育组织行为学：适应型领导与学校改革》（第 8 版），窦卫霖、温建平译，中国人民大学出版社 2007 年版，第 116 页。

着学校组织整体的运转。任何两个子系统之间会有极强的相互影响，每个子系统常常决定或影响其他子系统，其中一个子系统发生了重大变化，势必影响到其他所有子系统的变化。当原有的学校组织类型与方式不能满足学校组织活动的新需求时，价值取向的更新与领导方式的转变必然引起学校组织结构的调整。组织对发生在它所处的大系统中的变化做出反应，是决定学区和学校组织内部安排的性质和相互关系的重要因素。①

吴国平选择"教育领导"学校组织行政的新视域，主张基于目标定位、价值引领的领导型态，促使学校组织从管理走向领导。② 学校组织一旦建立，应当具有维持自身存在的相对独立性，组织机制变革体现为适应性和选择性③，基于此，学校组织的领导过程模式可以划分为三类，即渗透模式、政策模式和自愿模式。④ 在学校改进的组织路径中，校长的领导地位更接近组织管理核心，其领导的重心在于"人"的管理。正因如此，学校组织领导的情感维系应侧重学校领导者与学校组织成员之间的和谐与默契，注重人的心理因素，注重人在集体中的融洽性，注重人与人之间的情感交流，着眼于知人善任，重视人的精神、意志和创造力。⑤

基于此，学校组织领导应侧重于把主体发展和客体发展的决策权下放到每个环节、每个项目的执行者或操作者；致力于提升组织与个体的自主发展的需求和能力培养；重视多渠道实行不同层次的沟通，相互激活、补充支持、互利互惠，使学校组织整体呈现出创造、生成和内在发展的活力。

（二）简要评述

"学校领导"研究在最近五年多（特别是"十一五"期间）的时间中取得了显著的成绩，其中不乏值得借鉴的观点主张与课题成果，同时还蕴

---

① ［美］欧文斯：《教育组织行为学：适应型领导与学校改革》（第8版），窦卫霖、温建平译，中国人民大学出版社2007年版，第116页。

② 吴国平：《教育领导：一种学校组织行政的新视域》，《全球教育展望》2009年第11期。

③ Crowson, R. L., Boyd, W. L., *The Politics of Education and the New Institutionalism: Reinventing the American School*, Brighton: Falmer Press, 1996, p. 112.

④ Larson, R. L., *Changing Schools from the Inside Out*, Technomic Publishing Company, Inc., 1992, pp. 56-67.

⑤ 赵敏、刘献君：《学校领导行为谈论》，《华南师范大学学报》（社会科学版）2004年第4期。

含着一系列复杂的、自相矛盾的、饱受诟病的实践误区，以及富有潜力有待深入挖掘的理论留白。

1. 理论空白亟待填补。对学校领导改革实践缺乏应有的理论敏感，系统深入、具有说服力的实证研究并不多见，对学校领导经验的深入总结和提炼也不够，厚积薄发型的原创性探索更难见到。

2. 方法范式亟须丰富。作为一个研究领域，掌握多种不同的研究方法有助于我们阐释知识和学科实践中的各个盲点。随着库恩（T. S. Kuhn）"范式"（paradigm）术语的推广，一些看似水火不容的思维范式在学校领导研究中从此相得益彰，如此对揭示学校领导"群体或个人中分散的、策略性的以及权宜性的创造力所采取的潜在形式，即在日常教育实践中的运作方式"[1] 大有裨益。注重学校领导研究全球化与本土化的衔接过渡，"走出追求'本土契合性'这样一个极具局部性的认知旨趣格局"[2]，缔结意识共识，需要学界同仁携手开创。

3. 层级水平延伸提升。把学校领导研究向"元"层次延伸。"元"（meta）来自希腊文，也是英语和德语单词，相当于英文的"post-"，本义是"在……之后"。元意识与某种认知活动联系在一起，可以昭示高级的逻辑思维线索，意味着以一种批判的态度来审视旧事物的性质、结构以及其他种种表现。拓展以"社会化为元框架"[3] 的学校领导研究，把"集体性个案研究发挥到极致"[4]，真正实现研究主体对自身领域的改宗和超越。

　　总而言之，中西方文化的差异导致学校领导研究存在诸多不同，相较之西方虽然尚处于下风之势，但也有自身擅长与突出之处。例如，中国的学校领导研究具有明显的"学科情结"，有关学校领导学的基本概念、学科性质、重要意义、发展历史等学科发展自身的研究方兴未艾，甚至比国外研究得更为透彻。关注学校领导行为存在的合理性、合法性与重要性；具有综合意识，善于对学校领导研究已有的成果进行分析和借鉴，关注热

[1]　丁钢：《教育与日常实践》，《教育研究》2004 年第 2 期。
[2]　叶启政：《社会理论的本土化构建》，北京大学出版社 2006 年版，第 59 页。
[3]　俞可：《教育领导研究方法论刍议》，《复旦教育论坛》2010 年第 1 期。
[4]　同上。

点，随时把握国外有关学校领导的基本理论介绍以及最新研究进展；深化本土取向，面向中国教育改革与发展的实际需要，为当代各级学校领导者的领导能力的提升谋划策略，提供技术与建议。

## 第二节　学校领导研究在中国的推进发展

### 一　学校领导铺展的历史轨迹

关于中国学校领导活动的过程分期，不必严苛划分，因为这一活动与教育和教育管理如影随形，经历了从抽象到具体、由单一到丰富、集多样化于辩证统一的跃迁历程。

（一）蒙昧原初阶段：学校教育活动的启迪

学校领导作为一种社会活动，最早是与学校教育活动同时出现并结合在一起，从这个意义上讲，学校领导活动的雏形可以远溯到中国奴隶社会时期。

当时有目的的学校管理所涉及的内容已经比较丰富，随之逐渐形成了具有浓郁东方色彩的教育管理模式，它决定于中国社会的历史存在，并随着国家的经济、政治、文化的发展而变化，在漫长的封建社会中体现明显，虽然还未形成专门的学科体系，却反映了人们对领导实践的深入见解。"丰富而不断变化"的教育实践为学校领导的推进塑构了鲜活生动的发展前景。

（二）先导蓄势阶段：专业课程理论的积淀

从鸦片战争到辛亥革命胜利的 70 余年间，是学校教育领域最复杂而且变化最大的时期。它的发展进程以 1862 年京师同文馆的创设为肇端，经过了 40 年的艰苦跋涉，终于在 20 世纪初确立了半殖民地半封建社会的教育制度。1903 年（光绪二十九年），清政府颁布的《奏定学堂章程》作为中国近代第一个经正式颁布并实际推行的学制，标志着中国首个系统衔接的学校教育制度的确立，也是中国教育管理学独立设课的正式起点。从那时起，教育管理课程授习在中国开始具有法定地位。

最初有关学校领导研究的教育管理基础理论专著主要是移植引介性质

的教育管理方面的著述。先是师从德、日（主要是日本）的教育行政制度，早期引进的著作绝大多数来自日本。例如，三岛通良著汪有龄译《学校卫生学》（1901）、田中敬一编周家树译《学校管理法》（1901）、寺田永吉著白作霖译《各国学校制度》（1901）、吉林寅太郎纂译《视学提要》（1903）、清水直义著刘荃业译和大村芳树著刘谦译《实验学校管理法》（1903）、田口义治著章裰译《小学校教授法、管理法纲要》（1903）等。相关杂志、地方官报成为传播宣传西方管理思想的最好媒介。此外，当时在中国创办的少数师范学堂，还聘请一些外籍教士传授有关课程。

随之"学校卫生"、"教育法令"、"小学行政"、"中等教育"和"教育行政"等课程作为师范学校的专业必修课和公共必修课的教育管理类科目，受到重视。这些课程为学校领导研究奠定了专业学科基础，也为该研究能够更加深入系统地开展打下了先导理论桩基。只是到了 20 世纪 50 年代末至 20 世纪 70 年代末，由于历史原因，学术研究空前低迷，成果寥寥无几，科研蜕变成可怜的对伟大领袖语录的注释和指示汇总。这段时期，学校领导研究学术话语以"说明文"的文体较为常见，行文中多用描述。如《建立和健全学校领导管理制度》从日常领导工作的一般制度和日常行政管理制度和规则两方面对该校的学校领导管理制度进行了说明①。这种状况在"文化大革命"十年中更是发展到了极端，学校领导管理实践被谬解、反拨，失去了其本质特征，丢掉了应有的职能和行为规范。

（三）系统研究阶段：内促外推的必然选择

1978 年以后，中国的政治、经济、文化都由封闭走向开放，由计划经济向市场经济过渡，社会大环境构成了学校领导体制改革在内的整个国民教育改革的主要宏观背景。对外开放政策给教育改革和学校领导活动的直接影响是，接触、接受国外教育经验和体制理论的机会增加以及对外国际交往活动的频繁，使我们可以广泛借鉴和学习世界各国的成功经验和科学成果，不再局限于过去依附套用的模式。国家科教兴国战略的提出为中国学校领导革新补充了强大的推动力量，无论是宏观规划还是微观研究，学

---

① 李菲：《当代教育管理学术话语分析》，曲阜师范大学硕士学位论文，2007 年。

校领导变革都是教育事业主动、积极地适应国家科教兴国战略的必然选择。正是于此，系统的理论探索和个性化的调查实验尤为重要。目前，有关学校领导的系列研究尚处于起步阶段，专著成果不断涌现。表 4－4 是以"学校领导"为"文津搜索"条目，检索出的 1978—2010 年国家图书馆馆藏的国内学者的专著书目，我们可以以此一斑为参考来窥察国内学校领导研究成果之全豹。

表 4－4　　国家图书馆馆藏图书中以"学校领导"为检索词条的
国内部分专著（检索时间：2010－12－9）

| 著者或编者（单位） | 专著 | 出版时间 |
| --- | --- | --- |
| 卢乃桂 | 中国教师的专业发展与变迁 | 2009 |
| 杨小微 | "新基础教育"学校领导与改革指导纲要 | 2009 |
| 黄作星 | 学校领导与管理艺术 | 2008 |
| 黄宗显 | 学校领导：新理论与实践 | 2008 |
| 周新民 | 广东省绿色学校校长论坛论文精选集：2007 年 | 2007 |
| 操太圣 | 伙伴协作与教师赋权：教师专业发展新视 | 2007 |
| 卢乃桂 | 教育政策与学校领导系列丛书 | 2006 |
| 林明地 | 学校领导：理念与校长专业生涯 | 2006 |
| 陈木金 | 学校领导研究：从混沌理论研究彩绘学校经营的天空 | 2006/2002 |
| 林明地 | 学校领导：理念与校长专业生涯 | 2005 |
| 王炎斌 | 基础教育的战略思考 | 2005 |
| 蔡进雄 | 学校领导理论研究 | 2005 |
| 吴百禄 | 学校领导：愿景、领导与管理 | 2004 |
| 甘肃省教育厅中英甘肃基础教育项目领导小组办公室 | 校长素质：学校领导与管理（自学材料）／（培训材料） | 2004 |
| 张延明 | 建设卓越学校：领导层·管理层·教师的职业发展 | 2004 |
| 成达如 | 学校管理的人本意蕴 | 2004 |
| 王继华 | 校长职业化释要 | 2003 |
| 北京大学出版社 | 21 世纪学校领导丛书 | 2003 |
| 陈明金 | 学校领导工作方法与技巧 | 1998 |
| 李甲奎 | 现代学校领导研究 | 1997 |
| 顾明远 | 中小学学校工作实用全书 | 1996 |

续表

| 著者或编者（单位） | 专著 | 出版时间 |
| --- | --- | --- |
| "新时期高等学校领导班子建设研究"课题组 | 新时期高等学校领导班子建设研究 | 1995 |
| 张学玲 | 学校领导人的工作与素质 | 1990 |
| 党乐群 | 学校领导·角色心理 | 1988 |
| 安明道 | 领导科学论坛 | 1988 |
| 上海教育出版社 | 中学校长的领导艺术 | 1980 |
| 教师月报报社 | 学校领导工作的经验 | 1953 |

从 20 世纪 80 年代初期开始，先是为"领导科学"学科体系立项著说成为事实，随后，1983 年 5 月，第一本领导学理论专著《领导科学基础》①的出版发行，标志着中国领导学的诞生，至此中国的"领导学"研究"名正言顺"，这段时期可以视为领导学的"立名起步阶段"。从 1984 年到 80 年代末，领导学课程正式进驻普通高教学府，使得这一领域在深入探索的主途上平添了系统学习的助力，提升了该学科自身的学术品位，也大大加快了领导学科分化的进程，促成了学校领导专门研究群体的诞生，我们将其概括为领导学的"提升壮大阶段"。终于在 20 世纪 90 年代初，学校领导研究承袭领导学起步、壮大的发展流脉，向着独立拓展的阶段不断迈进，学校领导研究"独立拓展阶段"的帷幕终于拉开（见表 4-5）。

表 4-5　　　　　1982 年至今中国学校领导研究的演进历程

| 时段 | 表征 | 分期 |
| --- | --- | --- |
| 1982—1983 年 | 领导科学成为党政干部的基础课之一，"领导学"的体系问题被提上日程。 | 立名起步阶段 |
| 1984—80 年代末 | 研究成果喜人，领导学课程正式进入高校。 | 提升壮大阶段 |
| 20 世纪 90 年代初至今 | 学校领导研究从领导学、教育管理学等领域分化而出，学校领导学科体系初步建立，系列研究陆续开展，日渐形成与教育管理的分庭抗礼。 | 独立拓展阶段 |

---

① 夏禹龙：《领导科学基础》，广西人民出版社 1983 年版。

## 二　学校领导研究追踪释要：学科分布和主题挖掘

### （一）学科分布窥斑

翻检各时期的学术文本，考察学校领导研究的血脉流变，可以发现，中国学校领导相关研究按照主要学科分类在各时期的产出并不均衡。

我们以"学校领导"为研究主题，在 CNKI 上进行初步检索，共计获得 11750（检索时间：2010 - 12 - 10）条结果。20 世纪 40 年代末至 1977 年年末有 240 条记录，主要学科分布为："教育理论与教育原理"（16）、"初等教育"（3）、"中等教育"（93）、"职业教育"（3）、"成人教育与特殊教育"（3）、"体育"（2）。（1978—2010 年主要学科分布数量详见表 4 - 6）。

表 4 - 6　　"学校领导"研究主题期刊论文主要学科分类年份统计

（CNKI，1978—2010）　　　　　　　　　（单位：篇）

| 学科分类 | 1978 | 1979 | 1980 | 1981 | 1982 | 1983 | 1984 | 1985 | 1986 | 1987 | 1988 |
|---|---|---|---|---|---|---|---|---|---|---|---|
| 教育理论与教育原理 | 0 | 5 | 4 | 3 | 6 | 12 | 10 | 20 | 22 | 29 | 28 |
| 初等教育 | 0 | 1 | 1 | 2 | 2 | 2 | 6 | 2 | 1 | 1 | 1 |
| 中等教育 | 2 | 5 | 2 | 11 | 13 | 10 | 17 | 25 | 30 | 28 | 20 |
| 高等教育 | 0 | 0 | 1 | 6 | 7 | 17 | 16 | 39 | 45 | 45 | 64 |
| 职业教育 | 0 | 0 | 1 | 0 | 0 | 1 | 3 | 1 | 1 | 3 | 3 |
| 成人教育与特殊教育 | 0 | 0 | 0 | 0 | 0 | 1 | 1 | 1 | 2 | 4 | 4 |
| 体育 | 0 | 0 | 0 | 4 | 3 | 2 | 4 | 4 | 5 | 5 | 5 |

| 学科分类 | 1989 | 1990 | 1991 | 1992 | 1993 | 1994 | 1995 | 1996 | 1997 | 1998 | 1999 |
|---|---|---|---|---|---|---|---|---|---|---|---|
| 教育理论与教育原理 | 38 | 20 | 32 | 25 | 20 | 49 | 54 | 53 | 54 | 73 | 69 |
| 初等教育 | 2 | 3 | 2 | 2 | 0 | 15 | 14 | 16 | 13 | 10 | 9 |
| 中等教育 | 35 | 27 | 32 | 41 | 26 | 59 | 57 | 39 | 45 | 54 | 36 |
| 高等教育 | 63 | 53 | 52 | 56 | 42 | 53 | 72 | 81 | 60 | 70 | 51 |
| 职业教育 | 0 | 6 | 7 | 9 | 9 | 15 | 16 | 20 | 30 | 24 | 32 |
| 成人教育与特殊教育 | 2 | 1 | 5 | 3 | 3 | 9 | 11 | 21 | 16 | 10 | 18 |
| 体育 | 4 | 3 | 9 | 4 | 3 | 2 | 4 | 2 | 4 | 4 | 8 |

续表

| 学科分类 | 2000 | 2001 | 2002 | 2003 | 2004 | 2005 | 2006 | 2007 | 2008 | 2009 | 2010 |
|---|---|---|---|---|---|---|---|---|---|---|---|
| 教育理论与教育原理 | 53 | 58 | 60 | 75 | 93 | 164 | 257 | **307** | 201 | 182 | 204 |
| 初等教育 | 7 | 11 | 6 | 17 | 25 | 39 | 62 | **104** | 69 | 70 | 51 |
| 中等教育 | 28 | 38 | 86 | 68 | 72 | 213 | 334 | **402** | 321 | 272 | 214 |
| 高等教育 | 62 | 48 | 61 | 66 | 53 | 157 | 180 | 192 | 198 | 174 | 128 |
| 职业教育 | 30 | 18 | 19 | 21 | 20 | 39 | 66 | 80 | 68 | 58 | 49 |
| 成人教育与特殊教育 | 12 | 8 | 9 | 15 | 9 | 23 | 30 | 15 | 19 | 18 | 15 |
| 体育 | 3 | 9 | 8 | 5 | 16 | 20 | 42 | 57 | 72 | 140 | 79 |

　　根据汇总数据制成的折线图 4-4 发现，在 1978—2010 年的 30 多年里，以"学校领导"为研究主题的论文数量在略有起伏中快速增长。参照主要学科分类分析，其中有关"中等教育"方面的"学校领导"研究论文在 2007 年数量突出，形成峰值，而且"教育理论与教育原理"和"初等教育"这两类在这一年也都远远高出同一学科分类的其他年份的论文的篇数。1994 年"初等教育"的文献篇数从前几年的每年不足 10 篇，一下升至 15 篇，虽然在 1999、2000 和 2002 年回落至 10 篇之内，但基本保持平稳增长的势头，在 2007 年达到峰值。这之中离不开研究者孜孜以求的探索实践，也与国家颁布的政策法规的导向与助佑有着必然的联系。自 1993 年《中国教育改革和发展纲要》中提出"从'应试教育'转向全面提高国民素质的轨道"以来，"素质教育"便成为中国教育改革与发展的一个重要方面；1997 年原国家教委颁布了《关于当前积极推进中小学实施素质教育的若干意见》；1999 年国务院发布了《关于深化教育改革全面推进素质教育的决定》；2006 年修订的《中华人民共和国义务教育法》，更是将"国家实施素质教育"以法律形式固定下来，这些法律文件都对相关领导研究的展开起到了促进作用。

　　（二）研究关键词的思考

　　选择 CAJD 中核心期刊源的 1348（1992—2010）条数据，根据篇名和摘要进行主题提炼与挖掘（篇名和摘要都是文献主要内容或是核心内容的

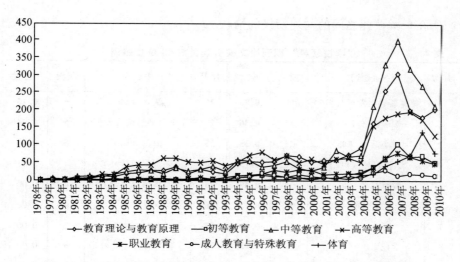

**图 4 - 4 "学校领导"研究主题期刊论文主要学科分类年度分布折线图**

**（CNKI，1978—2010）**

一种体现、一种反映①②③）。设定篇名（即标题，它是作者论文核心内容的简明概述，是表达论文主题概念的自然语言词汇④）作为挖掘范畴，以摘要作为选词参考，必要时研读全文作甄选判断，遴选出与"学校领导"形成共现关系且被引频次前 40 位的研究主题词（见表 4 - 7）。

我们以 4 年为单位时段，设置阈值为 ［2，2，15；2，2，15；2，2，15］，前 40 位主题词中，捕获 1 个突增词"学生"，突增值为 3.65；中心性大于 0.05 的主题词基本上都是被引频次排在前 20 位的主题词，除此还有"调查"、"随班就读"和"素质教育"，我们用粗体在表中突出。在被引频次前 20 位之列中，只有"美国"和"现状"两个主题的中心性小于0.05，证明这两个词的搭桥联结作用相较其他的主题词相对薄弱。利用时间线图 4 - 5，我们可以清楚地看到高频主题词在时间线轴的位置，以及它

---

① 白国应：《文献分类》，中国科学院文献情报中心 1989 年版，第 1—3 页。

② 《中华人民共和国国家标准·科学技术报告、学位论文和学术论文的编写格式（GB/7713—87）》，中国标准出版社 1987 年版。

③ 石文川等：《摘要在科技论文中的重要性及写作技巧》，《河北农业大学学报》2000 年第4 期。

④ 张润中：《科技期刊论文的标题与主题》，《编辑学报》1989 年第 3 期。

们所在聚类彼此之间的勾连衔接的情状。

表 4 - 7　　　"学校领导"期刊论文被引频次前 40 位主题词

| 序号 | 主题词 | 频次 | 中心性 | 序号 | 主题词 | 频次 | 中心性 |
|---|---|---|---|---|---|---|---|
| 1 | 教师领导与发展（#15） | 50 | **0.52** | 21 | 调查（#4） | 6 | **0.13** |
| 2 | 高等学校（#17） | 38 | **0.36** | 22 | 学习型组织（#1） | 5 | 0.04 |
| 3 | 中小学校（#5） | 33 | **0.35** | 23 | 原因（#4） | 5 | 0.00 |
| 4 | 学校领导（#12） | 32 | **0.15** | 24 | 随班就读（#8） | 4 | **0.05** |
| 5 | 教育领导（#3） | 24 | **0.47** | 25 | 组织领导（#5） | 4 | 0.00 |
| 6 | 学校发展变革（#13） | 21 | **0.13** | 26 | 问题（#3） | 4 | 0.00 |
| 7 | 校长（#15） | 18 | **0.06** | 27 | 人口（#5） | 3 | 0.00 |
| 8 | 学校组织（#6） | 17 | **0.05** | 28 | 职业倦怠（#17） | 3 | 0.00 |
| 9 | 教学领导（#12） | 17 | **0.05** | 29 | 领导体制（#17） | 3 | 0.00 |
| 10 | 学生（#5） | 13 | **0.15** | 30 | 素质教育（#14） | 3 | **0.06** |
| 11 | 对策（#4） | 12 | **0.16** | 31 | 分析（#3） | 3 | 0.00 |
| 12 | 心理健康教育（#5） | 12 | **0.20** | 32 | 困境（#16） | 3 | 0.00 |
| 13 | 学生保健服务（#5） | 10 | **0.05** | 33 | 影响因素（#5） | 3 | 0.00 |
| 14 | 体育教学（#14） | 10 | **0.09** | 34 | 专业标准（#5） | 2 | 0.00 |
| 15 | 农村（#5） | 9 | **0.12** | 35 | 科学发展观（#17） | 2 | 0.00 |
| 16 | 美国（#6） | 9 | 0.01 | 36 | 教师减负（#13） | 2 | 0.00 |
| 17 | 现状（#4） | 8 | 0.04 | 37 | 出路（#15） | 2 | 0.00 |
| 18 | 新课程改革（#12） | 8 | **0.13** | 38 | 形式与政策（#4） | 2 | 0.00 |
| 19 | 英国（#15） | 8 | **0.07** | 39 | 重心转移（#1） | 2 | 0.00 |
| 20 | 课程领导（#1） | 7 | **0.12** | 40 | 医务人员（#10） | 2 | 0.01 |

图 4 - 5 显示，前 20 位的高频主题词集中出现的时间区域基本在 1995 年前后，20 世纪 80 年代，在知识经济激烈的国际竞争和各国大力推行教育改革的背景下，为消除"应试教育"的弊端，中国正式提出"素质教育"。20 世纪 90 年代，党中央、国务院和教育部正式以"素质教育"的名义进行教育改革。2001 年，教育部颁布《基础教育课程改革纲要（试行）》，开始推行以课程改革为中心的基础教育改革。从那时起，成果与问题并存，一些可喜的变化在于：教师教学观念与方式有所改变；学生学习表现出合作、探究与交流的学习行为；学校评价追求多元性、过程性和发

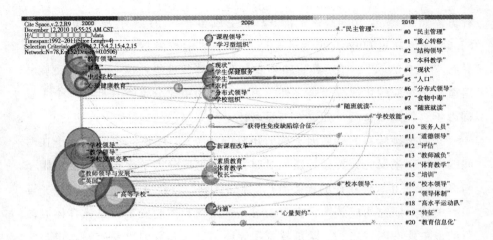

**图 4-5　高频主题词的时间线图**

展性评价方式，学校呈现出教师合作的文化氛围，等等。① 其实学校领导研究的现实意义之一也正是对新课程领导研究的继承和超越，使学校领导研究成为推进中国基础教育均衡发展的重要理论来源，成为建设区域性学校的思想指南。

　　我们发现，主题词"教师领导与发展"所在文献聚类（#15）对应的标签词为"培训"，主题词"学校发展变革"所在文献聚类（#13）对应的标签词为"教师减负"（图 4-5），结合具体文献可以获知，教师作为"提高教学质量的最大贡献者"②，对推动学校变革所起到的巨大作用。正是如此，旨在减轻教师工作负荷的措施，率先在以英国为首的西方国家悄然兴起，对教师的职业培训，世界范围内的教师价值认同，其目的都在于提升各国的教育质量，通过教育革新促进经济的发展和社会的稳定。

　　对上述主题词进行因子分析后，一共提取 15 个主成分因子（考察相关系数绝对值即负载绝对值大于 0.5 的因子），聚类比较松散，旋转后累

　　① 教育部"新课程实施与实施过程评价"课题组：《基础教育课程改革的成就、问题与对策——部分国家级课程改革实验区问卷调查分析》，《中国教育学刊》2003 年第 12 期。
　　② Department for Education and Skills（DfES），*School Achieving Success*（*White Paper*），Notting Shire：The Sationery Office，September，2001.

计方差贡献率为 76.427%，前 12 个主成分因子的累计方差贡献率为 63.642%，超过 60%（见表 4-8）。其中"学校发展变革"、"教学领导"、"医务人员"、"分析"和"农村"因其负载绝对值小于 0.5 而旋转后游离于对应的主成分聚类之外。表中，有的主成分聚类只拥有一个主题词因子，例如ⅩⅢ和ⅩⅣ，独立性与显著性十分突出。

我们把旋转后的共词因子载荷矩阵与表 4-7 反映的主题词因子在时间线图中所隶属的聚类标号逐一对照，发现主成分因子聚类Ⅱ的接受因子与 CiteSpace Ⅱ 软件获得的聚类#17"领导体制"下的主题词一一对应，证明有关这一研究的成熟性。实践表明，学校领导体制变革，是教育体制改革的最主要的内容之一，既是教育领导体制自我完善的重要内容，也是学校内部管理体制改革的关键内容。[①] 遥望改革归宿，领导体制变革就是解决如何使学校领导活动开展得更加有序和高效的问题，属于学校内部结构和内部制度的完善与优化的过程。在中国，学校内部管理体制的改革从 20 世纪 80 年代就开始了，这是顺应中国改革开放形势的需要，更是适应教育事业自身发展要求的必然结果。

表 4-8                     旋转后的共词因子载荷矩阵

| 主成分 | 旋转后累计方差贡献率 | 主题词因子 |
|---|---|---|
| Ⅰ 素质教育领导 | 7.219% | 素质教育（0.819）专业标准（0.691）调查（0.599） |
| Ⅱ 领导体制变革 | 14.093% | 科学发展观（0.715）领导体制（0.715）职业倦怠（0.662） |
| Ⅲ 学校常规领导 | 19.905% | 人口（0.750）学生保健服务（0.650）组织领导（0.505） |
| Ⅳ 道德领导 | 25.611% | 美国（0.767）校长（0.712）学校组织（0.669）教师减负（0.563） |
| Ⅴ 基础教育领导 | 30.884% | 中小学校（0.831）教师领导与发展（0.635）体育教学（0.602） |
| Ⅵ 高等教育领导 | 35.872% | 高等学校（-0.834）对策（-0.717）随班就读（0.511） |
| Ⅶ 变革型领导 | 40.762% | 英国（0.857）出路（0.627） |

① 刘志华：《学校领导学》，广东高等教育出版社 2008 年版，第 138 页。

续表

| 主成分 | 旋转后累计方差贡献率 | 主题词因子 |
|---|---|---|
| Ⅷ 教改推进 | 45.476% | 形势与政策（0.846）重心转移（0.569） |
| Ⅸ 新课程领导 | 50.155% | 新课程改革（0.873）困境（0.514） |
| Ⅹ 学生工作领导 | 54.753% | 学生（0.817）影响因素（0.783） |
| Ⅺ 区域教育领导 | 59.289% | 现状（0.745）原因（0.510） |
| Ⅻ 课程领导 | 63.642% | 课程领导（0.825）问题（0.567） |
| ⅩⅢ 心理健康教育领导 | 67.991% | 心理健康教育（0.912） |
| ⅩⅣ 校本（教学）领导 | 72.332% | 学习型组织（−0.804） |
| ⅩⅤ 教育领导 | 76.427% | 教育领导（0.844）学校领导（−0.610） |

结合每个主成分因子所接受的主题词因子，参考交叉负载绝对值最高的主题词因子，反复爬梳比照对应的文献，把这 15 个主成分因子依次命名为"素质教育领导"（Ⅰ）、"领导体制变革"（Ⅱ）、"学校常规领导"（Ⅲ）、"道德领导"（Ⅳ）、"基础教育领导"（Ⅴ）、"高等教育领导"（Ⅵ）"变革型领导"（Ⅶ）、"教改推进"（Ⅷ）、"新课程领导"（Ⅸ）、"学生工作领导"（Ⅹ）、"区域教育领导"（Ⅺ）、"课程领导"（Ⅻ）、"心理健康教育领导"（ⅩⅢ）、"校本（教学）领导"（ⅩⅣ）和"教育领导"（ⅩⅤ），绘制多维尺度图 4 - 6。

我们之所以把主题词因子"学习型组织"所隶属的ⅩⅣ主成分聚类命名为"校本领导"或者干脆称之为"教学领导"，是因为"校本"领导的主要重点，除了确认学校的价值观和目标、管理教学和课程，还包括将学校建成一个专业的学习型团队（组织）。这里所提及的学习型团队（组织）是指"一个员工发展的基础组织"，包括所有在职员工的教学、校本教学专题小组以及合作教学和同伴在职辅导培训。① 在学习型组织的学校中，新型的关系会在学生、教师和学校领导者之间形成，这种关系会因基于营造信任与合作的氛围，有共同参与和相互监督的任务，工作主

---

① Hopkins, D., "Instructional Leadership and School Improvement", Harris, A., Day, C., Hopkins, D., Hadfield, M., Hargreaves, A., Chapman, C., *Effective Leadership for School Improvement*, London: Routledge Falmer, 2003, pp. 55 - 71.

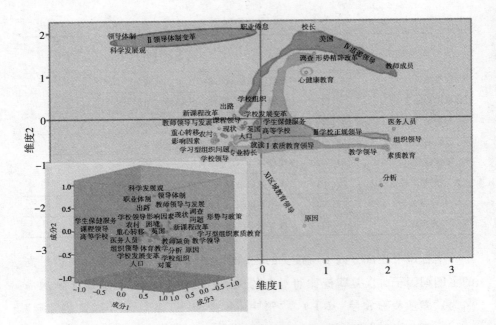

图 4 - 6  "学校领导" 研究主题词多维尺度和散点图

动而敢于冒险以及正在进行相关的专业发展活动等一整套的共同特征[①]而根深蒂固。

由于提取的主成分因子多于两个，我们在多维尺度图的左下角插入主题词因子的三维散点图，以便于互相观照主题词的二维和三维空间的聚类位置。二维空间中，主题词因子在图中分布密集，全部因子聚类之间难于用曲线勾画分界，图中所显示的因子聚类Ⅰ、Ⅱ、Ⅲ和Ⅺ整体呈带状分布，其中聚类Ⅰ与聚类Ⅲ和Ⅺ绵亘交错，"新课程改革"、"教师领导与发展"和"课程领导"等主题词节点"你中有我，我中有你"彼此搭界、无法拆分。在这里，我们援引权威学者的论断来解读图中"混合错杂"的格局，"课程领导"应该意识到学生的学习极有可能反映出适合于教师的学习机会，他们完全可以尝试"课程改革"，即"通过促使学校成为人道的、关注点集中的、鼓励探询的团体，使在其中工作的教师成为一个实践

① Mulford, B., Silins, H., "Leadership for Organizational Leering and Improved Student Outcomes", *Cambridge Journal of Education*, 2003, 33 (2), pp. 175 - 195.

团体，发展人力资本、知识资本……伴随着知识资本不断增长，学校提升学生价值的能力逐渐提高……这种提高不仅是提高读写能力和计算能力方面的成绩，还包括提供更广泛的课程以及多样化教学模式和帮助学生独立学习等"①。由此可见以"素质教育领导"作为学校领导主抓核心的改革取向对"区域教育领导"和"学校常规领导"的统摄与引领作用。

实施素质教育，加快培养具有创新精神和实践能力的高素质人才，已成为全社会的重任，它关系到社会主义现代化建设的全局。素质教育的区域性跟进可以有效整合教育资源和社会资源，因为区域是"以人为主体的社会经济活动的空间结构或地域系统"②，表现出社会特有的群体互动形式，目的在于形成优先发展教育的广泛共识与实际行动，这种互动本身体现着领导行为的实施和开展。区域推进素质教育是一个不断发展的动态过程，需要有步骤、有计划地渐进铺展，在区域基础教育发展的整体格局内，谋划学校整体转型发展战略，探讨学校转型的价值和意义，寻求推进学校整体办学水平提高的策略。立足区域的视角，放眼学校未来的发展，是学校改革研究模式的创新。目前中国素质教育的推进尚存在巨大的"梯度差距"（东部强于中西部）、"区域内差异"（"城乡二元结构"的经济文化背景和重点校政策的负面影响双重因素）和"学段负相关"（随着学段的升高素质教育的积极性和时效性降低）等现实问题。③

上升至更高远的层面，素质教育本身就是中国最生动的教育实践，也是最具民族性、本土性的教育思想。袁振国教授在其撰文的《素质教育与中国特色社会主义》一文中曾充分肯定了"素质教育"作为国人自创的教育思想对国际社会产生的日渐深远的影响力。他以"素质教育"的英文为例证，说明该思想的创新价值。"很多人曾经产生如何翻译'素质教育'的概念颇费踌躇，最后大家普遍认为，在国外古今教育史上，没有一个现成的

---

① Sergiovanni, T. J., "Leadership as Pedagogy, Capital Development and School Effective", *International Journal of Leadership in Education*, 1998, (1), pp. 37 – 46.

② 舒琴：《高等学校参与区域经济与社会发展的模式研究》，南京理工大学硕士学位论文，2007 年。

③ 杨小微：《风雨兼程 30 年——改革开放以来中国基础教育的改革与发展评估》，《基础教育》2009 年第 1 期。

教育概念能与之直接对应，国外的博雅教育、人文教育、质量教育等概念，都不能完全等同于素质教育的概念，不能很好体现素质教育所包含的真正意义，原因在于素质教育是中国民族化、本土化的教育概念，是中国教育实践中探索与创造出来的，对世界教育理论界的贡献，"就像'道'、'功夫'等中国文化概念一样，'suzhijiaoyu'已经作为一个不可替代的翻译名词被接受，并越来越受到国际的关注。在联合国教科文组织以及其他国际文献中，素质教育一词已经越来越频繁地被使用和介绍"①。

　　学校日常教育领导活动，是教育实体化的一贯呈现形式，其间充斥着校长的办学思想、远见卓识和领导才能。学校文化的传承与创新，全人发展的现代课程体系，师生员工的团队精神，富有进取心和创造力的教师队伍等能够展现学校自主发展的内在动力因素，这些都将综摄于"以人为本"的大教育理念之下，成为素质教育领导的追求取向。

### 三　变革中的学校领导角色定位的理论探究

　　"真正决定一个国家是否实现现代化的因素并非是与自身文化传统的完全决裂，而是社会结构的转型，因为如果从深层意义上来理解，传统本身是个蕴含着过去、现在和未来的动态积淀过程，它可以通过经济与社会的交换而成为社会进一步发展的动力。"② 我国的教育改革无怪乎如此。在前一节有关"十一五"期间学校领导的研究综述中，我们通过因子分析，提取了十大研究内容所形成的 5 个主成分因子，其中之一的主成分因子聚类便是"领导角色定位"，旋转后累计方差贡献率为 18.624%（见表 4-3），是 5 个主成分因子中贡献比例最大的一个。

　　我们利用专家访谈法，尝试对变革中的学校领导角色定位加以归总。

（一）角色定位的依据

从学校管理到学校领导，是教育管理研究与教育管理实践变革发展过程

---

　　① 袁振国：《2006—2007 中国基础教育发展研究报告》，《素质教育与中国社会主义》，教育科学出版社 2008 年版，第 101 页。

　　② 李培林：《"另一只看不见的手"：社会结构转型、发展战略及企业组织创新》，袁方等：《社会学家的眼光：中国社会结构转型》，中国社会出版社 1998 年版，第 33 页。

的基本趋势，表明学校领导是学校管理变革走向了更为高远的阶段。学校变革过程是多种变革主体、变革力量、变革关系的综合过程，而学校校长就是这一过程的具体策划者、调控者、组织者、推进者，但绝不会是确定的决定者。[①] 事实上，学校教育管理体制、机制建设以及管理策略，与企业管理的发展是紧密相联的，从古典管理、学科管理到系统管理，学校管理与企业管理相类似，注重人本管理，关注学校组织与社会协调整体发展状态的自我维持系统。着眼于系统角度观察学校，如何管理学校，确保学校正常运转，这与传统的学校管理模式是有区别的。对学校校长和教师来说，在传统学校管理思维框架中，主要考虑学校内部管理，学校与外部关系并不是最重要的，比如制定规章制度、加强教学过程监控等。即使是学校内部管理，也主要着眼于师生之间的教学关系、知识传授关系。

　　但是，学校是一个系统，它迫使学校领导与教师要把注意力从角色、规章、知识教学与考核转向"行为事件循环、相互依存的组织网络内部的复杂关系和常使系统平衡流程中断的迟滞现象这类动态性质"[②]。学校是一个系统，这个系统是复杂的、多变的，有诸多的不确定性因素，而有效地处理这些复杂和不确定的问题，是领导的核心任务，它至少涉及六个方面：理解领导自身设想的方式；理解在一个动态的充满冲突的政策环境中组织所扮演的角色及其目标；理解领导角色正在改变和应该改变的方式；理解在教育机构中的权力和权力构成及分配方式；通过跨越职业内部和组织边界来理解"其他的世界"；通过领导发展来理解自身。[③] 每一方面都是领导急需解决的挑战，每一方面的解决都是具体的、特殊的、灵活的，因而，提供"什么是学校领导"的最佳答案是非常困难的，而这恰恰是"有效领导"的体现，是它与管理区别的重要方面。[④]

　　所有校长对其领导角色必然都会有一个衡量的尺度，因为"组织内部

---

　　① 赵中建：《学校文化》，华东师范大学出版社 2004 年版，第 369 页。

　　② ［美］E. 马克·汉森：《教育管理与组织行为》（第 5 版），冯大鸣译，上海世纪出版集团、上海教育出版社 2004 年版，第 168 页。

　　③ ［英］蒂姆·西姆金斯：《教育领导——"什么是有效领导"或"如何理解领导"》，刘冷馨、苏红译，褚宏启主编：《教育管理与领导》，教育科学出版社 2008 年版，第 16 页。

　　④ 陈永明：《教育领导学》，北京大学出版社 2010 年版，第 19—20 页。

的领导是在无数的信仰、每天的例行工作以及作为组织生活和工作一部分的日常事务的逐步作用中形成的"[1]，而角色正是充当了"社会结构体系中的扭结，是社会结构网络中的实体性存在。每一个人因在社会结构网络中的具体位置而获得其角色的具体规定性，这即意味着角色要求对于个人来说是先在的，他所表达的是普遍对于特殊的规定与要求，是结构对于要素的要求，社会对于其成员的要求，他所追求的是社会系统结构的整体功能"[2]。参考蒂姆·西姆金斯（Tim Simkins）的论述，我们提炼归纳出学校领导的六大角色定位，它们是：专业规划者；组织运筹者；变革创新者；决策赋权者；协调沟通者；自主发展者。但无论何种细化的角色定位，学界一致认同学校领导应该首先是"教育者"，要懂得教育教学。上述角色定位，我们可以从深层中推演出三个层次的暗示信息[3]：

1. 更好地理解自己的角色，通过对你所见到的最为成功的范例的洞察，以及对自身发展的可能性的预见，缓解自己的压力，不要自我限制。

2. 努力理解他人（与你紧密相关的人）的处境，并根据情况改变你与他人的交流方式。换位思考并非就是赞同，但对成功有赖于新型关系的任何战略而言，这却是一个关键因素。

3. 要了解"大的背景"，这看起来很难。就是要把自己的工作放在大的社会背景中。假如曾经有一种社会功能具有全球性的影响的话，那就是为了所有人的教育。

换言之，任何一个学校领导者都要洞悉"自己"、"他人"和"社会"，唯有如此，才能在各种变故来临之际，寻求突围，游刃有余。

（二）角色定位的简明阐释

1. 专业规划者

随着历史发展和社会变革，在学校管理走向转型变革的十字路口处，学校领导已不仅仅代表一种职业名称，更是一种需要持续发展的专业过

---

① Southworth, G., *Leading Improving Primary Schools: The Work of Heads and Deputy Headteachers*, London: Falmer Press, 1998b, p. 44.

② 高兆明：《制度公正性——变革时期道德失范研究》，上海文艺出版社 2001 年版，第 138 页。

③ Fullan, M., *Turnaround Leadership*, San Francisco: Jossey-Bass, 2006.

程。校长除了通过长期的专门训练，获得教育和管理的专业知识和技能，实施专业自主，表现专业道德，逐步提升自身的素质潜力之外；还要主动研究教师专业成长的规律，指导教师设计个人专业发展规划，建立促进教师发展的管理机制，打造教师专业发展的各种平台，构建师生学习共同体，最终实现领导自身、教师个体和整个学校群体层面的专业提升和发展。学校将给予教师选择和教师专业发展以高度的优先权，确保教师的知识和技能与专业技能相符合，并拥有尽量多的自主权。

2. 组织运筹者

校长要善于在组织机构和成员中运筹帷幄，合理布局领导职能，构建高效的运行机制，以确保学校各项常规事务的正常运转。他们应该是文明社会的拥护者，积极寻求为社会做贡献的方式和改良学校组织机构的策略，帮助组织成员和学校所处社区的其他人员理解贯穿于整个时代的组织变化的本质，以及这些变化给教育带来的整个影响和对他们所在学校的特殊影响。

3. 变革创新者

面对学校变革的挑战，学校领导要不受陈规和以往经验的束缚，不断改进工作和学习的方法，以适应新的观念、新形势发展的要求。学校领导应该具有自主创新的职业精神，特别是在转型性变革时期，只有自主创新的校长，才能组建自主创新的团队，才能培养出自主创新的人才。创新不仅指为整个社会、整个人类文明带来变革的新质因素的产生，也包括对于自我具有提升生命质量的发现和拓展。①

4. 决策赋权者

学校领导能够娴熟运用组织管理的基本理论知识，有能力应对学校人事，建立相对稳定的组织结构，选拔聘用有管理才华的教师，赋予他们参与学校日常管理的权力。特别是在持续而激烈的变革时期，无论是从个体角度还是从集体角度，都必须保证学校领导队伍良好稳定的情绪状态。学校领导者必须尽量保证学校团体中的所有人都能广泛参与，被

---

① 王正静：《学校创新培养初探》，《合肥学院学报》（社会科学版）2006 年第 1 期。

赋予相应的权力，并将此视为文明社会学习的崇高追求，他们能够在学校管理实践中有效运用现代领导艺术，使得"授权"和"受权"张弛有度。

5. 协调沟通者

学校领导不是个人行为的体现，而是在师生共同创建的校园文化中，在合作共享的工作中发生的集体行为。处理好学校组织内外部的协调关系，通过与其他相关部门的协作交流，获得社会的了解和支持，创建学校良好的公众形象，为学校争取更大的发展空间，赢得必要的人力、物力和财力，从而增强学校的生命力，努力促成学生的"学"和教师的"教"以及与学校管理文化之间保持高度和谐。

6. 自主发展者

学校领导自主发展是一个复杂的过程，其中兼具职业生涯规划和组织系统规划发展实施的两个主要方面，体现个体和整体的内外统一关系。校长应该肩负起学校发展的历史使命，具备国际视野和与时俱进的时代精神，能够前瞻性地把握学校教育教学的变革方向与发展趋势，带领学校全体成员不断挑战新的目标，不断实现学校战略发展的宏伟蓝图。他们应该不断为自己及其学校同僚创造获取知识、理解社会变化的机会以及如何使所在学校在一个文明的社会中为培养更多良好公民做贡献的机会。

上述学校领导角色定位的阐释，使我们自然而然地联想到美国州际领导者证书联盟（Interstate School Leaders Licensure Consortium，ISLLC）已经建立的学校标准综合体系，该体系囊括了大约 200 项指标来辅助精确对领导标准的确定。我们不妨在此插入其中的六项指标（2000）来强调指谓我们选定的六大学校领导角色定位的内涵。这六项指标如下①：

1. 学校管理者是一位促进所有学生获得成功的教育领导者，要推进一种学校共同体所共享和支持的学习愿景的确定、明晰、实施和服务。

---

① Murphy, J., Yff, J., Shipman, N., "Implementation of the Interstate School Leaders Licensure Consortium Standards", *International Journal of Leadership in Education*, 2000, pp. 7 - 8.

2. 学校管理者是一位促进所有学生获得成功的教育领导者，要倡导、培育并维持一种有益于学生学习和教职员工专业成长的学校文化和教学计划。

3. 学校管理者是一位促进所有学生获得成功的教育领导者，要为创设一种安全、高效率和有效学习的学习共同体而对组织、运行和资源进行管理。

4. 学校管理者是一位促进所有学生获得成功的教育领导者，要与家庭和社区成员合作，对社区的各种利益和需要做出回应，并动员各种社区资源。

5. 学校管理者是一位促进所有学生获得成功的教育领导者，要以正直、公正和合乎职业伦理的方式行事。

6. 学校管理者是一位促进所有学生获得成功的教育领导者，要对超越学校层面的政治、社会、经济、法律和文化环境有所理解，有能力回应并发挥影响力。

我们看到，这六项指标中1、3和6侧重指向学校领导的"组织运筹者"的角色定位；2和5更突出学校领导者的"专业规划者"的角色定位；至于第4项则是对学校领导者的"协调沟通者"的具体工作作出高度的概括。

（三）访谈提纲雏形构建

参照"半结构式的访谈"（Semi-structured Depth Interview）[①] 框架，即只确定由关键问题所组成的框架，由此达到适度掌握控制的目的，从而以开放的、灵活的方式有的放矢地获得更大容量的信息。我们以学校领导的6个基本角色依次作为左列行首题项，以"组织系统"和"职业生涯"切分为两大纵列题项，构建访谈矩阵雏形。

学者郑燕祥将学校过程（School Process）分成管理过程——在领导、管理和成员发展方面，校长和行政人员影响教师的过程；教学过程——在

---

① Hakim Catherine, *Research Design: Strategies and Choices in the Design of Social Research*, London: Allen & Unwin, 1987.

领导、师生关系教学策略方面，教师影响学生的过程；学习过程——在认识、情意及行为改变和发展方面，学生成长的过程。[1] 我们对这一阐释进一步细化明确，分别充斥为两大纵列题项下的三个子项，如此两个纵列题项"组织系统"和"职业生涯"之下，分别增设三个子项，即管理领导、教学领导和学习领导；这些纵横两列题项无不统一于"教育生境"（影响学校运作发展的各种思潮和力量）之下（见图4－7）。

| | 教育生境 | | | | | |
| --- | --- | --- | --- | --- | --- | --- |
| | 组织系统 | | | 职业生涯 | | |
| | 管理领导 | 教学领导 | 学习领导 | 管理领导 | 教学领导 | 学习领导 |
| 专业规划者 | ■ | | | | | |
| 组织运筹者 | | ■ | | | | |
| 变革创新者 | | | ■ | | | |
| 决策赋权者 | | | | ■ | | |
| 协调沟通者 | | | | | ■ | |
| 自主发展者 | | | | | | ■ |

**图4－7　学校领导理论角色定位的访谈矩阵框架图**

以下，我们将对提纲纵列子项作进一步描述。

管理领导：在领导、管理和成员发展方面，校长影响全校师生的过程，它应该包括反思性策略，以提高融合于日常组织实践的个体行为。[2] 这一过程的主要资源是校长和教师；其核心内容在几乎所有背景下都是有价值的，包括确定组织发展方向、培养人才和重设组织等；领导的效果主要通过学校任务或目标的组织变量与课程和教师教学的变量起间接作用，它与领导力的提高和执行融为一体。

教学领导：在领导、师生关系和教学策略方面，校长引领教师专业发展、专业精神建设、学习共同体建设以及学校共享愿景的构建过程，即直接参与到学校的教学文化中，直接与学生以及课堂教师打交道，以教育原

---

① Cheng, Y. C., *School Effectiveness and School-based Management：A Mechanism for Development*, London：Falmer Press, 1996a.

② Audit Commission, *Directions in Diversity*, London：Audit Commission, 2002.

则和价值观为基础进行决策，实现一种教育文化。在学生高度多元化的学校中，教学领导通过多种举措去提高学校教学质量，促进平等和社会正义。诸如建立教与学的有力形式，在学校内部创建强大的学习社团，培育家庭教育文化的发展，扩展被学校所重视的学生社会资本。

学习领导：强调学习者视角检验教学，在认识、情意及行为改变和发展方面，突出校长在"学"方面的领导，除了自身不断学习提高之外，其侧重点和落脚点还应放在提高学生的学习上，关注其员工的福利和专业发展，承诺要为学生和教师提供学习机会，明确自己作为主要学习者的角色，鼓励忠诚和竞争精神，共享知识生成和完善的方式，努力使全体员工共同制定决策。

（四）访谈题目与试测问卷的形成

我们在访谈提纲雏形构建的基础上，结合纵向和横向的范畴定位进一步丰足每一参照系下（纵向和横向交集）的访谈问题，见表4-9，并把问题转换形成问卷被试题项，便于日后施测。

**表4-9　　　　　　　　访谈问题设计**

| | 组织系统 | | |
| --- | --- | --- | --- |
| | 管理领导 | 教学领导 | 学习领导 |
| 专业规划者 | ☆您在未来一定时期之内对于贵校的改革趋向有何种打算？<br>☆在您的执政生涯中，是否出现过领导瓶颈或者处于一定时期的领导平台期，您是怎么平稳过渡的？<br>☆您在试图使贵校成为具有探求精神的团体建设中做过哪些有意义的尝试？ | ☆您是否想成为一个学者型的学校领导？您认为学者型的学校领导具备的基本素质是什么？<br>☆多方调度教师教学的积极性是保障学校教学质量的有效手段之一，您认为以校长的身份为教师进行课堂教学示范的行动能否收到奇效？<br>☆深入教师课堂，听取教师心声，解决教师困惑是否是一个以教学为实务的领导者起码应该做到的？ | ☆您在充实和完善贵校教学环境方面做过哪些有意义的尝试？<br>☆面对千变万化的互联网世界，您做过何种进修、深造的有关学习？<br>☆您在改善校风面貌方面做过哪些尝试？请您以具体的事例加以阐释。 |
| 组织运筹者 | ☆您所在学校的未来发展愿景是什么？<br>☆请您谈谈如何笼络或者吸引更多的教育教学人才？<br>☆您对"以人为本"的教育理念有何独到的认识？ | ☆您是否认可教师参与学校管理对学校发展的意义重大，请您具体谈谈您的认识；<br>☆您在学生日常学习行为的养成方面做过哪些有借鉴性的大胆尝试？ | ☆学校领导应该时刻不忘传承优秀的文化传统，创设良好的学习氛围，您在这方面有何高见？<br>☆掌握日新月异的信息技术手段，能否为您带来领导行为或者手段的改变？ |

| 组织系统 | | |
| --- | --- | --- |
| | 管理领导 | 教学领导 | 学习领导 |
| 组织运筹者 | ☆您是如何平衡领导和管理的职责责任之间的关系,以推动学校进步的? | ☆贵校是否创设了具有贵校特色的校本课程方案?在开发校本课程的过程中,您对学校领导行为做过何种反思或者检视? | ☆您是否制定了个人当然也包括贵校全体教师在内的阶段性的深造进修计划? |
| 变革创新者 | ☆请具体谈谈您对贵校建设的发展规划。<br>☆目前提升学校品位水准成为赢得社会口碑的评价标准之一,您在建设特色学校方面有没有具体的打算?<br>☆您是否制定了提升贵校学生素质教育的发展规划? | ☆您在贵校中教学方面做过哪些改革尝试?请您具体来谈谈。<br>☆提升学校教学和科研水准除了量化考核之外还有哪些有效措施?<br>☆"学高为师,身正为范",您在教育教学中有过哪些示范性的行为或者举措? | ☆您是否定期组织老师参与探讨研究新的教育教学方法的活动?可否介绍贵校所开展的这样类型的活动?<br>☆您在贵校教师晋职的过程中是否采用或者制定了激励、表彰的措施或者规定,请您具体谈谈。<br>☆对于学校教育教学过程中出现的怪才或者异才(教师和学生)您是怎样对待的? |
| 决策赋权者 | ☆请您谈谈贵校的组织管理模式?<br>☆贵校在日常的领导管理行为中,是否能够把权力决策权完全下放给主管的中层领导?<br>☆面对来自多方的压力或者阻挠,您是否能够力排众议坚持学校最初的发展理念? | ☆贵校是否有专职的教学领导?除了行政职责之外,您认为这样的领导能否兼职一线的教学任务?这对他们的行政事务是否干扰?<br>☆如何做到公平、公正地对待学校的每一位教职员工?<br>☆一个优秀的教育教学领导应该具备哪些良好的品质?<br>☆如果领导的功能确实分化成学校中的许多正式和非正式的角色,那么您如何使这些角色加以协调?谁又该为什么负责? | ☆学校领导在保障学生既定权益的举措上可以采用哪些实用的措施?<br>☆对于学校的内部的学NGO组织,您将怎样发挥它们的积极作用同时规避它们的不利影响?<br>☆营造学校师生的精神家园是良好校风的体现之一,开展适当的活动对此会产生积极影响,您谈谈这方面的体会。 |
| 协调沟通者 | ☆领导的协调沟通是一门艺术,您对此有何看法?<br>☆弘扬价值领导或者道德领导在学校领导理念中近来被广泛提倡,请您举出具体的实例谈谈如何消解上下级领导行为所产生的矛盾? | ☆对于教师因为经验而形成的"隐性知识"的积淀,您是如何挖掘和保护的?<br>☆教育教学工作交流在很多学校中都成了一直延续的教学常规管理项目之一,但是这一类型的活动很容易变成应景儿的产物,您会采用什么办法使之不至于沦落成"俗套"? | ☆理解东西方文化的差异对您日常的学校领导管理是否有益?请您具体谈谈。<br>☆请您谈谈西方学校领导理念中有哪些值得借鉴的领导理念,您是否也在贵校的日常领导管理行为中做了"借鉴性地继承和发展"? |

续表

| 组织系统 | | |
| --- | --- | --- |
| | 管理领导 | 教学领导 | 学习领导 |
| 协调沟通者 | ☆整合学校优质的教育教学资源从来都是一个学校领导必须应该关注的问题之一，您在此方面做过哪些领导举措？ | ☆对于学校组织内部的"短板"，您将如何唤起其职责意识或者鞭策其职业行为？ | ☆您对建设学校上下一心的"学习共同体"有何打算？如何实现学校"上下一心"？<br>☆您是如何在贵校中职业团体与更广泛社区利益的网络之间搭建桥梁来改善学生的学习？ |
| 自主发展者 | ☆面对激烈的岗位竞争，您是否时刻做出急流勇退的打算？<br>☆遵循科学的发展观，在个人的岗位上时刻保守"忧患"意识，是一个具有谦卑情怀的学校领导者的品性之一，您认为过分的"患得患失"是否阻碍锐意进取的脚步？<br>☆您认为"提升自身"和"促进全校共同进步"的关系如何，您在这一关系中是如何努力践行的？ | ☆对于学校自身的优势和传统，您将如何去发扬光大？<br>☆如果您是一个主抓学校教学方面的领导，您认为您学校的教学优势在哪里？如何形成学校的教学特色？<br>☆学校的发展过程中，经常会出现"亦步亦趋、跟风从众"的现象，您认为如何处理学校发展"坚守自我"和"借鉴别校"的关系？<br>☆如何培养领导中的多样性，使得那些具备合适的背景、价值观和社区联系的人们能够参与到学校的领导建设中？ | ☆学校领导应该要有使本校成为同行楷模的理想，如此可以使学校家喻户晓，同时又可以激励同道，推广经验，共同进步，您是否也有类似的认识？<br>☆学校的发展过程中，应该致力于特色项目的建设开辟，例如相关专题的研讨阵地，搭建学术交流平台，构建理论体系等，您认为如何才能开发学校的"学习资源"？<br>☆学校教学质量是学校发展的生命力之所在，诸如不断完善研究机构，组建科研梯队。在这之中，应该杜绝空谈，务求实真，您认为何谓学校组织中的"真"？ |

| 职业生涯 | | |
| --- | --- | --- |
| | 管理领导 | 教学领导 | 学习领导 |
| 专业规划者 | ☆您认为一个校长在具体的学校领导管理中必备的领导能力有哪些？<br>☆您在成为校长之前做了哪些前期的准备？心理的和理论的。<br>☆您想成为一个怎样的校长？请从教师和学生的角度来谈谈。 | ☆您是否有过在组织内部专门任课或者指导学生的打算？<br>☆专业或者学科建设就是学校在社会中获得良好声誉的王牌，您对贵校教学改革的具体措施是什么？<br>☆目前有关学校排名的各种排行榜也成了老百姓茶余饭后的谈资，您的学校是否榜上有名？您认为您的学校与别校的差距在哪里？ | ☆请您告知您最为钦敬的优秀的学校领导者是谁，您从他们的身上获得什么样的职业感悟？<br>☆您觉得您与心目中最优秀的学校领导的差距是什么？您将会怎样迎头赶超？<br>☆面对很多教育界的同行，您已经是其中的佼佼者，请您从自身的切身感受出发，发表您对同侪的寄语和希望。 |

续表

| | 职业生涯 | | |
| --- | --- | --- | --- |
| | 管理领导 | 教学领导 | 学习领导 |
| 组织运筹者 | ☆如果有相应的专门的机构为您的领导业绩进行评估，您认为您的成绩怎样？请您给自己的领导业绩做个简要评价。<br>☆您在组织领导过程中，什么是您最难以胜任的？什么是您最得心应手的？<br>☆您在日常的学校领导管理体会中，哪些困惑您至今仍不得解决？ | ☆您作为组织的一个成员，抛开领导的角色不谈，您认为制约组织发展的最大隐患是什么？<br>☆您对成为"领导的领导者"有何看法？<br>☆您认为领导和管理的最大不同在哪里？ | ☆您在与其他学校之间的参观交流活动中，也许可以意识到影响自己所在学校组织发展的障碍，即产生顿悟的经历，能否分享您的感悟。<br>☆创建共同学习进步的学习共同体，是每一个任职校长的愿望之一，身处在这样的一个学习型组织中，您最大的收获是什么？<br>☆您是否做过个人行为的"充电"或者"进修"来使自己始终保持"与时俱进"的劲头，请您谈谈您的个人经历。 |
| 变革创新者 | ☆面对变化，一个校长应该具有怎样的变化意识？<br>☆什么力量把您推到的目前的位置上？<br>☆在目前的岗位上，您认为哪些是您应该坚守的，哪些是您必须立即舍弃的？ | ☆请您用一句话概括出您对组织做出的最大贡献。<br>☆在任职期间，您是否有过力不从心的感觉，为了摆脱这种"困境"，您做过哪些努力尝试？<br>☆在贵校所进行的教育教学改革过程中，出现过哪些意想不到的事情，您最终是如何处理的？ | ☆您认为如何使自身始终保持不断变化的状态？<br>☆您是否意识到您在任职前后的改变，这种变化给您带来的最大不同是什么？<br>☆当学校组织变革遭遇瓶颈之时，您是否寻求过相应的帮助，比如理论自修、专家咨询、研修讲座等。请您谈谈这方面的经历和感受。 |
| 决策赋权者 | ☆如果您的组织内部，有比您更适宜的领导人才，您是否愿意让贤？或者分权与他？<br>☆在您的任职期间，是否出现过质疑您决策失误的事件，如果有，请问是什么原因。<br>☆您是否有过决策失误或者放权草率的经历？请您具体谈谈看。 | ☆目前，教学领导、教师参与领导或者分布式领导已在好多学校中开展得如火如荼，请问贵校是否也有这方面的变革，请您谈谈您的经验。<br>☆您在参与校本课程开发过程中，遇到过哪些无法预料的事情，您是怎样化解的？<br>☆调动年轻人参与到课程改革的进程之中，组建具有新生力量的教改团队是使一个学校组织"传承接续"的有效手段之一，您在学校领导梯队建设过程是否有自己独到的见解？ | ☆当您所在的学校组织中，出现所谓"民间"的小团体的时候，而且它的存在直接影响到了学校组织的整体发展，您会怎么做呢？<br>☆您在提高学生成绩方面有怎样的心得体会？目前全社会都会以升学率和就业率等指标来评估学校的办学水平，您认为这么做的好处和不利是什么？<br>☆当您听到"校长专业化"这一术语的时候，您最先想到的是什么？ |

续表

| 职业生涯 | | |
| --- | --- | --- |
| 管理领导 | 教学领导 | 学习领导 |
| **协调沟通者**<br>☆面对员工对您的误解，您将如何化解并与之沟通？<br>☆您如何处理组织小团体之间的矛盾？<br>☆对于上一级教育机构，您将如何扮演政策解读者或者游说者的角色？ | ☆不少学校的领导者都会设法培养自己的所谓"心腹"或者"智囊团队"，您是否也做过类似的事情？<br>☆坊间传闻，有的校领导将自己的学生安插在老师的课堂中以探听该教师的"生间口碑"，您认为这种做法是否妥当？还有没有更适宜的措施？<br>☆在您的任职期间，是否有过处罚不当的经历？您在事后是如何补救的？ | ☆您对贵校教师阶段性的外出进修或者晋职培训做过专门的规划吗？每年用在这方面的教育经费投入有多少？<br>☆对于一个专业前景非常有潜质的教师，您是否会花心力专门对其培养？<br>☆您是否可以分享您在校长竞聘的过程中的心路历程，您为这个岗位在职前和职后做过怎样的个人修为的努力？<br>☆您如何将社区内可利用的社会资源最大化，并与社区共同创造一些足够促进教育成功的网络？ |
| **自主发展者**<br>☆请您谈谈您在未来三年的领导打算。<br>☆您在成为校长之前和之后有了怎样的变化？<br>☆您认为一个成功的校长应该具有怎样优秀的品质？ | ☆学术界有很多对校长的美誉，诸如学者型的教育家，社会活动家，改革旗手等等，您觉得对一个学校领导的最高美誉是什么？<br>☆当您意识到，您所在的组织无法给您提供更大的发展空间或者平台让您去实现您在任职之前所构建的领导设想的时候，您是否会选择离职或者反思自身以面对现实？<br>☆如果有其他高薪岗位聘任您离开您现在的学校组织，而且该学校确实也适合您的领导风格，您会做出怎样的抉择？ | ☆您认为一个校长应该具备怎样的知识结构？<br>☆您认为一个校长应该具有怎样的自我意识？<br>☆您认为一个成功的校长应该具有怎样优秀的品质？<br>☆制度内分布的领导如何培养对不同背景的认知，并调整这些不同的背景从而为学生学习创造最好的条件？ |

访谈结果为编制问卷提供了现实的方向（有关访谈文档编码的提取详见附录 A），在此基础上，融入相关研究文献结论，经过整理加工，在完成对测量项目的初步筛选之后，同时请有关专家对问卷的语言表达进行疏通和辨析，避免产生歧义和含糊不清的题目，对测量项目进行语义和表述上的审核，包括语义是否清晰、表述是否有歧义、项目是否具有概括性，以及项目是否存在晦涩难懂的地方等，形成了包括 24 个测量项目的测试

问卷（见附录 B）。测试问卷全部采用利克特（Likert）5 点式量表评价，分值由"5—1"依次对应"非常赞成"到"不赞成"，按照程度递减构成，编制生成《变革时期学校领导角色定位调查问卷》。

## 四　变革中的学校领导角色定位的实证探究：以大连高校为样本

### （一）调查问卷的人口统计学分析

调查问卷主要针对大连市内高校发放，参与院校包括：大连理工大学、大连海事大学、东北财经大学、大连外国语大学、大连工业大学、大连海洋大学、大连大学、大连交通大学、辽宁师范大学、大连民族学院和大连医科大学等 12 所高校。我们共计发放 170 份试测问卷，回收问卷 168份，经过对问卷的甄别、筛选，实际有效问卷为 160 份，有效回收率为95.24%。具体的人口统计学结果详见表 4-10。

表 4-10　　　　调查问卷的人口统计学分析

| 类别 | 样本分类 | 频数 | 有效百分比 | 类别 | 样本分类 | 频数 | 有效百分比 |
|---|---|---|---|---|---|---|---|
| C1 性别 | 男 | 92 | 57.5% | C5 职务 | 校长及校党委书记 | 21 | 13.13% |
| | | | | | 中层领导 | 44 | 27.5% |
| | 女 | 68 | 42.5% | | 一线教师及研究人员 | 69 | 43.135% |
| | | | | | 辅导员 | 26 | 16.255% |
| C2 受教育程度 | 本科以下 | 0 | 0.0% | C6 学科领域 | 自然学科类 | 52 | 32.5% |
| | 本科 | 35 | 21.88% | | 人文社会科学类 | 76 | 47.5% |
| | 硕士 | 68 | 42.5% | | 艺术类 | 12 | 7.5% |
| | 博士及以上 | 57 | 35.63% | | 其他 | 20 | 12.5% |
| C3 职称 | 助教 | 21 | 13.13% | C7 从教/从政年限 | 5 年以内（包括 5 年） | 45 | 28.13% |
| | 讲师 | 54 | 33.75% | | 6—10 年（包括 10 年） | 63 | 39.38% |
| | 副教授 | 43 | 26.88% | | 11—15 年（包括 15 年） | 19 | 11.88% |
| | 教授 | 42 | 26.25% | | 16 年以上 | 33 | 20.63% |
| C4 学校类型 | 教学型大学 | 6 | 3.75% | | 参与高校 | | 12 所 |
| | 研究型大学 | 23 | 14.38% | | 发放问卷：170 | | 回收问卷：168 |
| | 研—教/教—研型大学 | 131 | 81.88% | | 有效问卷：160 | | 有效回收率：95.24% |

### （二）调查问卷的信度和效度检验

试测的主要目的是通过初步调查获得数据，在数据分析基础上对调查问卷进行信度与效度评价，并根据信度分析结果对问卷进行修改与完善，以便复试或者今后完善研究后使用。我们所采用的问卷题项的净化处理方法包括：使用项目—总体相关系数（Corrected Item-Total Corretion，CITC）净化测量题项；利用克郎巴哈（Cronbach α）信度系数来评价多维度问卷的内部一致性信度；使用因子分析的适宜检验，为下一步施测做准备。

第一，根据 Ruekert 和 Churchill 的观点，项目—总体相关系数用来检验：①是否一个项目与其所在的维度相关；②在相关的样本中，这种相关性是否具有理论意义（Conceprual sense）。[①] 我们的调查拟按照心理学一般标准，如果去除 CITC 值低于 0.3 的项目，且项目删除后，Cronbach α 信度系数有显著提高，那么我们将把测试问卷中该题项删除；否则，我们会保留测试题项。这是因为，如果没有净化测量项目，便对测量项目进行因子分析，就有可能导致多维度的现象，即交叉负载的问题，如此，难以解释每个因子的含义。

第二，Cronbach α 信度系数检验。信度即可靠性，是指测验结果的一致性或稳定性。信度可以初为测试结果受随机误差的影响的程度。内部一致性信度主要反映的是测验内部题目之间的关系，考察测验的各个题目是否测量了相同的内容或特质。在实证研究中，学界普遍采用 Cronbach α 系数来检验测量工具的内部一致性信度。Cronbach α 值越大表示问卷结果信度越高。我们的调查试测问卷采用 Nunnally（1978）、Chrchill 和 Peter（1984）所建议的信度标准，即 Cronbach α 系数至少要大于 0.5，且最好大于 0.7 的信度标准；若小于 0.35 则应拒绝。但是，如果测量工具中的项目个数少于 6 个，Cronbach α 系数大于 0.6 也表明数据质量可靠。[②③] 为保证研究数据的可靠性，本书对问卷结果的 Cronbach α 系数值

① Ruekert R，W.，Churchill，G. A.，"Reliability and Validity of Alternative Measures of Channel Member Satisfaction"，*Journal of marketing Research*，1984，21（2），pp. 226 – 233.

② Nunnally，J. C.，*Psychometrics Methods*，N. Y. McGraw-Hill Company，1978.

③ Churchill，Gilbert. A.，J. Paul Peter，"Research Design Effects on the Reliability of Rating Scales：A Meta-Analysis"，*Journal of Marketing Research*，1984，21，pp. 360 – 375.

要求大于 0. 70。

　　第三，因子分析的适宜性检验。因子分析法是用来验证问卷的结构效度的。效度是测量工具在多大程度上反映了我们想要测量的概念的真实含义，效度越高，即表明测量结果越能显示出所要测量对象的真正特征。效度检验的方法大体包括三种：内容效度，效标关联效度和结构效度。在作因子分析之前，我们使用 KMO 样本测度来检验数据是否适合做因子分析。KMO 越接近 1，越适合于作公共因子分析。如果 KMO 过小，则不适合作因子分析。KMO 在 0. 9 以上，表明非常适合；界于 0. 8—0. 9 之间，表明很适合；界于 0. 7—0. 8 之间，表明适合；界于 0. 6—0. 7 之间，表明不太适合；界于 0. 5—0. 6 之间，表明数据很勉强；而小于 0. 5，表明不适合作因子分析。[①] 巴特莱特（Bartlett）球形检验的统计值显著性概率 P 小于等于显著性水平时，可以作因子分析。

　　如此，我们采用 Cronbach $\alpha$ 系数值大于 0. 70，KMO 界于 0. 8—0. 9 之间，巴特莱特球体检验的统计值显著性概率 P 小于等于显著性水平 0. 05 的取值标准。

　　调查问卷经过修正完善后，共设置 24 个测试项目。我们使用项目—总体相关系数（CITC）来净化项目，利用 Cronach $\alpha$ 系数检验问卷的信度，使用 Kaiser-Meyer-Olkin（KMO）样本测度和巴特莱特球体检验来检验问卷的效度。160 份问卷检验分析结果详见表 4 – 11。

表 4 – 11　　　　　　　　调查问卷信度效度检验结果

| 测量项目 | CITC | 项目删除后的 Cronbach $\alpha$ 系数改变 | 测量项目 | CITC | 项目删除后的 Cronbach $\alpha$ 系数改变 |
|---|---|---|---|---|---|
| R1 | 0. 571 | 0. 946 | R13 | 0. 581 | 0. 946 |
| R2 | 0. 498 | 0. 947 | R14 | 0. 596 | 0. 946 |
| R3 | 0. 525 | 0. 946 | R15 | 0. 572 | 0. 946 |
| R4 | 0. 570 | 0. 945 | R16 | 0. 600 | 0. 946 |
| R5 | 0. 649 | 0. 945 | R17 | 0. 585 | 0. 946 |

　　① 马庆国：《管理统计：数据获取、统计原理、SPSS 工具与应用研究》，科学出版社 2002 年版。

续表

| 测量项目 | CITC | 项目删除后的 Cronbach α 系数改变 | 测量项目 | CITC | 项目删除后的 Cronbach α 系数改变 |
|---|---|---|---|---|---|
| R6 | 0.511 | 0.946 | R18 | 0.578 | 0.946 |
| R7 | 0.498 | 0.947 | R19 | 0.561 | 0.946 |
| R8 | 0.605 | 0.946 | R20 | 0.498 | 0.947 |
| R9 | 0.630 | 0.945 | R21 | 0.412 | 0.948 |
| R10 | 0.589 | 0.946 | R22 | 0.509 | 0.947 |
| R11 | 0.626 | 0.945 | R23 | 0.499 | 0.947 |
| R12 | 0.627 | 0.945 | R24 | 0.553 | 0.946 |

Cronbach α 0.953. KMO 0.860. Bartlett 1857.865. df 276. Sig 0.000

首先，我们用 CITC 法和 Cronbach α 信度系数法净化量表的测量项目。从数据结果可以看出，试测问卷的 24 个被试题项的初始 CITC 值为 0.412—649，均大于 0.30，证明 24 个测试题项无须删除可以全部保留；我们发现问卷整体的 Cronbach α 信度系数 0.860，大于 0.70，说明该问卷符合研究的要求。

其次，我们再对该问卷进行因子分析适宜性检验。结果显示，调查问卷的 KMO 测试值为 0.860，大于 0.70，巴特莱特球形检验的卡方统计值的显著性概率 P 为 0.000，小于 0.05 的显著性水平，表明问卷具有很好的效度，证明获取数据适合进行进一步分析。

（三）调查问卷的因子分析

我们把 160 份有效问卷总样本随机分半，分别作为探索性因子分析和验证性因子分析的样本。

我们的调查采用主成分分析方法（Principal Component Analysis），经过方差最大正交旋转（Varimax）处理后抽取共同因子，采用标准主要综合以下四点：选取特征根根值大于 1 的特征根；参照碎石图（Screen plot）拐点确定因子数；因子累计方差贡献率达到社会学一般标准 60% 以上；以因子负荷量（loadings）0.50 作为因子分析时删除的标准，即一个题目在所有因子的因子负荷小于 0.50，或者该题目因子负荷量有两个以上是大于 0.50（横跨两个因子以上）的，皆删除。

### 1. 探索性因子分析

我们选取大于 1 的特征根根值，24 个被试题项总共提取的 6 个主成分因子，累计方差贡献率达 69.398%，超过 60%，将近 30% 的信息丢失，表明因子分析的结果可以接受，具体结果详见表 4－12。

**表 4－12　　　　　　　　　　　因子分析的解释总变量**

| 主成分 | 提取后的因子方差贡献 | | | 旋转后的因子方差贡献 | | |
|---|---|---|---|---|---|---|
| | 各因子对应特征根 | 各因子方差贡献率（%） | 各因子累计方差贡献率（%） | 各因子对应特征根 | 各因子方差贡献率（%） | 各因子累计方差贡献率（%） |
| I | 7.667 | 31.947 | 31.947 | 4.155 | 17.314 | 17.314 |
| II | 3.104 | 12.934 | 44.881 | 3.365 | 14.022 | 31.369 |
| III | 1.678 | 6.993 | 51.874 | 3.099 | 12.911 | 44.246 |
| IV | 1.542 | 6.426 | 58.301 | 2.209 | 9.203 | 53.449 |
| V | 1.416 | 5.899 | 64.200 | 1.943 | 8.097 | 61.546 |
| VI | 1.248 | 5.198 | 69.398 | 1.884 | 7.851 | 69.398 |

通过因子碎石图 4－8，我们可以以曲线拐点进一步印证所获取的 6 个主成分因子的数量。图中显示，前 6 个主成分因子的连接曲线陡峭竖直，从第 7 个主成分因子开始，曲线回落，趋于平缓平直。

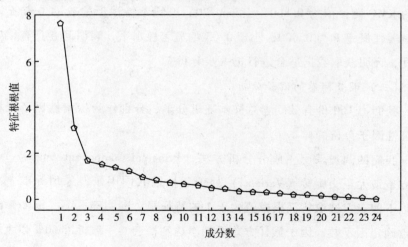

**图 4－8　因子碎石图**

6 个主成分因子分别用 I 、II 、III 、IV 、V 和 VI 表示，每个主成分因

子下的接受题项（考察相关系数绝对值即负载绝对值大于 0.50 的因子）
见表 4－13。

表 4－13　　　　　　　　　　　调查问卷的因子聚类

| 测试题项 | I | II | III | IV | V | VI |
|---|---|---|---|---|---|---|
| R23 | 0.869 | | | | | |
| R24 | 0.842 | | | | | |
| R20 | 0.823 | | | | | |
| R19 | 0.807 | | | | | |
| R21 | 0.734 | | | | | |
| R22 | 0.687 | | | | | |
| R14 | | 0.778 | | | | |
| R15 | | 0.747 | | | | |
| R16 | | 0.727 | | | | |
| R13 | | 0.722 | | | | |
| R9 | | | 0.763 | | | |
| R8 | | | 0.743 | | | |
| R17 | | | 0.666 | | | |
| R5 | | | 0.594 | | | |
| R18 | | | 0.520 | | | |
| R7 | | | | 0.790 | | |
| R3 | | | | 0.625 | | |
| R1 | | | | 0.609 | | |
| R2 | | | | | 0.823 | |
| R4 | | | | | 0.673 | |
| R6 | | | | | 0.526 | |
| R11 | | | | | | 0.767 |
| R12 | | | | | | 0.607 |
| R10 | | | | | | 0.577 |
| 旋转后累计方差贡献率（%） | 17.314 | 31.369 | 44.246 | 53.449 | 61.546 | 69.398 |

经过结构性因子分析，我们把最终获得的 I—VI 6 个主成分因子连同
与之对应的 24 项被试题项（分别用 R1—R24 表示）整理归纳（见表 4－
14）。表中第二列的"测试维度"是我们在前一小节中对学校领导角色定

位的理论探索结论。为了便于分析统计，我们使用每个角色定位的语言表述中后三个文字的拼音首字母表示，即专业规划者（GHZ）、组织运筹者（YCZ）、变革创新者（CXZ）、决策赋权者（FQZ）、协调沟通者（GTZ）和自主发展者（FZZ）。

表 4 - 14　　　　　　　　调查问卷主成分因子对应的测试题项

| 主成分因子 | 测试维度 | 测试题项 |
| --- | --- | --- |
| I | 专业规划者（GHZ） | R23 R24 R20R19 R21 R22 |
| II | 组织运筹者（YCZ） | R14 R15R16 R13 |
| III | 变革创新者（CXZ） | R9R8 R17 R5 R18 |
| IV | 决策赋权者（FQZ） | R7 R3R1 |
| V | 协调沟通者（GTZ） | R2 R4R6 |
| VI | 自主发展者（FZZ） | R11 R12 R10 |

2. 验证性因子分析

验证性因子分析通过估计理论或构想模型对实际采集的测量数据的拟合程度，从而检验理论或构想模型的正确性与合理性。我们的调查使用结构方程建模软件 Lisrel8.70 试测问卷的因子结构进行验证性分析。主要指标说明如下：

①绝对拟合度指标。$x^2$（Chi-square，卡方）和 $x^2/df$（Degrees of Freedom，自由度）检验；RMSEA（Root Mean Square Error of Approximation，近似误差的平方根）；GFI（Goodness of Fit Index，拟合优度指数）；RMR（Root Mean Square Residual，平均平方残差的平方根）。

$x^2$ 是最常报告的拟合优度指标，当显著性水平高于 0.05 时，可以认为生成的结构模型和测量的数据具有较好的拟合度。但是由于 $x^2$ 值对样本容量非常敏感，很多学者建议采用 $x^2/df$ 指标，在实际研究中，学者认为 $x^2/df$ 应该小于 3（Medsker，Williams & Holahan，1994）。

RMSEA，是一种基于总体差距的指数。RMSEA 因为相对受 N（样本数量）的影响较少且对错误模型较为敏感，而更值得研究关注。Steiger（1990）认为，当 RMSEA 小于 0.1 时，表示好的拟合；当 RMSEA 小于 0.05 时，表示非常好的拟合；当 RMSEA 小于 0.01 时，表示完全拟合，不过这种情形在实际应用中几乎碰不上（侯杰泰等，2004）。RMR 越接近于 0 表示模型拟合度越好，通常采用 RMR 小于 0.05。[①] GFI 的一般标准是 GFI≥0.90 表示模型拟合良好（Bagozzi & Yi，1988）。[②]

②增值拟合度指标。采用修正拟合优度指数（Adjusted Goodness of Fit Index，AGFI）、基准化适合度指标（Normed Fit Index，NFI）、增量适合度指标（Incremental Fit Index，IFI）、比较适合度指标（Comparative Fit Index，CFI），它们取值在 0—1 之间，一般认为 AGFI、NFI、IFI、CFI≥0.90，越接近 1 表示模型拟合越好。其中 CFI 这个指标因不受样本大小影响，而在新近的拟合指数研究中得到推荐（Hu 等，1998，1999；温忠麟等，2004）。

③精简拟合度指标。采用赤池信息指标（Akaike Information Criterion，AIC）、一致赤池信息指标（Consistent Akaike Information Criterion，CAIC）、期望复核效指标（Expected Cross-Validation Index，ECVI）。可利用 AIC、CAIC 和 ECVI 来比较多个模型，这些数据越小越好，表示模型拟合较优越。

鉴于此，我们的调查问卷验证性因子分析的参考指标详见表 4-15。

表 4-15　　　　　　　　　　调查问卷的参考指标

| | 指标 | 采信范围 | 优良标准 |
|---|---|---|---|
| 绝对拟合指标 | $x^2/df$ | 0 以上，小于 5 | 小于 3（其中，$x^2$ 越小越好） |
| | RMESA | 0 以上，小于 0.10 | 小于 0.05，越小越好 |
| | RMR | 0 以上，小于 0.10 | 小于 0.05，越小越好 |
| | GFI | 0—1 之间，有负值可能 | 大于 0.90 |
| 增值拟合指标 | AGFI | 0—1 之间，有负值可能 | 大于 0.80 |
| | NFI | 0—1 之间 | 大于 0.90，越接近 1 越好 |
| | CFI | 0—1 之间 | 大于 0.90，越接近 1 越好 |
| 信息指标 | AIC | | 越小越好 |
| | CAIC | | 越小越好 |

①　柯惠新、沈浩：《调查研究中的统计分析方法》（第 2 版），中国传媒大学出版社 2005 年版，第 494—495、523—525 页。

②　侯杰泰、温忠麟、成子娟：《结构方程式模型及其应用》，教育科学出版社 2004 年版。

通过结构方程建模软件 Lisrel8.70，首先对调查问卷的因子分析模型进行验证分析，经过标准化处理，验证的假设模型见图4-9。由于图谱在保存后造成了6个主成分因子（测试维度）关联系数的缺失，为了清楚地呈现各个因子之间的关联系数，我们又在图内右下角套嵌局部细节图加以补充说明。

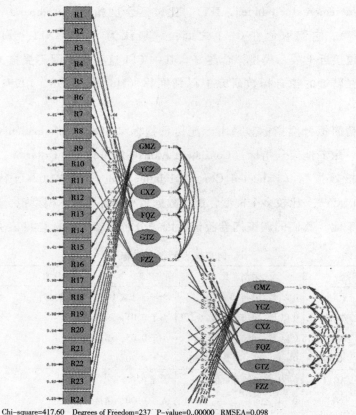

Chi-square=417.60   Degrees of Freedom=237   P-value=0..00000   RMSEA=0.098

**图4-9　学校领导6大角色的验证性因子分析**

说明：左边箭头表示残差，中间箭头表示因子负荷，右边双箭头表示因子间的共变性，方框表示测量指标（问卷题项），椭圆表示所要验证的潜变量（测试维度：学校领导角色定位）。

图中灰色矩形（显变量）代表对应测试题项，矩形中心以题项序号表明；灰色椭圆（潜变量）代表总结概括的6个学校领导角色定位维度；右侧直线箭头代表每个测试题项与所属维度（基本特质）的相关性；双箭头弧度曲线，代表各个维度之间的关联系数；右侧直线单箭头表示领导角色定位（潜变量）对相应的测试题项（显变量）的直接制约影响力；6 大角色定位变量之间的双箭头曲线，表明它们之间虽然不存在什么假想的直接影响，但是 6 大角色定位变量具有一定的相关性。这样"专业规划者"（GHZ）就与测试题项 R23、R24、R20、R19、R21 和 R22 形成"起点"指向"终点"的线性的"起因"与"效应"的关系，其余 5 个潜变量和对应的以调查问卷测试题项为代表的显变量之间所形成的逻辑关系亦如此。角色定位所衔接的问卷测试题项就成为体现对应的学校领导角色的指示因子（或指标）[①]。

我们选择参照的统计数据度量的只是模型对数据的总拟合度，并不能说明模型质量的如何。不排除总的拟合很好，但平方复相关系数的值却可能表明某一个或几个关系式很糟，也同样存在配合不够理想的数值。验证性因子分析结果（表 4 – 16）显示，测量模型的自由度为 237，卡方值为 417.60，卡方与自由度的比值为 1.762，符合大于 1 小于 3 的理想标准。RMSEA 值为 0.098，符合 Steiger（1990）建议的小于 0.1 的标准；RMR 值为 0.061，接近于 0.05 的标准。模型的拟合参数 GFI，AGFI，NFI，CFI 分别为 0.69，0.61，0.78，0.87，均接近于国内外各项相关研究所建议的 0.90 的标准，由此表明验证性因子分析模型与数据的拟合情况良好。

表 4 – 16　　　　　　　　调查问卷的验证性因子分析结果

| $x^2$ | df | $x^2/df$ | GFI | AGFI | NFI | RMSEA |
|---|---|---|---|---|---|---|
| 417.60 | 237 | 1.762 | 0.69 | 0.61 | 0.78 | 0.098 |
| 评价 | | 小于 3，良好 | 0—1 之间，尚可 | 0—1，尚可 | 0—1，尚可 | 0 以上，小于 0.10 尚可 |
| AIC | | CAIC | RMR | CFI | | |
| 533.60 | | 1614.61 | 0.061 | 0.87 | | |
| 评价 | | | 0—0.10，较小 | 接近 0.90，较好 | | |

---

① 柯惠新、沈浩：《调查研究中的统计分析方法》（第 2 版），中国传媒大学出版社 2005 年版，第 476 页。

如果我们把每个被试维度（图中灰色椭圆代表）视为分量表，而与总量表（所有 6 个被试维度）的相关高过各分量表之间的相关是结构效度的一种表现。那么每个被试维度与全体维度之间的相关性应较高，说明被试维度共同测量了更高概括程度的潜在变量。简单解释，就是每个测试题项与所属特质维度之间应该具有高度相关性，才能很好说明题项对相应维度的解释程度；而每个角色定位维度之间最好具有相对较低的关联性，才能说明我们所提取的 6 个角色定位维度相对独立而且具有代表性。根据心理学家 Tulker 的观点，一个良好的分量表与总量表之间的相关应在 0.30—0.80 之间，分量的相关应在 0.10—0.60 之间（戴忠恒，1987）。读图可知，图中右侧直线箭头代表被试题项与各个被试维度之间的相关性界于 0.56—0.87 之间，而各个维度（曲线双箭头）之间相关性绝大多数界于 0.23—0.47 之间，再度证明调查数据基本拟合良好。

3. 调查问卷主成分因子与总问卷的相关验证

我们再通过主成分因子与总问卷相关性比较，进一步验证调查问卷的因子分析结构。从表 4 - 17 可以看出，各主成分因子之间的相关在 0.462—0.623 之间，除了一个外，全部符合戴忠恒（1987）建议的一般标准的 0.10—0.60 之间，各主成分因子与总问卷相关在 0.655—0.708 之间，均符合 0.30—0.80 的标准，进一步表明该问卷的结构效度较高。

表 4 - 17　　　　　　　测试问卷各因子及总问卷相关系数

| 因子 | 总问卷 | Ⅰ | Ⅱ | Ⅲ | Ⅳ | Ⅴ | Ⅵ |
|---|---|---|---|---|---|---|---|
| Ⅰ | 0.675** | 1 | | | | | |
| Ⅱ | 0.675** | 0.478** | 1 | | | | |
| Ⅲ | 0.655** | 0.505** | 0.488** | 1 | | | |
| Ⅳ | 0.680** | 0.462** | 0.488** | 0.556** | 1 | | |
| Ⅴ | 0.708** | 0.623** | 0.531** | 0.505** | 0.527** | 1 | |
| Ⅵ | 0.669** | 0.498** | 0.575** | 0.444** | 0.588** | 0.489** | 1 |

注：* $P < 0.05$　　** $P < 0.01$　　*** $P < 0.001$

（四）学校领导 6 大角色定位的六边形发展图

根据调查问卷析出的各因子旋转后的方差贡献率（表 4 - 12），我们知道学校领导的六大角色定位，专业规划者（GHZ）、组织运筹者（YCZ）、变革创新者（CXZ）、决策赋权者（FQZ）、协调沟通者（GTZ）和自主发展者（FZZ）并不处于均势发展态势，我们制成雷达图（图4-10）用以表现。

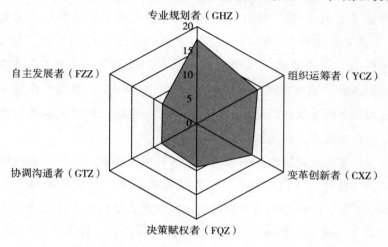

**图4-10　学校领导6大角色发展图**

读图可知，学校领导作为其专业领域的规划者，竭力扮演好首席设计师的角色，这一角色定位，更加强调校长专业性的成长过程；强调通过严格规范的校长资格认证或者任职制度对校长专业地位的认可和社会地位的提升；既强调校长作为一种群体的专业性的要求，也强调校长个体的、内在专业性的提高；强调校长内在素质的提高和专业实践的改进。[①] 相较之其他5个角色，擘划筹谋能力处于优势发展地位，其余依次是组织运筹者、变革创新者、决策赋权者、协调沟通者，而作为一个"自主发展者"，学校领导的能动性和自觉意识相对较弱，所以这一定位角色获得的累计方差贡献率最低，因而排位最后。

随着社会变革与教育发展，中国形成了独具特色的具有行政级别的职务校长，就目前而言，我国校长是一种行政职务，在职责、任用、晋升和待遇上均按照政府官员行政级别来对待。一所学校的最高领导者，与其他

---

① 张平：《学校变革视野下校长领导力研究》，华东师范大学博士学位论文，2009年。

岗位相比，无法随意"跳槽"，关乎他们"去留"的予夺权力，往往不由他们个人决定，这也是具有中国特色的行政体制的具象反映。一般而言，国内学校的最高领导者，普遍受所在区域教育主管部门统一调度而"任职"或者"去职"，他们对岗位调整，几乎没有机会表达遵从个人意愿的"应允"或者"婉拒"，有关个人领导生涯"命运抉择权"的"被动性"使得他们的"自主发展"受到了行政牵制，成了"不由自主"的发展，平添了更多的"无可奈何"和"情非得已"。鉴于此，中国学校领导者对于自己所在学校组织的归属感、忠诚感浓烈，来以此淡化或者替代他们个人领导执政生涯决定权的缺位。

　　正是由于6大定位角色的非均衡发展的现实前提，每一个学校领导者都可以结合自身的专长和特点，优先强化巩固某一个或者某两个角色优势，假以时日，形成合力，带动其他相对薄弱的定位角色的发展。也可以采取"剑走偏锋"的策略，凭借"别弱我强"或者"他少我多"为契机，抓住"差异性"定位角色的突出之处，亦可实现自我整体的领导能力的提升，即自身的优势角色，它是带动整体领导力全面发展的策源力量。为此，我们引入6大定位角色的散点分布矩阵图用以解读说明。

　　以每两个角色定位两两组合为参考维度，并把所有子图同时显示在以学校领导6大定位角色为元素的矩阵中（见图4－11）。从图中可以直观地观察到每两个角色定位所形成的二维空间下的6大定位角色——专业规划者、组织运筹者、变革创新者、决策赋权者、协调沟通者和自主发展者，以其中任意两个角色定位为基准维度的关联契合程度。图中的星点代表6大角色定位节点，散落排布，基本呈线性走势，每个二维区域内的节点的方向和密度表明以某两个角色定位为基础的全部6大定位角色的关联强弱。区域中的节点越是呈线性排列，证明基于任意两个角色定位的所有定位角色的相关性越强。为了清楚起见，添加了总拟合直线，每个角色定位的节点与该条直线的距离指示出拟合的准确程度。图中显示，在每两个角色定位所形成的二维空间下，6个节点（角色定位）散见其中，不乏相对集中成线性分布的格局。诸如，以"专业规划者—组织运筹者"（左1上2，左2上1区域），以"专业规划者—变革创新者"（左1上3，左3

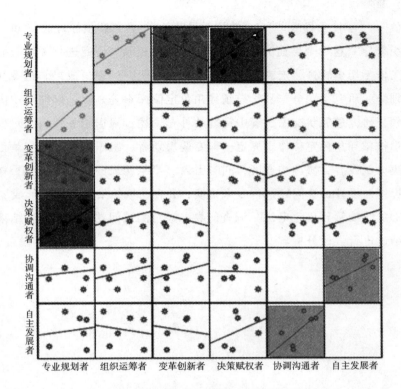

**图 4－11　学校领导 6 大角色定位的散点分布矩阵图**

上 1 区域），以"专业规划者—决策赋权者"（左 1 下 3，右 3 上 1 区域）和以"协调沟通者—自主发展者"（右 1 下 2，右 2 下 1 区域）为参考维度所形成的二维区域内，标示 6 大定位角色的节点，彼此相对联系紧密。故而，如果某一学校领导者的专业规划和组织运筹的能力相对较强，他完全可以依赖这一优势去带动变革创新、决策赋权、协调沟通和自主发展的能力，巩固优势，弥补不足，逐步实现学校领导 6 大定位角色的全面发展。

## 本章小结

本章重点论述中国学校领导研究的基本概况，尤其是"十一五"规划发展期间的相关研究。首先借助量化分析，以期刊文献为研究对象，总结归纳出这一时期有关学校领导研究的 5 大研究聚类，进而以"学校领导角色定位"、"学校领导变革"、"学校领导实施"、"学校领导理念"和"学校组织领导"这 5 个层面为切入点对中国的学校领导研究进行了综合研讨评介。依循历史轨迹，宏观呈现中国学校领导研究的理论成果，选择相关学科划分、研究主题分布和学校领导角色定位探索等方面，以期对中国的学校领导研究进展状况做出管中窥豹的补充论述。根据相关资料，对变革中的学校领导角色定位作出界定，即专业规划者、组织运筹者、变革创新者、决策赋权者、协调沟通者，同时引入"半结构式的访谈"框架，构建访谈提纲，设计访谈问题进行专家访谈；并在访谈结果的基础上形成"变革时期的学校领导角色定位"调查问卷，通过测试问卷的数据分析结果对探究结论进行尝试分析。

# 第五章

# 探寻中国学校领导变革研究的新视界

## 第一节　由"渗延"引发的联想

"渗延"①　一词来自于文艺理论的新造术语，它可以呈现这样一种状态，即各种因素打破某种时序的排列，模糊彼此之间边界的限制，"你中有我，我中有你"的杂沓交织在一起。引入一个差强人意的比方来作出解释：桌上有半杯咖啡，我们向杯中倾倒罐中的牛奶，于是下面的情景顺理成章，牛奶与咖啡先是各自分明，但很快互相融和了。我们要说的是"渗延"更强调的是这一过程或状态，那就是牛奶刚倒入杯中与咖啡将要融和而尚未融和，看似淡化而并未淡化的那一瞬间。这一过程不完全等同于"融和"或者"同化"，它形象地表征并暗示了矛盾产生、矛盾消解直至弱化再到契合的过程，好似"融和之下的运行，运行之下的融和，是无数条支流汇合而成的奔流"②。它是含混的、不确定的，借助"差异与融合的知识异质的增长"③　来"构图"，并形成理论综合与实践填补的

---

①　曹文轩：《小说门》，作家出版社 2002 年版，第 131 页。

②　同上书，第 131—136 页。

③　[美] 朱丽·汤普森·克莱恩：《跨越边界——知识　学科　学科互涉》，姜智芹译，南京大学出版社 2005 年版，第 22 页。

交织矩阵。

变革的时代里，人们突然感到无所适从，因为现代化破坏了生命的世界性原始背景，人们失去了原有的生活依托，今天的世界已变得不再可信了。① 诸多不确定的因素，使得学校领导者在加强管理推进变革的过程中，频繁而密集地与外界"现实世界"产生互动，往来接触。由于教育环境改变，变幻莫测的来自本地及全球的挑战纷至沓来、相继出现，持续的学校领导变革及发展将是不可避免的。

本书对学校领导研究前沿与"中国元素"的"渗延"问题的探讨，实际可以综摄于"全球化"（国际化）与"本土化"（民族化、地方化）两者之间的对抗与对接问题，原本"国际化与民族化是同一坐标上的'经'和'纬'，两者在坐标位上是互为参照的"②。为此，许多学者普遍认为，地方的特殊性和全球的同构型正以一种新的文化运作的方式互动着。③ 如此，一些昭示"全球化"和"本土化"新态势的概念术语应运而生，诸如"全球本土化"（globalization）、"地方性全球化"（vernacular globalization）、"杂交化"（hybridization）等。我们所使用的"渗延"一词亦是对以"搭建桥梁"（bridge building）、主动"顺应"（accommodation）、"研究漂移"（research drift）等融和方式的时空过渡状态的形象涵盖，即"时空分离"的主要动力④，进而促成"时空交错"的矛盾统一。其中渐变的状态体现为"关节点、结合处、限制、交叉、相互关联、相互渗透、打破及断裂"⑤ 等复杂关系。因此，面对全球化时代的新挑战，在深化中国学校领导研究国际化的同时，必须坚持并强化其民族特色，这是我们共同面临并肩负的一个重要历史使命。由于任何教育变革都要聚焦和落实在学校活动上，也由于作为文化传承和创造载体的学校从诞生之日

---

① 哈拉尔德·米勒：《文明的共存》，郦红红、那滨译，新华出版社 2002 年版，第 66 页。

② 吴定初：《关于中国基础教育国际化与民族化的思考》，《教育评论》2003 年第 1 期。

③ 顾佳峰：《教育全球化：对抗还是对策》，《外国教育研究》2006 年第 9 期。

④ Giddens, R., *Consequence of Modernity*, Stanford：Stanford University Press, 1990, pp. 43 – 56.

⑤ Harvey Goldman, "Innovation and Change in the Production of Knowledge", *Social Epistemology*, 1995, 9（3）, pp. 211 – 232.

起，就与社会的继承、变革、发展息息相关，并随着社会的变化而变化。所以，在社会转型和教育转型的背景下，学校也需要通过转型性变革实现新时代的再生。①

由推动个体发展进而最终促进全体人类的发展的根本属性，以及个体发展的内在普遍联系，都注定了建立学校领导研究的国际性和全球性不仅是可能的，而且是必然的。如今，人类社会的共同性透过"全球性"（globality）的形成更加突出地表现出来。"我们毫无疑问正在见证着一股指向形成一种'世界意识'的推动力，全球化的进程日益推动着人类走向与他人在身体上和交往上更多的亲近……这不是自相矛盾（paradox），而是在全球性条件下的真实存在"②，在这种不可逆转的趋势下，学校领导研究的全球化如果被解读为"单纯的文化同质化的过程"③，似乎不尽人意，因为"它一直是本土与全球的接合"④，是理性抉择而非盲目照搬，是合理重构而非简单叠加，是艰苦熔铸而非临时焊接，是扬弃内化而非蚕食同化，是变革创新而非机械改造。只有捕捉到"本土化"的"结合点"，学校领导研究才能在本民族的"母体"文化的孕育下，环抱于适合其生长的环境机体，生根、发芽、开花、结果，最终被接受，并趋于融合，直至成为民族教育文化发展的营养成分和有机组成。就这一点而言，努力使学校领导研究在"全球化"和"本土化"的矛盾交锋中求同存异、洞见相连、彼此协调，寻求冲突论与融合论之间的良性参照系，勾画现实之"表"与理想之"里"合一兼备的摹状，唯有"多元、融通、转化"才能培养出奔涌的"本土情怀"，承载"全球"视野，消弭冲突纷争的本土"综合反

---

① 易丽：《文化生成：营造学校发展"新生态"》，江苏教育出版社 2011 年版，第 23 页。

② Barry K. Gills, William R. Thompson, "Globalization, Global Histories and Historical Globalities", Barry K. Gills, William R. Thompson, *Globalization and Global History*, Oxford & New York: Routledge, 2006, p. 5.

③ Hall, S., "Cultural Studies and the Politics of Internationalization", David Morley, Kuan-Hsing Chen, *Stuart Hall: Critical Dialogues in Cultural Studies*, Oxford & New York: Routledge, 1996, (8), pp. 392–410.

④ Ibid. .

应力"①。

21 世纪是现代人类文明的全球化与本土化同时加速与发生强烈激荡的世纪，它代表了现代科技理性的逞强用势与权力的恣情驰骋，这是历史趋势，但也是一套构筑。始作俑者是科技与权力，但人文的觉醒与人性的自我保存却因此逐渐兴起，形成一种成长理性与自由的平衡，这就是本土化的时代感受与使命。② 全球化意味着理性实践的拓深，而本土化的坚守则意味着民族理性的弘扬和勇于承载各种差异信念的胸襟。

我们有理由相信，新的教育全球化的降临，是充分彰显各国民族本土意识的觉醒和强化过程的体现。这种"渗延"式的催生态势，将会使新的教育格局焕发生机和活力。这其中，中国将沐浴全球文明的洗礼，在壮大自我的路途上，不断迎接各种各样的挑战。挑战意味着机遇，当我们经受挑战并战胜挑战之时，即是中国教育恰逢难觅机遇的良机。

"今日中国之教育改革是一个时代的产物，是当今中国的生境催生出的变革，社会变革不仅作为教育变革的外部环境存在，更是推动教育变革的力量而且不断渗透、体现在学校内部，构成教育变革的内部因素，规定着教育变革和社会发展的走向"③。学校领导应该积极顺应这一时代的需求，调度人的智慧把新鲜的元素引入到时局中进行创新，激励组织成员通过变革打破旧的体制，使新的机制和策略付诸实践，有效结合自上而下和自下而上同时发生的创新，致力于问题的解决与创造。鉴于此，为使学校变得更具包容性而做的种种努力，对学校领导者来说是一种富有挑战性的学习经历。

---

① 萧功秦在《危机中的变革——清末现代化进程中的激进与保守》一书中指出："综合反应能力"是"传统主权国家作为一个整体，运用自己的传统价值观念、政体结构与经济能力对西方挑战的外部冲击作出有效回应与自我调适的能力，即这个国家的统治者和政治精英，能否相对准确地对外来的挑战的信息作出客观的判断与认识，能否及时有效地动员原有的各种人力、物力与财力等各种社会与经济资源来应付外来的威胁，能否成功及时地对传统政治体制进行自我更新的变革以适应外来干涉的挑战，等等。"综合反应能力是这些变量彼此相互结合而形成的应付外部压力与危机的能力与自我更新的能力。

② 成中英：《21 世纪中国哲学走向：诠释、整合与创新》，《中国社会科学院研究生院学报》2001 年第 6 期。

③ 叶澜：《"新基础教育"论——关于当代中国学校变革的探究与认识》，教育科学出版社 2006 年版，第 64—65 页。

# 第二节　臻至学校领导研究的第三极境界

在新世纪，教育环境改变急速，日益复杂，并且充满混淆及不明朗的因素，学校与教育制度的界限也因此变得模糊，并逐渐趋于消亡。学校领导者在加强管理推进变革的过程中，频繁而密集地与外界"现实世界"产生互动，往来接触。由于教育环境改变，变幻莫测的挑战相继出现，持续的学校领导变革及发展将是不可避免的。中国"第三极"学校领导研究的思考，正是聚焦"生命·实践"学派学校领导变革研究的实践成果，在确立"自我"的前提下，不断扩大影响力，展现兼收并蓄、多元依存联系的研究图景，努力走出一条"血肉丰满"的学校领导实践探索之路，力求使中国的学校领导研究拥有"血性"和"魂魄"。

## 一　"第三极"学校领导研究的阐发

"第三极"学校领导研究的第一层含义是指，尊崇教育个体生命本源，追踪学校领导研究相关知识的生存与演化的复杂运动，彰显具有民族风格、浸润地域色彩的教育领导思想意识或系列化的学校领导改革实践活动，成就自身范畴之一"极"——自发自觉。

"第三极"学校领导研究的第二层含义是指，统整于中国文化教育自身系统内部，进一步梳理、总结、继承和发扬其最为突出、最具特色、最有代表性的内容，通过"文化命脉的寻找、文化价值的转化、文化生境的创生"①，旨在型塑学校领导本土研究的意蕴，强化认同并推广该研究"本土化"进程的内生性思想意识，在本土情境之下，致力于为其研究前沿领域增添中国特色和中国经验，致力于形成具有中国命脉、中国气派和中国魂魄的学校领导研究理论或范式，试图使承载"中国元素"的本土价值、学科知识与体制规范的学校领导实践活动发生变革并引起共鸣，进而

---

① 叶澜、李政涛、吴亚萍：《学校转型性变革中的评价改革——基于"新基础教育"成型性研究中期评估的探究》，《教育发展研究》2007 年第 4A 期。

达成学校领导研究之二"极"——自主自为。

"第三极"学校领导研究的源动力在于努力使中国学校领导研究在"观（观察）照（参照）世界"和"立足本我"的学术对接交锋中，洞见相联、求同存异、不断协调，达成"冲突"与"融合"之间的相对和谐，即奋力登攀，不断嬗变，自信创造，使中国学校领导探索成为世界学校领导研究的表征，进而臻于学校领导研究"第三极"——自立自新。

因此，我们有理由坚信，学校领导研究与进展，可以从一个国家扩散至其他国家，或从一个地区扩散到其他区域，很自然地这些区域的学校领导变革会具有一定的共通性从而幻化出一种科学影响力扩散波及。从学术的立场来看，如果我们可以觉知某些共通性或趋势，并有所针对地、适切地加以改造，使之从"自发自觉"经由"自主自为"升格于"自立自新"的层面，无疑会对中国教育改革的发展以及教育组织机体的成长大有裨益。

## 二　对"生命·实践"学派学校领导变革研究的可视化解读

教育要迎合不断变化的时代作出新的适应、采取新的实践探索，清澈通透的"学校领导"之渠离不开以充满活力的生命探索实践为源头的研究"活水"，这也是"生命·实践"学派教育耕耘者的呼吁与追求，他们所引领的学校领导变革研究，是一次具有中国特色的教育研究的新尝试。正所谓"问渠那得清如许，为有源头活水来"。

由此，我们锁定"学校领导变革"探索领域，使用"学校领导"作为主题检索词条，遴选"生命·实践"学派的关键学者（1985—2010）的相关著述，以 2 年为单位时段，设置阈值为 [2，2，10；2，2，10；2，2，10]，利用 CiteSpace II 绘制可视化图谱（见图 5－1）。我们基于文献之间的互引、参证联系，因循研究主题之间传承延展的逻辑流脉，圈定勾画文献聚类，以期形象读解"生命·实践"主要研究者对学校领导变革研究所做出的探索努力，并从中获得顿悟思考。

变革是今天急剧动荡的时代中组织生存的基本方式，是"一次走向未

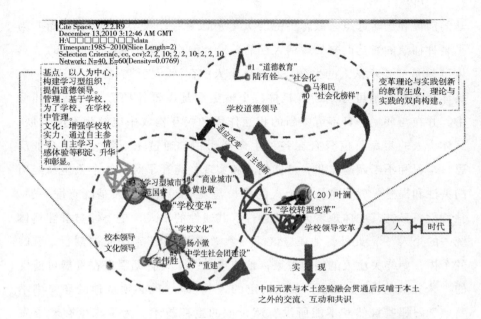

图5-1　"生命·实践"学派关键学者"转型性学校变革"的渗延探索启示

知目的地的旅行"①。组织迎合周遭环境而发生的变化"被看作是社会和组织所期望的；它已经成为组织生命存在的惯例而不是例外"②。学校也属于这样的组织系统，它能够对社会、经济和科学技术的转型而作出适应性的反应，如学校对开展素质教育、新课程改革、"普九"达标、督导评估和社区社会的各种要求的适应，这种反应有助于学校组织走在社会变化的潮头，随时调整学校的姿态，以便更好地利用环境所提供的资源，维持组织的蓬勃生命力。在学校转型性变革的背景下，学校变革的理念与现实的学校文化之间发生了强烈的冲突。现实的学校制度、教师的某些观念与习惯、领导的管理作风，都在某种程度上制约着学校变革的推进。

在图5-1中，我们由"时代"作用于"人"再落脚到"学校领导变革"来体现外在教育系统（环境、社会等）对个体学校组织所产生的"多米诺骨牌"效应。关于教育中的"人"，已然成为理解和认识教育活

---

① ［加］迈克尔·富兰：《变革的力量——透视教育变革》，中央教育科学研究所译，教育科学出版社2004年版，第2页。

② 马健生：《学校改革机制与模式：组织行为学的观点》，《比较教育研究》2003年第3期。

动的前提和逻辑起点。教育中的"人"应该是一个"具体的人",而非为了某种抽象的表达而丧失鲜活人性的单一、静止、僵化的模型。他的"具体"就是"要承认人的生命是在具体个人中存活、生长、发展的;每一个具体个人都是不可分割的有机体;个体生命是以整体的方式存活在环境中,并在与环境一日不可中断的相互作用和相互构成中能够生存与发展;具体个人的生命价值只有在各种生命经历中,通过主观努力、奋斗、反思、学习和不断超越自我,才能创建和实现;离开了对具体个人生命经历的关注和提升,就很难认识个人的成长与发展;具体个人是既有惟一性、独特性,又在其中体现着人之普遍性、共通性的个人,是个性与群性具体统一的个人"①。此外,他还应该是一个"整体的人",而非被割裂、肢解的个体,始终关注人的整体发展;他应该是一个具有无限潜在发展可能性的"未完成的人",而非"预先设定的人",即"他必须从他的环境中不断地学习那些自然和本能所没有赋予他的生存技术。为了求生存和求发展,他不得不继续学习"②。

学校领导变革过程属于意识形态的范畴,具有一定的滞后性,在所依附的外界环境发生变化时,会产生"外部不适应"等连锁问题。在学校面临转型时,学校组织机制会发生必然的改变,它会以重新聚合内部力量等方式,来适应外部环境的变化、时代的变迁。学校领导变革过程是一个连续发展、不断适应的过程,在这一过程中,需要传承、发展、创新,既要适合、反映时代的要求,又要适合、反映作为教育个体的"人"的要求。可以这么说,时代的变迁成就了学校领导变革的前提背景,而"人"的发展欲求,则直接鼓舞了学校领导者为丰富人的鲜活的精神素质和生命内涵所做出的艰苦卓绝的探索创举。实践表明,学校领导体制变革,是教育体制改革的最主要的内容之一,既是教育领导体制自我完善的重要内容,也是学校内部管理体制改革的关键内容。③ 遥想改革归宿,领导体制变革就

①　叶澜:《中国教育创新呼唤"具体个人"》,《中国社会科学》2003年第1期。

②　联合国教科文组织国际教育发展委员会:《学会生存——教育世界的今天和明天》,教育科学出版社1996年版,第196页。

③　刘志华:《学校领导学》,广东高等教育出版社2008年版,第138页。

是解决如何使学校领导活动开展得更加有序和高效的问题，属于学校内部结构和内部制度的完善与优化的过程。在中国，学校内部管理体制的改革从 20 世纪 80 年代就开始了，这是顺应中国改革开放形势的需要，更是适应教育事业自身发展要求的必然结果。

（一）学校领导变革

图 5-1 中右下角实心圈代表昭示以叶澜教授为首倡导的"学校转型性变革"（#2）。所谓学校"转型性变革"是一个综合性、内涵丰富忙的概念，其理论支撑是终身教育理念，其核心是以学校为基本单位的教育转型性变革研究[①]，具体而言是指学校教育的整体形态、内在基质和日肎的教育实践，要完成由近代型向现代型的转变。[②] 学校转型过程是一个文化重建的过程，是一个要求学校全体成员形成新的价值观、信仰和规范的过程。因而，学校转型的最终归宿是基于人的发展。

20 世纪 80 年代中期以来，中国社会经历并还在继续进行着一场复杂的整体转型。转型社会的变化特征深深地渗入到社会生活中的各个方面，并作为一种变化了的大环境激发起学校自我更新、调试的内在需求，推动学校变革新思路的运作与发展。学校组织系统整体的"转型性变革"是当前"新基础教育"践行者基于学校领导变革实践所达成的共识，它所涵盖的价值取向、构成系统要素之基质、相互关系、结构整体框架、管理体制和运作机制等关系系统整体性的各个方面都将发生变化，而最终追求的是形态转换的基本完成。[③] 这一"蜕变"涵盖了宏观层面的社会转型、教育体制变革和微观范畴的教学改革、课程改革和道德改革等一系列的全方位式的革新。叶澜教授曾经在学校的基本形态、内在基质和实践过程三个维度综合思考的前提下，提出了学校变革的转型问题，勾勒出了现代型学校的五大特质[④]，即价值提升、重心下移、结构开放、过程互动和动力内化。

---

① 江苏省常州市钟楼区"新基础教育"研究课题组：《素质教育区域推进中的学校转型性变革》，《基础教育》2008 年第 12 期。

② 叶澜：《"新基础教育"发展研究报告集》，中国轻工业出版社 2004 年版，第 15 页。

③ 叶澜、李政涛、吴亚萍：《学校转型性变革中的评价改革——基于"新基础教育"成型性研究中期评估的探究》，《教育发展研究》2007 年第 4A 期。

④ 叶澜：《实现转型：世纪初中国学校变革的走向》，《探索与争鸣》2002 年第 7 期。

她明确指出，学校领导变革沿着"学习—研究—实践—反思—重建"① 的转型轨迹，螺旋上升、循环往复，从细节到整体，由微观到全局，逐步"优化学校变革与发展的治校机制、实施机制、发展机制和动力机制"②；而"整体转型性变革是一种系统更新式的变革。它不满足对系统的修补，也不是只需要消除和改变原来系统中不合适的，或需要改变的方面，而是必须包含着重建的任务。重建形成的新形态在整体上不同于原先的形态，并且是一种整体发展性的变化，它是以发展为价值取向，整体转型为目标的变革。"③

从这个意义上说，"适应"是学校变革的前提和基础；"自主创新"是学校发展的内在动力。不断更新领导理念，更能达成学校变革"激浊扬清，推陈出新"的目的。因为变革"不只是具体观点的改变，更要有认识学校管理的思维方法的更新，其中最重要的是要从实体式的思维转向关系思维"④，在平衡成人与成事的关系中寻求领导价值观的更新；出于责任人与合作者的考量，实现领导人际关系观的更新；在形成秩序与推进改革的功能中，完成领导功能观的更新；在分割与统整的处理选择中，体现领导时空观的更新。⑤ 为了在教育系统的微观环境与宏观环境之间建立尽可能良好的适应，学校领导者必须为制定长期战略规划、识辨内外环境变化的性质、设法使组织文化变量与行动计划相匹配做好准备。学校变革的理念要求赋予人们力量，对所有"教—学"过程相关联的人员共同的、更高层次的目标作出联合一致的响应。

因此，我们强调"适应改变，自主创新"八个字，贯穿于"学校领导变革"、"校本领导—文化领导"和"道德领导"三大研究子域之间，以此彰显促成转型性学校变革的理念要诀。

---

① 杨小微、李伟胜、徐冬青：《学校领导与管理变革的探索与反思》，《教育发展研究》2009年第8期。

② 同上。

③ 叶澜：《实现转型：世纪初中国学校变革的走向》，《探索与争鸣》2002年第7期。

④ 叶澜：《"新基础教育"论——关于当代中国学校变革的探究与认识》，教育科学出版社2006年版，第336页。

⑤ 同上书，第336—349页。

（二）校本领导—文化领导（School-based Leadership & Cultural Leadership）

学校领导校本化，最早源于 20 世纪 60 年代中后期的澳大利亚为建立学校与社区合作的学校领导管理模式做的努力。然而，它作为一项校本领导管理的方案，则是西方国家教育改革中的一个普遍性的举措，其形成时间稍微延后，大致始于 20 世纪 80 年代，是在政府对学校的财政资助和宏观调控加强的条件下产生。发展至今，校本领导是一种以学校为本位或以学校为基础进行领导管理的学校管理的改革趋势，其核心是强调教育领导重心的下移，主张学校拥有更大的自主权，迫使学校在自我管理、自主发展的条件下提高自身领导效能，跻身于办学质量优良的有效学校（effective school）的等列。

学校文化建设是"基于学校"，"在学校中"，"为了学校"的，本来就有校本化和特色化的一面，学校校本课程的开发和教学的创意过程，本质上讲就是师生改善心智的过程。一方面，它促使师生双方对学校的教育教学生活的思考产生共同的价值、信念、追求，共同超越原有的思维模式和个人意识，让自身的术业思维得到拓展，达到新的创意水平；另一方面，现代社会中多元文化的冲突、融合与价值选择要求学校管理者选择符合自身发展的文化元素，选择能够引导学校全体成员沿着价值主流方向发展的文化内容，为学校植入独具个性的文化内涵，这是学校生存和发展的生长点。[①]

图 5-1 中左下虚线文献聚类（#3、#4、#5 和#6 等）全部归属于"校本领导—文化领导"研究子域部分，相关文献集中论及了学校领导素质、角色定位和领导实施等内容。随着学校变革的推进，越来越多的研究者认识到学校文化是学校变革最深层的影响因素，也是学校变革的本质目标。一位名副其实的转型性变革时期的学校领导，必须在全方位变革形式的基础上迅速融入"集体"而不是扮演"孤胆英雄"的角色，是有卓识的领导人而不是忙忙碌碌的"管家"[②]，这些人从班级和课堂层面跃迁为 21 世

---

① 易丽：《文化生成：营造学校发展"新生态"》，江苏教育出版社 2011 年版，第 55 页。
② 杨小微：《转型性变革中的学校领导》，《教育研究与实验》2005 年第 4 期。

纪新型学校的"第一责任人",并在阶段性的评估过程中,切实感知了扮演好这一角色所历经的决策、策划、实践、反思、调整、重建的全程式和全景式的心路历程。学校领导基于信息化、全球化背景下带来的个人时空意识的变化、个人生存方式的变化以及个人语言与思维方式的变化判断,全力彰显新型学校的基本特质,重识学校文化,努力建立适应教育变革的新的学校文化,那就是:人本根基的自我价值的提升,"共同参与全面发展"的权益重心下移,交流共享的组织开放结构,多极互动的教学过程,从而最终实现通过自主创新驱动内化的可持续发展的最高境界。长此以往,学校组织的每一个成员都不会囿于自我发展的轨道,而是把自我的发展与学校核心价值使命融为一体,随时生成不断在创新中改进的文化养料。在这样的文化氛围中,每个人的创新意识可以自由成长,成为推动学校未来变革的原动力,进而把学校组织构筑成"一个有教育目的的共同体;一个自由表达思想、文明礼貌得到有力肯定的开放的共同体;一个人的神圣性受到尊重的公正的共同体;一个个体承认其对团体负有义务的有纪律的共同体;一个关怀的共同体;一个重视庆贺仪式的共同体⋯⋯在那里,肯定传统和革新的种种仪式被广为分享"①。

如果学校要完成一场深刻而持久的变革,最重要的是及时重塑自己的文化,否则变革就不会成功。在领导实施过程中,贯彻校本领导,针对学校组织的自身特点采取相应措施,不断更新领导理念:建立共同愿景;创造高效的学习型组织,系统规划学校;提高学生成绩,促使学生成功;合理配置学校资源;促进教师的专业化发展;改善学校外部环境。进而在组织局部变革的基础上采取"区域联动、分权改革和家校合作"② 等举措带动系统整体层面的学校变革。当一项改革进入学校时,学校文化就以一种巨大而隐性的方式对改革发挥着或促进或阻碍的双重作用。因为学校教育变革文化直接会触及学校组织每个成员最基础的价值信仰,故而,学校变革的机制必须与学校成员的价值文化相融合,才能为学校教育变革的持续和成功创

①　Boyer, E., *Campus Life in Search of Community*, Princeton, N. J.: Carnegie Foundation for the Advancement of Teaching, 1990, p. 2.

②　黄忠敬:《学校领导如何引领学校变革》,《教育发展研究》2009 年第 18 期。

造良好的场域。从这个意义来看，学校领导在实施过程中要努力建立在学校核心价值引领下，学校拥有每个人思考变革改进的自觉文化。

落实到我国当前的学校组织变革层面，我们更愿意使用"素质教育领导"以表征学校领导所主抓核心的改革取向，以及对"区域教育领导"和"学校常规领导"等具体领导实施的统摄与引领作用。

当今时代是一个"以人为本"的时代，是个人价值受到充分尊重的时代。新的时代精神渴望并呼唤人性的张扬，呼唤人文精神的回归。社会文化的转型一方面将新的价值观渗透到学校层面，另一方面需要学校做出回应，在为学校培养人才的同时做出创造性发展。"以人为本"的理念顺应了现代学校发展的民主性、人文性、开放化、信息化走向和学生发展的主体化、个性化、社会化趋势，也突出了师生在现代学校文化建设中的主体作用。所以，"以人为本"是现代学校文化建设的基本取向和重要的价值追求。我国的基础教育改革已从教育内容的更新和教育方法的变革逐渐转向关注学校成员的成长和发展，关注学校成员生命的整体性、能动性和丰富性。学校管理也日益呈现出一种注意人性、文化等因素的人文化管理趋势，人们的学校管理理念正在经历历史性的变革。①

（三）道德领导（Moral Leadership）

图 5-1 中右上虚线文献聚类（#0 和#1）凸显"道德领导"分支子域，与左下虚线文献聚类"校本领导—文化领导"遥相呼应。

由于教育关乎人的生活的所有领域，故其应该贯穿于人的全部价值之中。价值教育组织的对象是学生，这就使得学校道德领导本质上必须成为一种人性化的活动；加之教育自身的特殊性，故而学校道德领导也只能是一种"特殊的道德艺术"②。

学校的本质是人类面向未来所从事的一项杰出的道德事业，是传承温和与教书育人的场所，是简约的、纯净的环境。这一本质属性必然渗透和影响学校领导活动，具有浓厚的道德色彩。学校领导践行实施过程，是学

---

① 易丽：《文化生成：营造学校发展"新生态"》，江苏教育出版社 2011 年版，第 44 页。

② Hodgkinson, C. , *Educational Leadership*：*The Moral Art*, New York：State University of New York, 1991, p. 144.

校领导者职权、角色、自身素质等因素的综合体现，是校长在学校管理实践中的智慧结晶。它的根本特征是"道德领导"或"伦理领导"，意指领导者以道德权威为基础，建构学校的共同愿景和理念，关怀人的需要与发展，使全体成员基于责任而共谋学校的持续发展。[①] 因此，学校领导不能像企业领导一样，把效率看成唯一的目标，甚至以牺牲教师、学生的发展为代价来获取利益，而是应该更多地追求一种平等、公正、道德关怀和价值取向，更多地体现对人的关注，建构德行学校服务的道德领导，所谓"为政以德，譬如北辰，居其所，而众星公之"。道德领导威势所形成的向心力，来源于共同价值观、理想、信念所产生的道义和责任，从而形成关于对与错、好与坏、优与劣的衡量标准，并能在组织内部得到大家的维和支持，最终体现人的自由与自主的终极价值，从而强化人们的道德自律。相较于科层权威、心理权威或是技术，理性权威能被更多的成员认同，具有更高的领导密度和作用力。

　　道德领导的追求取向，是对教育领导理论的新颖表述和独创性补足，反映出人们对学校领导的道德维度的深切关注，即学校领导作为一种影响他人的过程，不是一种超道德的现象，而是凭借有别于自然学科的方式，展现着包孕智慧和价值的创造性活动。

　　我们知道，学校日常教育领导活动，是教育实体化的一贯呈现形式，其间遍布着校长的办学思想、远见卓识和领导才能，学校文化的传承与创新，全人发展的现代课程体系，师生员工的团队精神，富有进取心和创造力的教师队伍等能够展现学校自主发展的内在动力因素，这些都将综合统摄于"以人为本"的大教育理念之下，逐渐渗透到学校生活中，日趋成为学校文化发展的一个新要素，并悄悄植入学校成员的价值观念和行为方式之中，成为道德教育领导的追求所在。正是受这种观念的冲击和影响，大量学校的存在状态及学校文化发展发生了一定程度的变化。这种变化突出表现在对"人的发展"的重新认识上，"当代中国社会发展观中人的意义的'发现'和对人的发展的强调，既为中国的教育改革提供了条件，同

---

① 李瑾瑜：《从教育管理走向教育领导》，《中国教育报》2007 年 1 月 23 日第 6 版。

时，又提出了极高的要求和挑战"①。

如此，从局部基体到系统整体，通过师生自主参与、自主学习、情感体验，反复积淀、升华，逐级延伸、弥漫渗透，营造由内向外的学校精神气场和物质标识——学校文化——一所学校的核心价值理念或者高度概括的个性，其表征体现为形成一个学校全体成员的价值取向、信仰、态度和行为的道德共同体。道德共同体的控制不是依赖外在的控制而更多地依靠规范、目的、价值观或是成员自然而然的互依性；共同体内的成员关系不是由他人构筑并编入一定的等级和角色要求中，而是与他人有着共同意向的平等关系；人们聚焦于责任、承诺和义务，而不是权力、控制等，依靠彼此间的责任感完成团队精神的打造。

这之中又体现了学校文化领导的职业理想和行为准则，他们极力促成横向的交流和对话，以不成文的规范引导成员行为，并对成员的行为给予更多建议和自主权，实现学校成员的自我领导。坚守"以人为本"、"以德治校"的精神，以"一切为了学生的发展、一切适应学生的发展、一切促进学生的发展"开展领导工作，从而在教育教学实践中实现教育的民主性、平等性、全面性②，最终蓄积成引领学校与时俱进的内驱力。

图5-1中，参看突现文献（burst article）研究主题提炼锁定的"校本领导—文化领导"和"道德领导"的研究子域虽各有指向，各有侧重，却都"殊途同归"、"异曲同工"，暗含肩负终身教育的使命，实现理论与实践双向构建的学校领导变革的题旨。

研读关键学者的相关文献，由此顿悟深省，在学校领导研究实践中，要时刻饱含尊崇生命的人文情怀，要以培养生命自觉为己任，在任何一种形式的实践过程中，都要时刻铭记培养主动、健康发展的个体生命，不断提升教育个体生命的自觉意识，立足本土化的学校组织实体，基于改革主体的自主自觉，同时创造性地吸收、利用和转化社会资源、行政资源和国

---

① 叶澜：《"新基础教育"论——关于当代中国学校变革的探究与认识》，教育科学出版社2006年版，第85页。

② 范国睿：《论校长的文化使命》，《河南大学学报》（社会科学版）2007年第2期。

外的理论资源与实践资源，将所有资源变成催生本土改革内在需求的动力性资源①，"以我为主"，"为我所用"，在探索实践中，穿插注入"中国元素"和本土经验，与此同时反哺于中国以外的区域范畴，形成内外贯通互有彼此的"渗延"式的关照与交流，这正是"生命·实践"学校领导变革研究者的探索价值之所在。

综上，我们应该对学校领导的发展变革之路寻踪蹑迹，总结过去（不断探索总结新经验），立足当下（将经验转化为既具抽象性又具操作性的指标体系来提高经验的形态化程度，逐步扩大经验的影响力②），放眼未来（推动改革逼近目标，为变革蓄积新的策源力），促成学校领导研究跃迁到更高的境界。

最后，我们提出中国"第三极"学校领导研究目标在于"会通以求超胜"③，"会通"意味着未来的学校领导研究探索之路应该秉承"放眼世界、关注他人，重塑自我"的价值取向，坚守"西体中用、唯我是瞻"的文化底蕴，在当今不同民族的教育和文化不断接触、碰撞与交流、融合的态势下，敏锐捕捉到民族"本土化"的"结合点"。"超胜"则包含"自我超胜"和"整体超胜"④。"自我超胜"一言以蔽之为"坚守和创造"，学校领导研究只有根植于已有的文化土壤之中，才会在原有的基础上获得新生和发展。在这一过程中，我们要注意甄别、正确取舍，批判性地吸收、整合及创新，使得多方的理论观点经过接触、冲突、交流、融汇，最后混迹共生于民族教育文化发展的营养成分和有机组成之中，"整体超胜"即在前者"自我超胜"的基础上，形成凝聚中国元素的有关学校领导的著述立说、探索结晶、特色理念或创新成果的"第三极"学校领导研究趋向，进而深化对该领域的认识与理解，有利于加快学校领导变革进程和领导理念的更新，进而推动该研究由"互识"达成"共识"，由"互

---

① 李政涛：《当代中国基础教育改革的方法论特征探析》，《基础教育》2009 年第 5 期。

② 叶澜、李政涛、吴亚萍：《学校转型性变革中的评价改革——基于"新基础教育"成型性研究中期评估的探究》，《教育发展研究》2007 年第 4A 期。

③ 百度百科·徐光启传，http：//baike.baidu.com/view/4179775.htm，2011 - 8 - 5。

④ 黄会林、高永亮：《"第三极电影文化"构想》，《现代传播》（中国传媒大学学报）2011年第 4 期。

证"趋近"确证",由"互接"实现"互补",由"共存"求取"共赢"。

# 本章小结

引入"渗延"这一研究视点,以期对学校领导研究中"全球化"与"中国化"的互动交流,扬弃补充作出更为形象的论证。阐发有关"第三极"学校领导研究的观点,指出中国学校领导研究应该在"自发自觉"和"自主自为"的基础上,努力提升到"第三极"研究层面——自立自新境界;选择"生命·实践"学派的转型性学校变革研究作为研究个例,采用可视化的手段,形象解读其学派关键学者学校变革方面的相关研究成果,从中获得有价值的学校领导研究"渗延"探索启示;强化了对"第三极"学校领导研究的认识,明确"会通以求超胜"的未来中国学校领导研究的发展目标。

# 结　语

## 开启别有洞天的学校领导研究新图景

　　本书研究的重点是探索学校领导研究领域的知识"图景"，主要聚焦有关学校领导的研究成果和关键理论，试图通过可视化的技术手段，对该领域的发展趋势作出预测和深入思考。

　　第一，研究基于 SSCI（1996—2011）5352 篇学校领导研究的期刊论文，运用共词分析法，挖掘学校领导研究的热点科研主题。在研究中发现，与"leadership"形成共现关系的 57 个词（词组）连同"leadership"一起，一共提取 15 个主成分因子（考察相关系数绝对值即负载绝对值大于 0.5 的因子），主成分因子聚类比较零碎，共解释原始变量总方差的 79.076%，其中前 8 个主成分因子累计解释了 62.438%，超过 60%。根据接受因子，我们将析出的前 8 个主成分因子依次命名为"课堂教学领导"、"领导理论研究"、"心理情绪引导"、"体育卫生领导"、"家校合作研究"、"人性领导"、"校本领导"和"社区教育领导"。

　　研究发现，代表共词的节点密布如织，很多节点交错重合在一起，使得众多聚类区域难于明确勾画界定。由于存在交叉负载因子，造成主题聚类互涉搭界，这使得纵横于个别象限间的主成分因子聚类变得更加盘根交错。总体而言，主题聚类之间形成围拢抱合的趋势，充分显现以"领导理论研究"为依托，以"课堂教学领导"为重心的学校领导研究从宏观逐步向微观领域（心理情绪引导、体育卫生领导、家校合作研究等）渗透延伸的融合趋势。而"教学领导"的研究内容则分布在众多主题聚类之中。回首学校教学领导的研究历程，该研究经历了一个从关注到忽视再到关注的发展过程，直至 20 世纪 90 年代后期，随着美、英、澳等西方发达国家绩效责任制的强化推行，使得学校教学领导的研究热潮再度回暖。

在此基础上，书中进一步提取了与"School Leadership"形成共现关系的共词对。双变量相关分析处理之后，我们比较了共词对之间的关联度数值，主要参考 Pearson（皮尔森）相关系数值，把获取的共词对划分为三个等级，即高度相关、中度相关和低度相关。在高度相关等级中，我们析出变革型领导、魅力（型）领导、共享（式）领导、分布式领导、交易型领导和家长式领导等理论；在中度相关等级中，我们发现管理式领导和政治（型）领导两个理论。如此，我们把基于关联等级甄选的学校领导理论融入科学计量的手段，进行了新的审视关注。

第二，利用 CiteSpace 从 5352 篇学校领导研究文献中获取 74 篇突现文献，反复比较后，我们确定对其中的 31 篇文献进行重点研究。回溯突现文献的施引文献，在超过 1200 篇施引文献中归纳研究主题，锁定交叠区域，参照《ERIC 叙词词表》，提炼出 31 个昭示前沿领域的主题叙词，根据叙词的上位主题、相关主题和下位主题，整合凝练了 6 个研发专题板块，它们依次是：领导体制变革、领导效能提升、多元分域领导、心智意行领导、视角范式探索和身心健康督导等。我们发现学校领导研究前沿领域热点研究主题的上位研究主题，存在交叉重叠的情况，有的上位研究主题，干脆就是某一前沿领域研究主题的相关主题，而有的主题则涵盖了更为丰富的内容。这 31 个学校领导前沿领域的研究主题彼此之间形成以核心主题为突现问题（点），从而带动相关研究领域（面：主题板块）的"点""面"结合、以"点"带"面"的兼收并蓄的趋势。具体来说，就是指在学校领导研究中，应该重视多元互促的影响，集成各个领域的优势，促进该研究自身的发展，不断拓宽学术疆域，放远研究视角，以兼容并包的胸襟，博采众长，推动具有中国特色的学校领导研究的发展。

第三，当前，理论框架与研究方法不断多样化的发展趋势已经在很多的研究领域引发出一系列新的学术问题，即由于研究者采用不同的概念与方法论，他们常常变得形同陌路，互不了解。在这里，我们尝试把所发现的学校领导研究前沿领域的 6 大热点板块，以及基于共词关联度等级甄选的位于高度和中度级别中的 8 个学校领导理论，与校长评价指标框架的三大基本范畴——价值领导、教学领导和组织领导——套嵌捆绑，构建"学校领导理论研究的积木组块模型"以形象化地统整呈现，解读说明，期望借此引起一种研究问题的思维方式，来激励我们用新的切入点去理解和认识已有的理论成果。

第四，在中国，领导学理论被关注大体肇始于党的十一届三中全会之后。虽然起步相对较晚，但是，取得的进步值得肯定。本书中，我们重点对中国"十一五"规划期间（也纳入"十二五"期间部分数据）国内学校领导研究的成果做了综合评述。结合国内文献资料，根据统计归纳了十大研究主题，即学校微观领导、类型化学校领导、学校组织领导、学校领导专业提升、学校宏观领导、学校领导改进与发展、学校领导决策手段、学校领导团队建设、学校领导战略转型和学校集体领导。采用因子分析法，十大研究主题整合为 5 个主成分因子聚类，分别是：领导角色定位、领导变革、领导实施、领导理念和组织领导。我们援引这五个角度，对国内学校领导研究作了系统地总结概括。

主题聚类结果显示，以"学校领导角色定位"命名的聚类旋转后累计方差贡献率最高，为 18.624%。针对这一结果，我们重点探讨了学校领导角色定位问题，借助专家访谈法，从访谈记录中提取编码，编制了《变革时期的学校领导角色定位调查问卷》，采集了大连市内的主要高校的样本，进行调查分析，探索性因子分析的结果，证实了以我们所确定的学校领导 6 大定位角色所代表的潜在变量，与 24 个测试题项所反映的显性变量之间形成良好的拟合关系。学校领导的 6 大定位角色是：专业规划者、组织运筹者、变革创新者、决策赋权者、协调沟通者和自主发展者。根据因子分析后 6 个主成分因子旋转后的累计方差贡献率，我们绘制了"学校领导 6 大角色发展图"，用以形象说明，在 6 大定位角色的非均衡发展的前提下，每一个学校领导者都可以结合自身的专长和特点，优先强化巩固某一个或者某两个角色优势，形成合力，带动其他相对薄弱的定位角色的发展。也可以抓住"差异性"定位角色的突出之处，亦可实现自我整体的领导能力的提升。

　　第五，书中采集 CAJD 中，以"人文与社会科学文献"为学科领域，"社会科学 II 辑"为学科子域，锁定"核心期刊"为期刊源，以"学校领导"为研究主题的 1348 条数据。经统计，在被引频次前 40 位主题词中，捕获 1 个突现词"学生"，突增值为 3.65；中心性大于 0.05 的主题词基本上都是被引频次排在前 20 位的主题词。其中，"教师领导与发展"位列榜首，被引频次为 50 次。经过因子分析后，共计提取 15 个分布较为松散的主成分因子，他们分别是"素质教育领导"、"领导体制变革"、"学校常规领导"、"道德领导"、"基础教育领导"、"高等教育领导"、"变革型领导"、"教改推进"、"新课程领导"、"学生工作领导"、"区域教育领导"、"课程领导"、"心理健康教育领导"、"校本（教学）领导"和"教育领导"。二维空间中，主题词因子在图中分布密集，全部因子聚类之间难于界定，主要因子聚类整体呈带状分布，个别因子聚类之间绵亘交错。其中，代表"新课程改革"、"教师领导与发展"和"课程领导"等主题词节点"你中有我，我中有你"彼此搭界、无法拆分。这种"混合错杂"格局的形成在于"课程领导"所肩负的多重使命。中国教育改革的现实也充分证实了，"素质教育领导"作为学校领导主抓核心的改革取向对"区域教育领导"和"学校常规领导"的统摄与引领作用。

　　第六，本书锁定"学校领导变革"探索领域，以"生命·实践"学派的关键学者的相关著述（1985—2010）为载体，基于文献之间的互引、参证联系，因循研究主题之间传承延展的逻辑流脉，绘制可视化的知识图谱，圈定勾画文献聚类，聚焦三大研究主题聚类，即"学校领导变革"、"校本领导—文化领导"、"学校道德领导"。三大研究子域，无不突出强调"人"的地位和价值，充分显示了学者们对"生命"的敬畏和反思。此外，学者们不忘脚踏实地，践行垂范。他们在探索实践中，穿插注入"中国元素"和本土经验，反哺于中国以及中国以外的区域范畴，形成内外贯通、互有彼此的关照与交流，这正是"生命·实践"学校领导变革研究者的探索价值之所在。

　　相较卷帙浩繁的学术研究成果，本书用以分析和探索的文献资料毕竟微不足道。因而，通过可视化的技术手段所呈现的学校领导研究前沿图景可谓"冰山一角"，何谈恢宏壮阔。在变革时期的学校领导角色定位调查中，本书所采集的样本主要局限在大连本地高校，所确定的学校领导6大定位角色是否能够代表整体学校领导的突出所在，还有待于补充更多区域的样本，进一步探索验证。这也是本书的最大遗憾，但这一留白，无疑为笔者今后的延伸探索标定了新的起点。希望初期的研究尝试，能够成为一种锻炼和"加持"，助笔者开启更多别有洞天的学术视界！

　　"世之奇伟、瑰怪、非常之观常在于险远"，要想领略某一领域的知识图景，需要付出艰苦卓绝的努力，不断提升思维的制高点，我们就有可能幸运地发觉不同寻常的景象，这算作是一种好奇心或求知欲也未尝不可，抑或者可以冠以"梦想"一词。怀揣梦想的人是幸福的，因为她为使自己变得宽宏而谦卑播种了一种东西——希望。

# 参考文献

## 一　著作部分

（一）中文著作

[1] 白国应：《文献分类》，中国科学院文献情报中心 1989 年版。

[2] 曹文轩：《小说门》，作家出版社 2002 年版。

[3] 陈永明：《教育领导学》，北京大学出版社 2010 年版。

[4] 冯大鸣：《美、英、澳教育管理前沿图景》，教育科学出版社 2004 年版。

[5] 高兆明：《制度公正性——变革时期道德失范研究》，上海文艺出版社 2001 年版。

[6] 侯杰泰、温忠麟、成子娟：《结构方程式模型及其应用》，教育科学出版社 2004 年版。

[7] 黄志成、程晋宽：《现代教育管理论》，上海教育出版社 1999 年版。

[8] 李怀祖：《管理研究方法》，西安交通大学出版社 2004 年版。

[9] 林明地：《学校领导：理念与校长专业生涯》，九州出版社 2006 年版。

[10] 刘志华：《学校领导学》，广东高等教育出版社 2008 年版。

[11] 马庆国：《管理统计：数据获取、统计原理、SPSS 工具与应用研究》，科学出版社 2002 年版。

[12] 孟繁华：《教育管理决策新论——教育组织决策机制的系统分析》，教育科学出版社 2002 年版。

[13] 温恒福：《教育领导学》，中国人民大学出版社 2010 年版。

［14］吴志宏、冯大鸣、魏志春：《新编教育管理学》，华东师范大学出版社 2008 年版。

［15］夏禹龙：《领导科学基础》，广西人民出版社 1983 年版。

［16］萧宗六、贺乐凡：《中国教育行政学》，人民教育出版社 1996 年版。

［17］杨雪冬：《全球化：西方理论前沿》，社会科学文献出版社 2002 年版。

［18］叶澜：《"新基础教育"论——关于当代中国学校变革的探究与认识》，教育科学出版社 2006 年版。

［19］叶澜：《"新基础教育"发展研究报告集》，中国轻工业出版社 2004 年版。

［20］叶启政：《社会理论的本土化构建》，北京大学出版社 2006 年版。

［21］易丽：《文化生成：营造学校发展"新生态"》，江苏教育出版社 2011 年版。

［22］张俊华：《教育领导学》，华东师范大学出版社 2008 年版。

［23］赵中建：《学校文化》，华东师范大学出版社 2004 年版。

［24］郑燕祥：《教育领导与改革新范式》，上海教育出版社 2005 年版。

［25］周晓虹：《现代社会心理学：多维视野中的社会行为研究》，上海人民出版社 1999 年版。

［26］《中华人民共和国国家标准·科学技术报告、学位论文和学术论文的编写格式（GB/7713—87）》，中国标准出版社 1987 年版。

（二）中文译著

［1］［美］詹姆斯·麦格雷戈·伯恩斯：《领袖》，常键、孙海云等译，中国人民大学出版社 2007 年版。

［2］［美］威廉·G. 坎宁安、保拉·A. 科尔代罗：《教育管理：基于问题的方法》，赵中建译，江苏教育出版社 2002 年版。

［3］［美］罗尔德·F. 坎贝尔、托马斯·弗莱明、L. 杰克逊·纽厄尔、约翰·W. 本尼恩：《现代美国教育管理（教育管理思想和实践的历史）》，袁锐锷译，广东高等教育出版社 1989 年版。

［4］［美］约翰·杜威：《人的问题》，傅统先译，上海人民出版社 1986 年版。

［5］［美］约翰·杜威：《民主主义与教育》，王承绪译，人民教育出版社2005年版。

［6］［美］约翰·杜威：《学校与社会·明日之学校》，赵祥麟等译，人民教育出版社2005年版。

［7］［美］诺斯豪斯：《卓越领导力——十种经典领导模式》（第2版），王力行等译，中国轻工业出版社2003年版。

［8］［美］萨乔万尼：《校长学：一种反思性实践观》（第6版），张虹译，教育科学出版社2004年版。

［9］［美］萨乔万尼：《道德领导：抵及学校改善的核心》，冯大鸣译，教育出版社2004年版。

［10］［美］E.马克·汉森：《教育管理与组织行为》（第5版），冯大鸣译，上海世纪出版集团、上海教育出版社2004年版。

［11］［美］韦恩·K.霍伊、塞西尔·G.米斯克尔：《教育管理学：理论·研究·实践》（第7版），范国睿译，教育科学出版社、美国麦格劳—希尔教育（亚洲）出版社2007年版。

［12］［美］欧文斯：《教育组织行为学：适应型领导与学校改革》（第8版），窦卫霖、温建平译，中国人民大学出版社2007年版。

［13］［美］朱丽·汤普森·克莱恩：《跨越边界——知识　学科　学科互涉》，姜智芹译，南京大学出版社2005年版。

［14］［美］约翰逊兄弟：《领导合作型学校》，唐宗清译，教育出版社2003年版。

［15］丁钢主编：《聆听世界：多元社会中的教育领导》，华东师范大学出版社2008年版。

［16］［加］迈克尔·富兰：《变革的力量——透视教育变革》，中央教育科学研究所译，教育科学出版社2004年版。

［17］［英］托尼·布什：《当代教育管理模式》，强海燕译，南京师范大学出版社1998年版。

［18］［英］约翰·斯科特：《社会网络分析法》（第2版），刘军译，重庆大学出版社2007年版。

［19］［日］久下荣志郎、崛内孜:《现代教育行政学》，李兆田等译，教育科学出版社 1981 年版。

［20］［美］D. E. 奥洛斯基等:《今日教育管理》，张彦杰译，春秋出版社 1989 年版。

［21］［美］伊兰·K. 麦克依万:《高绩效校长的 10 大特质:从优秀走向卓越》，重庆大学出版社 2006 年版。

［22］［德］哈拉尔德·米勒:《文明的共存》，郦红红、那滨译，新华出版社 2002 年版。

［23］［荷］C. A. 冯·皮尔森:《文化战略》，刘利圭译，中国社会科学出版社 1992 年版。

［24］联合国教科文组织国际教育发展委员会:《学会生存——教育世界的今天和明天》，教育科学出版社 1996 年版。

（三）外文著作

［1］Audit Commission, *Directions in Diversity*, London: Audit Commission, 2002.

［2］Australian Principals Centre, *Pathways to Principalship*, Melbourne: Australian Principals Centre, 2001.

［3］Bass, B. M., *Leadership and Performance beyond Expectation*, New York: The Free Press, 1985.

［4］Beck, U., *Risk Society*, London: SAGE, 1992.

［5］Bolman, L. G., Deal, T. E., *Reframing Organization: Artistry, Choice, and Leadership* (2$^{nd}$ ed.), San Francisco: Jossey-Base, 1997.

［6］Bolam, R. McMahon, A., Rocklingtom, K., Weinding, D., *Effective Management in Schools*, London: HMSO, 1993.

［7］Boyer, E., *Campus Life in Search of Community*, Princeton, N. J.: Carnegie Foundation for the Advancement of Teaching, 1990.

［8］Bush, T. & Glover, D., *School Leadership Concepts and Evidence*, Notingham: NCSL, 2003.

［9］Caldwell, B., Spinks, J., *Leading the Self-Managing School*, London:

The Farmer Press, 1992.

[10] Campbell, John p. *Managerial Behavior, Performance, and Effectiveness*, New York: Mcgraw-Hill, 1970.

[11] Campbell, Roald F. , Thomas Fleming, Jackson Newell, L. , John W. Bennion, *A History of Thought and Practice in Educational Administration*, New york: Teachers College Press, 1987.

[12] Catherine, Hakim, *Research Design: Strategies and Choices in the Design of Social Research*, London: Allen & Unwin, 1987.

[13] Cheng, Y. C. , *School Effectiveness and School-based Management: A Mechanism for Development*, London: Falmer Press, 1996a.

[14] Clift, J. P. , Spillane, *Distributed Leadership*, San Francisco: Jossey-Bass, 2006.

[15] Clift, R. T. , Thurston, T. W. , *Distributed Leadership: School Improvement Through Collaboration*, Greenwich, CT: JAI Press, 1995.

[16] Conger, Jay A. , Kanungo, Rabindra N. , *Charismatic Leadership*, San Franciso: Jossey-Bass, 1988.

[17] Crowson, R. L. , Boyd, W. L. , *The Politics of Education and the New Institutionalism: Reinventing the American School*, Brighton: Falmer Press, 1996.

[18] Cunningham William G. , Paula A. Cordeiro, *Educational Administration-A Problem-based Approch*, Boston: Pearson Education, Inc. as Allyn & Bacon, 2000.

[19] Department for Education and Skills ( DfES ), *National Standards for Headteachers*, Nottingham: DfES, 2004.

[20] Department for Education and Skills. ( DfES ), *School Achieving Success ( White Paper )*, Notting Shire: The Sationery Office, September, 2001.

[21] Dogan, Mattei, Robert Pahre, *Creative Marginality: Innovation at the Intersections of Social Sciences*, Boulder: Westview Press, 1990.

[22] Earley, P. , Weindling, D. , *Understanding School Leadership*, London:

Paul Chapman Publishing, 2004.

[23] Elmore, R. F. , *Building a New Structure for School Leadership*, Washington DC: Albert Shanker Institute, 2000.

[24] Fiedler, F. E. , *A Theory of Leadership Effectiveness*, New York: McGraw-Hill, 1967.

[25] Fiedler, F. E. , Garcia, J. E. , *New Approaches to Effective Leadership: Cognitive Resources and Organizational Performance*, New York: Wiley, 1987.

[26] Foster, W. , *Paradigms and Promises: New Approaches to Educational Administration*, Buffalo: Prometheus Press, 1986

[27] Fullan, M. , *Turnaround Leadership*, San Francisco: Jossey-Bass, 2006.

[28] Giddens, R. , *Consequence of Modernity*, Stanford: Stanford University Press, 1990.

[29] Griffith, D. E. , Stout, R. T. , Forsyth, p. B. , *Leaders for America's Schools: the Report and Papers of the National Commission on Excellence in Educational Administration*, Berkeley, CA: McCutchan Publishing Corporation, 1988.

[30] Hanson, E. M. , *Educational Administration and Organizarional Behavior* (3$^{rd}$. ed. ), Boston: Allyn and Bacon, 1991.

[31] Hanson, E. Mark, *Educational Administration and Organizational Behavior* (5$^{th}$ ed. ), Boston: Pearson Education, Inc. as Allyn & Bacon, 2003.

[32] Hemphill, J. K, Griffith, D. E. , Frederkisen, N. , *Administrative Performance and Personality*, New York: Bureau of Publication, Teachers College, Columbia University, 1962.

[33] Hodgkinson, C. , *Administrative Philosophy: Values and Motivations in Administration Life*, Oxford: Pergamon, 1996.

[34] Hodgkinson, C. , *Educational Leadership: The Moral Art*, New York: State University of New York, 1991.

[35] Hoy, W. K. , Miskel, C. G. , *Educational Administration: Theory, Re-

*search, and Practice* (7<sup>th</sup> ed. ), New York: McGraw-Hill Companies, Inc. , 2005.

[36] James, E. , *Houston in Educational Resources of Information Center. Thesaurus of ERIC Descriptors*, 14<sup>th</sup>, Oryx Press, 2001.

[37] Larson, R. L. , *Changing Schools from the Inside Out*, Technomic Publishing Company, Inc. , 1992.

[38] Lingard, B. , *Leading Learning: Making Hope Practical in School*, Maidenhead; Philadelpha: Open University Press, 2003.

[39] Louis, K. S. , Miles, M. B. , *Improving High School: What Works and Why*, New York: Teachers College Press, London: Cassell, 1991.

[40] MacGregor, Burns James, *Leadership*, New York: Harper & Row, 1978.

[41] Mintzberg, H. , *Managers not MBAs*, San Francisco: Berret-Koehler, 2004.

[42] Murphy, J. , *Resturcturing Schools: Capturing and Assessing the Phenomena*, New York: Teachers College Press, 1991.

[43] Nunnally J. C. , *Psychometrics Methods*, N. Y. McGraw-Hill Company, 1978.

[44] Owens, R. G. , *Organizational Behavior in Education: Instructional Leadership and School Reform* (7<sup>th</sup> ed. ), Bosston: Allyn and Bacon, 2001.

[45] Owens, R. G. , *Organizational Behavior in Education: Instructional Leadership and School Reform* (8<sup>th</sup> ed. ), Boston: Pearson Education, Inc. as Allyn & Bacon, 2004.

[46] Sergiovanni, T. J. , *Value-added Leadership: How to Get Extraordinary Performance in Schools*, New York: Harcourt Brace Jovanovich, 1990.

[47] Sergiovanni, T. J. , *Educational Governance and Administration* (4<sup>th</sup> ed. ), Boston: Allyn & Bacon, 1999.

[48] Sergiovanni, T. J. , *The Principalship: A Reflective Practice Perspective* (6<sup>th</sup> ed. ), Boston: Pearson, 2003.

[49] Southworth, G. , *Leading Imporving Primary School: The Work of Heads and Deputy Head Teachers*, London: Falmer Press, 1998.

[50] Southworth, G. , *Leading Improving Primary schools: The Work of Heads*

*and Deputy Headteachers*, London：Falmer Press，1998b.

[51] Spillance, J. P. , *Distributed Leadership*, San Francisco：Jossy-Bass，2006.

[52] Stogdill, R. M. , Coons, A. E. , *Leader Behavior：Its Description and Measurement*, Columbus：Ohio State University, Bureau of Bussiness Research，1957.

[53] Teacher Training Agency, *National Standards for Headteachers*, London：Teacher Training Agency，1997.

[54] Tomlinson, John, *Globalization and Culture*, Cambridge：Polity Press，1999.

[55] Webster-Merriam, *Merriam-Webster's Collegiate Dictionary（Tenth Edition）*, Philippines：Merriam-Webster, Inc. ，1996.

[56] Yukl, G. , *Leadership in Organizations*（4$^{th}$ ed. ），Upper Saddle River, NJ：Prentice-Hall，1998.

[57] Yukl, G. A. , *Leadership in Organization*（5$^{th}$ ed. ），Upper Saddle River, NJ：Prentice Hall，2002.

## 二　论文部分

（一）中文论文

[1] 蔡怡：《教育领导理论新进展》，《比较教育研究》2007 年第 1 期。

[2] 成中英：《21 世纪中国哲学走向：诠释、整合与创新》，《中国社会科学院研究生院学报》2001 年第 6 期。

[3] 丁钢：《教育与日常实践》，《教育研究》2004 年第 2 期。

[4] 范国睿：《论校长的文化使命》，《河南大学学报》（社会科学版）2007 年第 2 期。

[5] 方学礼：《分布式领导——西方学校领导再造探研》，《外国教育研究》2005 年第 12 期。

[6] 冯大鸣、托姆林森：《21 世纪对校长的新要求》，《教学与管理》2001 年第 10 期。

[7] 顾佳峰：《教育全球化：对抗还是对策》，《外国教育研究》2006 年第 9 期。

［8］郭为藩：《社会变迁与学校领导》，《教育发展研究》2005 年第 11 期。

［9］何华宇：《可持续教育领导力：背景、内涵及行动提升》，《发展教育研究》2010 年第 2 期。

［10］黄会林、高永亮：《"第三极电影文化"构想》，《现代传播》（中国传媒大学学报）2011 年第 4 期。

［11］黄忠敬：《学校领导如何引领学校变革》，《教育发展研究》2009 年第 18 期。

［12］教育部"新课程实施与实施过程评价"课题组：《基础教育课程改革的成就、问题与对策——部分国家级课程改革实验区问卷调查分析》，《中国教育学刊》2003 年第 12 期。

［13］蒋金魁：《学校转型性变革中校长角色冲突探析》，《现代教育论丛》2008 年第 6 期。

［14］江苏省常州市钟楼区"新基础教育"研究课题组：《素质教育区域推进中的学校转型性变革》，《基础教育》2008 年第 12 期。

［15］李菲：《当代教育管理学术话语分析》，曲阜师范大学硕士学位论文，2007 年。

［16］李洁芳：《分布式领导概念内涵、角色关系辨析与未来研究展望》，《外国经济与管理》2008 年第 8 期。

［17］李瑾瑜：《从教育管理走向教育领导》，《中国教育报》2007 年 1 月 23 日第 6 版。

［18］李培林：《"另一只看不见的手"：社会结构转型、发展战略及企业组织创新》，袁方等：《社会学家的眼光：中国社会结构转型》，中国社会出版社 1998 年版。

［19］李政涛：《当代中国基础教育改革的方法论特征探析》，《基础教育》2009 年第 5 期。

［20］廖胜姣、肖仙桃：《基于文献计量的共词分析研究进展》，《情报科学》2008 年第 6 期。

［21］刘付忱、刘树范：《国外教育科学发展概述》，《教育管理学》，教育科学出版社 1987 年版。

[22] 刘朋：《学校改革策略问题之研究》，华东师范大学硕士学位论文，2003 年。

[23] 马健生：《学校改革机制与模式：组织行为学的观点》，《比较教育研究》2003 年第 3 期。

[24] 石文川等：《摘要在科技论文中的重要性及写作技巧》，《河北农业大学学报》2000 年第 4 期。

[25] 舒琴：《高等学校参与区域经济与社会发展的模式研究》，南京理工大学硕士学位论文，2007 年。

[26] 孙锦明：《中学校长领导力研究》，华东师范大学博士学位论文，2009 年。

[27] 孙绵涛、罗建河：《教育管理若干问题的探索》，《教育研究》2004 年第 9 期。

[28] 王海英、伍州：《学校改进的路径分析：学校领导的视角》，《教育科学》2009 年第 2 期。

[29] 王啸、邹丕振：《"现代性"的教育学话语：在全球化与本土化之间》，《江苏大学学报》（高教研究版）2004 年第 1 期。

[30] 王正静：《学校创新培养初探》，《合肥学院学报》（社会科学版）2006 年第 1 期。

[31] 吴定初：《关于中国基础教育国际化与民族化的思考》，《教育评论》2003 年第 4 期。

[32] 吴国平：《教育领导：一种学校组织行政的新视域》，《全球教育展望》2009 年第 11 期。

[33] 温恒福：《重视和加强教育领导学的研究》，《教育研究》2004 年第 9 期。

[34] 许苏：《美国〈学校领导标准〉及其特点分析》，《外国中小学教育》2008 年第 12 期。

[35] 袁利平：《教育国际化的真实内涵及其现实检视》，《西华师范大学学报》（哲学社会科学版）2009 年第 1 期。

[36] 袁振国：《2006—2007 中国基础教育发展研究报告》，《素质教育与

中国社会主义》，教育科学出版社 2008 年版。

［37］杨天平：《西方教育管理研究 100 年》，《外国教育研究》2004 年第 9 期。

［38］杨天平：《教育管理概念的跨文化语言学辨析》，《浙江师范大学学报》（社会科学版）2005 年第 6 期。

［39］杨小微：《风雨兼程 30 年——改革开放以来中国基础教育的改革与发展评估》，《基础教育》2009 年第 1 期。

［40］杨小微：《转型性变革中的学校领导》，《教育研究与实验》2005 年第 4 期。

［41］杨小微、李伟胜、徐冬青：《学校领导与管理变革的探索与反思》，《教育发展研究》2009 年第 8 期。

［42］杨颖秀：《教育管理学的发展轨迹、价值取向及其对研究者素质的挑战》，《教学与管理》2005 年第 28 期。

［43］叶澜：《实现转型：世纪初中国学校变革的走向》，《探索与争鸣》2002 年第 7 期。

［44］叶澜：《中国教育创新呼唤"具体个人"》，《中国社会科学》2003 年第 1 期。

［45］叶澜、李政涛、吴亚萍：《学校转型性变革中的评价改革——基于"新基础教育"成型性研究中期评估的探究》，《教育发展研究》2007 年第 4A 期。

［46］于泽元：《校本课程发展与转型的课程领导》，《课程领导与课程评价的理论与实践（第五届两岸三地课程理论研究研讨会）》，西北师范大学出版社 2003 年版。

［47］俞可：《教育领导研究方法论刍议》，《复旦教育论坛》2010 年第 1 期。

［48］张平：《学校变革视野下校长领导力研究》，华东师范大学博士学位论文，2009 年。

［49］张雄：《论组织变革与组织文化塑造的动态统一》，《学术探索》2004 年第 9 期。

［50］张兆芹：《学校领导决策模型的实证研究》，《教育发展研究》2010 年第 6 期。

［51］赵健：《基于知识创新的学校组织发展——兼论学习共同体与学习型组织的异同》，《全球教育展望》2007 年第 2 期。

［52］赵敏、刘献君：《学校领导行为谈论》，《华南师范大学学报》（社会科学版）2004 年第 4 期。

［53］郑金洲：《教育现代化与教育本土化》，《华东师范大学学报》（教育科学版）1997 年第 3 期。

［54］钟启泉：《课堂改革：学校改革的中心——与日本佐藤学教授的对话》，《全球教育展望》2004 年第 3 期。

（二）中文译作

［1］［美］芭芭拉·J. 戴维斯、布伦特·戴维斯：《开发学校战略领导模式》，苏红译，褚宏启：《教育管理与领导》（第 2 卷），教育科学出版社 2009 年版。

［2］［英］伊莉莎白·力奥、莱恩·巴顿：《包容性、多元化与领导——相关视角、可能性与反对意见》，王珏译，褚宏启：《教育管理与领导》（第 2 卷），教育科学出版社 2009 年版。

［3］［英］蒂姆·西姆金斯：《教育领导——"什么是有效领导"或"如何理解领导"》，褚宏启：《教育管理与领导》（第 1 卷），刘冷馨、苏红译，教育科学出版社 2008 年版。

（三）外文论文

［1］Barber, Michael, "The Very Big Picture", *Improving Schools*, 2000, 3 (2).

［2］Barth, R. S., "Shool: A Community of Leaders", A. Lieberman, *Building a Professional Culture in Schools*, New York: Teachers College Press, 1988.

［3］Bates, Richard, "Administering the Global Trap: The Role of Educational Leaders", *Educational Management & Leadership*, 2002, 30 (2).

［4］Bolam, R., "The Changing Roles and Training of Headteachers: The Recent Experience in England and Wales", Hallinger, P., *Reshaping the Landscape of School Leadership Development: A Global Perspective*, Lisse: Swets & Zeitlinger Publishers, 2003.

［5］Bolman, L. G., Deal, T. E., "Images of Leadership", *Occasional Pa-*

per, Cambridge, MA: Haravard Univ. Press, National Center for Educational Leadership: 1991, (20).

[6] Chemers, M. M. , "Cross-Cultural Training as a Means for Improving Situational Favorablenss", *Human Relations*, 1969, (22).

[7] Churchill, Gilbert A, J Paul Peter, "Research Design Effects on the Reliability of Rating Scales: A Meta-Analysis", *Journal of Marketing Research*, 1984, (21).

[8] Culbertson, J. A. , "A Century's Quest for a Knowledge Base", *Norman J. Boyan* (ed.), *Handbook of Research on Educational Administration*, New York: Longman Inc, 1988.

[9] Daun, H. , "National Forces, Globalization and Educational Restructuring: Some European Response Patters", *Comapre*, 1997, 27 (1).

[10] Edmonds, R. , "Effective Schools for the Urban Poor", *Educational Leadership*, 1979, (37).

[11] Elmore, R. F. , "Why Resturcturing Alone Won't Improve Teaching", *Educational Leadership*, 1992, 49 (7).

[12] Fink, D. , Hargreave, A. , "A Sustaining Leadership", *Phi Delta Kappan*, 2003, 84 (9).

[13] Fink, D. , Hargreave, A. , "The Seven Principles of Sustainable Leadership", *Educational Leadership*, 2004, 61 (7).

[14] Fleishman, E. A. , Harris, E. F. , "Patterns of Leadership Behavior Related to Employee Grievance and Turnover", *Personnel Psychology*, 1962, (15).

[15] Fullan, M. , "The School as Learning Organization: Distant Dreams", *Theory into Practices*, 1995, 34 (4).

[16] Gibb, C. A. , "Leadership", G. Lindzey, *Handbook of Social Psychology* (Vol. 2), Cambridge, MA: Addison Wesley, 1954.

[17] Gills, Barry K. , William, R. , "Thompson. Globalization, Global Histories and Historical Globalities", Barry K. Gills, William, R. Thompson, *Globalization and Global History*, Oxford & New York: Routledge,

2006.

[18] Goldman, Harvey, "Innovation and Change in the Production of Knowledge", *Social Epistemology*, 1995, 9 (3).

[19] Gronn, P., "Distributed Leadership as a Unit of Analysis", *The Leadership Quarterly*, 2002, 13 (4).

[20] Gunter, H., "Critical Approaches to Leadership in Education", *Houral of Educational Inquiry*, 2001, 2 (2).

[21] Hall, S., "Cultural Studies and the Politics of Internationalization", David Morley, Kuan-Hsing Chen, *Stuart Hall: Critical Dialogues in Cultural Studies*, Oxford & New York: Routledge, 1996, (8).

[22] Hallinger, P., "The Emergence of School Leadership Development in an Era of Globalization: 1980—2002", Hallinger, P., *Reshaping the Landscape of School Leadership Development: A Global Perspective*, Lisse: Swets & Zeitlinger Publishers, 2003a.

[23] Hallinger, P., "School Leadership Preparation and Develpoment in Global Perspective: Future Challenges and Opportunities", Hallinger, P. (Ed.), *Reshaping the Landsacape of School Leadership Development: A Global Perspective*, Lisse: Swets & Zeitlinger Publishers, 2003b.

[24] Harris, A., "Teacher Leadership and School Improvement", A. Harris, C. Day, D. Hopkins, M. Hargreave, Hargreaves, A., Chapman, C., *Effective Leadership for School Improvement*, London: Routledge Falmer, 2003b.

[25] Harris, A., "Distributed Leadership in Schools Leading or Misleading?", *Management in Education*, 2002, 16 (5).

[26] Harris, A., "Introduction: Challenging the Orthodoxy of School Leadership: towards Alternative Theoretical Perspectives", *Educational Management Adminitration & Leadership*, 2003, 23 (2).

[27] Harris, Alma, "Distributed Leadership and School Improvement", *Educational Management & Leadership*, 2004, 32 (1).

[28] He Q., "Knowledge Discovery through Co-Word Analysis", *Library*

Trends, 1999, 48 (1).

[29] Hopkins, D., "Instructional Leadership and School Improvement", Harris, A., Day, C., Hopkins, D., Hadfield, M., Hargreaves, A., Chapman, C., *Effective Leadership for School Improvement*, London: Routledge Falmer, 2003.

[30] House, R. J., "A 1976 Theory of Charismatic Leadership", Hunt, J. G., Larson, Sc L. L. (Eds.), *Leadership: The Cutting Edge*, Carbondale, IL: Southern Illinois University Press, 1977.

[31] House, R. J., Filley, A. C., "Leadership Style, Hierarchical Influence, and the Satisfaction of Subordinate Role Expectation: A Test of Liker's Influence Proposition", *Journal of Applied Psychology*, 1971, (55).

[32] House, R. J., Aditya, R. N., "The Social Scientific Study of Leadership: Quo Vadis?" *Journal of Management*, 1997, 23 (3).

[33] Howell, J. P., "Substitutes for Leadership: Their Meaning and Measurement: An Historical Assessment", *Leadership Quarterly*, 1997, 8 (2).

[34] Jeff, Archer, "Weaving Webs", *Education Week*, 2004, 23 (27).

[35] Judgy, T. A., Piccolo, R. F., "Transformational and Transactional Leadership: A Meta-Analysis Test of Their Relative Validity", *Journal of Applied Psychology*, 2004, 89 (5).

[36] Kerr, S., Jermier, J. M., "Substitutes for Leadership: Their Meaning and Measurement", *Organizational Behavior and Human Performance*, 1978, (22).

[37] King, D., "The Changing Shape of Leadership", *Educational Leadership*, 2002, 59 (8).

[38] Law, J., Bauin, S., Courtial J. Petal, "Policy and the Mapping of Scientific Change: A Co-Word Analysis of Research into Envir-on-Mental Acidification", *Scientometrics*, 1988, (14).

[39] Law, J., Whittaker, J., "Mapping Acidification Research: A Test of the

Co-word Method", *Scientometrics*, 1992, 23 (3).

[40] Lawler, E. E. Ⅲ., "Education, Management Stly, and Organizational Effectiveness", *Personnel Psychology*, 1985, (38).

[41] Leithwood, K., "The Move toward Transformational Leadership", *Educational leadership*, 1992, 49 (5).

[42] Leithwood, K., "Leadership for School Restructuring", *Educational Administration Quarterly*, 1994, 30 (4).

[43] Leithwood, K., Duke, D. L., "A Century's Quest Understand School Leadership", Murphy, J., Louis, K. S., *Handbook of Research on Educational Administration* (2nd ed.), San Francisco: Jossery-Bass Publishers: 1999.

[44] Leithwood, K., Montgomery, D., "The Role of the Elementary Principal in Program Improvement", *Review of Educational Research*, 1982, (3).

[45] Leithwood, K., Janzi, D., "Transformational School Leadership Effects: A Replication", *School Effectiveness and School Improvement*, 1999, (10).

[46] Leithwood, K., Janzi, D., "The Effects of Transformational Leadership on Organizational Conditions and Student Engagement with School", *Journal of Educational Administration*, 2000, 38 (2).

[47] Levitt, Theodore, "The Globalization of Markets", *The Mckinsey Quarterly*, Mckinsey & Company, Inc., 1984.

[48] Lewin, K., Lippit, R., "An Experimental Approach to the Study of Autocracy and Demoracy: A Preliminary Note", *Sociometry*, 1938, (1).

[49] Lewin, K., Lippit, R., White, R. K., "Patterns of Aggressive Behavior in Experimentally Created Social Climates", *Journal of Social Psychology*, 1939, (10), Mason, R., "From Idea to Ideology: School Administration Texts 1820—1914", Glass, T. E. (Ed.), *An Analysis of Texts of School Administration* 1820—1985, Danvill, Ⅱ: Intersate, 1986.

[50] Mann, R. D., "A Review of the Relationships between Persnonality and Performance", *Psychological Bulletin*, 1959, (56).

[51] McCain, Katherine W. , "Mapping Authoes in Intellectual Space: A Technial Overview", *Journal of the American Society for Information Science*, 1990, 41 (6) .

[52] Mitchell, D. E. , Tucker, S. , "Leadership as a Way of Think", *Educational Leadership*, 1992, 49 (5) .

[53] Mulford, B. , Silins, H. , "Leadership for Organizational Leering and Improved Student Outcomes", *Cambridge Journal of Education*, 2003, 33 (2) .

[54] Mumford, M. D. , Zaccaro, S. J. , Harding, F. D. , Jacobs, T. O. , Fleishman, E. A. , "Leadership Skills for a Changing World: Solving Complex Social Problems", *Leadership Quarterly*, 11 (1) .

[55] Murphy, J. , Yff, J. , Shipman, N. , "Implementation of the Interstate School Leaders Licensure Consortium Standerds", *International Journal of Leadership in Education*, 2000.

[56] Otte, E. , Rousseau, R. , "Social Network Analysis: A Powerful Strategy, also for the Information Sciences", *Journal of Information Science*, 2002, 28 (6) .

[57] Pinchot, G. , "Creating Organizations with Many Leaders", Hesselbein, F. , Goldsmith, M. , Beckard, R. , *The Leader of Future*, San Francisco: Jossey-Bass, 1996.

[58] Podsakoff, p. M. , Niehoff, B. P. , Mackenzie, S. B. , Williams, M. L. , "Do Substitutes for Leadership Really Substitutes for Leadership? An Empirical Examination of Kerr and Jermier's Situational Leadership Model", *Organizatioanal Behavior and Human Decision Processes*, 1993, (54) .

[59] Restine, N. , "Leaning and Development in the Contexts of Leadership Preparation", *Peabody Journal of Education*, 1997, 72 (2) .

[60] Richmon, M. , Allison, D. , "Towards a Conceptual Framework for Leadership Inquiry", *Educational Management & Administration*, 2003, 31 (1) .

[61] Robinson, V. , "Critical Theory and the Social Osychology of Change",

Leithwood, K. , Chapman, J. , Croson, D. , Hallinger, P. , Hart, A. , *International Handbook of Educational Leadership and Administration*, London: Kluwer Academic, 1996.

[62] Ruekert R. W. , Churchill, G. A. , "Reliability and Validity of Alternative Measures of Channel Member Satisfaction", *Journal of marketing Research*, 1984, 21 (2) .

[63] Sagor, Richard, "The TQE (Total Quality Education) Principal: A Transformed Leader", Frase, L. E. , *Total Quality Education for World's Best Schools: The Comprehensive Planning and in Plementation Guide for School administrators*, Thousand Oaks, CA: Corwin Press Inc, 1994, (4) .

[64] Selter, J. , Numerof, R. E. , "Supervisory Leadership and Subordinate Burnout", *Academy of Management Journal*, 1988, (31) .

[65] Sergiovanni, T. J. , "Leadership and Excellence in Schooling", *Educational Leadership*, 1984, 41 (5) .

[66] Sergiovanni, T. J. , "Leadership as Pedagogy, Capital Development and School Effective", *International Journal of Leadership in Education*, 1998, (1) .

[67] Shamir, B. , House, R. J. , Arthur, M. B. , "The Motivational Effects of Chrismatic Leadership: A Self-concept Based Theory", *Organization Science*, 1992, (4) .

[68] Small, H. G. , Griffith, B. C. , "The Structure of Scientific Literatures I: Identifying and Graphing Specialties", *Science Studies*, 1974, 4 (1) .

[69] Stogdill, R. M. , "Personal Factors Associated with Leadership: A Survey of the Literature", *Journal of Psychology*, 1948, (25) .

[70] Stogdill, R. M. , "Personal Factors Associated with Leadership: A Survey of the Literature", *Journal Psychology*, 1948, (25) .

[71] Taylor, W. , "Training the Head", B. Allen, *Headship in the 1970s*, Oxford: Blackwell, 1968.

[72] Ulrich, D. , "Credibility x Capability", Hessslbein, F. , Coldsmith,

M., Beckhard, R., *The Leader of Future*, San Francisco: Jossey-Base, 1996.

[73] Valimaa, Jussi, "Nationalisation, Localization and Globalization in Finnish Higher Education", *Higher Education*, 2004, (48).

[74] Vecchio, R. P., "The Impact of Differences in Subordinate and Supervisor Age on Attitudes and Performance", *Psychology and Aging*, 1993, 8 (1).

[75] Yukl, G., Falbe, C. M., "The Importance of Different Power Sources in Downward and Lateral Relations", *Journal of Applied Psychology*, 1991, (75).

[76] Wilkinson, David, "Globalization: The First Ten Hundred Five Thousand and Million Years", Barry K. Gills, William R. Thompson, *Globalization and Global History*, Oxford & New York: Routledge, 2006.

[77] Willower, D. J., Forsyth, p. B., "A Brief History of Scholarship on Educational Administration", Murphy, J., Louis, K. S. (Eds.), *Handbook of Research on Educational Administration-A Project of the American Educational Research Association* (2$^{nd}$ ed.), San Francisco: Jossery-Bass Publishers, 1999.

[78] Whittaker L. R., Samaniego, F. J., "Estimating the Reliability of Systems Subject to Imperfect Repair", *Journal of the American Statistical Association*, 1989, 84 (405).

## 三　网络部分

[1] 百度百科·徐光启传，http://baike.baidu.com/view/4179775.htm, 2011-8-5.

[2] 百度百科·魅力型领导理论，http://baike.baidu.com/view/3178573.htm, 2010-12-6.

[3] 百度百科·家长式领导，http://baike.baidu.com/view/4214866.htm, 2010-12-6.

[4] 百度百科·中国元素，http://baike.baidu.com/view/524057.htm? fr = ala0_1_1, 2010-7-20.

[5] 百度文库·1993 年《中国教育改革发展纲要》，http：//wenku. baidu. com/view/4f5cb908763231126edb1197. html，2010 – 12 – 14.

[6] 百度文库·《关于深化教育改革全面推进素质教育的决定》，http：//wenku. baidu. com/view/a6da6a79168884868762d6c1. html，2010 – 12 – 14.

[7] 百度法律·国家教委关于印发《关于当前积极推进中小学实施素质教育的若干意见》的通知（1997 年 10 月 29 日　教办［1997］29 号），http：//law. baidu. com/pages/chinalawinfo/3/14/3f260cbe164ee100a49ace 9119558b8d_ 0. html，2010 – 12 – 14.

[8] 互动百科·《中华人民共和国义务教育法》，http：//www. hudong. com/wiki/，2010 – 12 – 14.

[9] 张家友：无为而治与现代领导，http：//www. zclw. net/article/sort015/ sort017/info – 3225. html，2011 – 3 – 26.

[10] Nigel Bennett, Christine Wise, Philip Woods. Distributed Leadership, http：//www. ncsl. org. uk/literature reviewes，2010 – 12 – 6.

[11] Lashway, L. Developing Instructional Leaders. ERIC Digest, http：// www. ericdigests. org/2003 – 2/leaders. html, accessed，2010 – 11 – 23.

[12] The National College for School Leadership, http：//www. Nsclonline. Gov. uk. ，2001 – 9 – 5.

[13] Australian Principals Centre, Accreditation as Associate Fellow or Fellow of the Australian Principals Centre（2000a），http：//www. apcenter. edu. au. ，2010 – 12 – 21.

# 附录 A

# 专家访谈典型谈话实录和信息编码提取

## 一 专家访谈

参照"半结构式的访谈"（Semi-structured Depth Interview）框架，我们以学校领导的 6 个基本定位角色依次作为左列行首题项，以"组织系统"和"职业生涯"切分为两大纵列题项，构建访谈矩阵雏形。半结构访谈的关键在于确定由目的性问题所组成的基本访谈框架，访谈提纲设计如下：

### 1. 访谈目的

探究并确定学校领导角色定位，形成《变革时期的学校领导角色定位调查问卷》。

### 2. 访谈对象

根据专家访谈的目的以及大学工作人员工作性质特点，我们把访谈对象划分为两个范畴，第一范畴为行政管理人员，包括校长、校党委书记和院部行政主管；第二范畴为教学、科研人员。这两个范畴的受访对象存在交集。

### 3. 具体访谈过程

第一，开场白：感谢您在百忙之中抽出宝贵的时间接受我的访谈。在访谈过程中，我们会向您提出相关问题，您只需要按照您的理解和认识回答问题，希望您能畅所欲言，率性发挥，向我们表述最能代表您立场的言语。为了便于总结整理，请允许我们使用录音笔用以辅助记录。在这里，我郑重向您承诺，对您的访谈内容及音频文件录音记录仅供研究使用，并将严格保密，请您放心。访谈时间最多不超过半个小时，叨扰您的工作我们深表歉意，希望您能理解和协助，再次对您给予我们工作的支持表示由衷地感谢！

第二，工具辅助：笔、纸、录音笔等。

第三，被访者个人基本信息：被访者个人基本信息，主要包括受访者性别、职称、从教/政年限、受教育程度、所属学科专业或者学科性质等。收集以上信息，主要为了整理、掌握受访人群的认识、理解程度，以便提取有效信息编码来编制问卷，配合论文的进一步写作。

第四，访谈问题。

根据访谈目的以及受访对象的范畴划分，我们设计了相应的访谈问题，其具体内容见表4-9。

第五，结束访谈并致谢。

## 二 典型访谈记录的编码生成和信息提取

1. 受访对象基本信息统计

受访对象共计6人，他们各自所属学科性质、学历和主管工作的领域各有不同，对提问回答的理解、切入视角和表达也因人而异。以下附表1，是受访人群的基本信息。

附表1　　　　　　　　　　　受访专家基本信息

| 性别 | 职称 | 职务 | 从教/政年限 | 文化程度 | 专业学科性质 |
|------|------|------|------------|----------|-------------|
| 男 | 教授 | 人文学部部长 | 27年 | 博士 | 人文社科类 |
| 男 | 教授 | 人文学部党委书记 | 23年 | 博士 | 人文社科类 |
| 男 | 教授 | 校长 | 19年 | 博士 | 自然科学类 |
| 女 | 副教授 | 学生处处长 | 15年 | 博士 | 人文社科类 |
| 男 | 教授 | 高教所所长 | 27年 | 博士 | 人文社科类 |
| 女 | 副教授 | 德育部主任 | 21年 | 博士 | 人文科学类 |

2. 访谈文本的内容分析

首先，我们先将专家访谈录音内容形成文字，生成文本备用存档，以此作为原始信息载体。在此基础上，对已生成的文本资料进行尝试性编码、筛选、提炼受访对象谈话中所引申发挥出的有关学校领导角色定位方面的重要信息。每一关键信息元素是根据谈话内容的原始话语如实锁定提取的。访谈记录关键话语文本分析示例，见附表 2。

表中下划线文字，代表访谈文本关键信息，文字之后追加的括号中的字母代表该信息编码，用于编制问卷时使用。

**附表 2 访谈记录关键话语文本分析**

| 文本整理成文及编码 |
| --- |

L 大学人文学部部长：作为一个学校领导者，应该具有英雄主义的情怀，他应该站在时代的高度去为学校的发展定点站位，为个人乃至全体员工的专业规划（ZYGH）出谋划策。他应该具有虚怀若谷的气度，善于借鉴和学习各方好的经验，所以他应该是个改革家、革新派（BGCX）。此外，我觉得他应该学好关系学，能够观测人心的风向，时刻嗅察民意的反映（XTGT）。

L 大学人文学部党委书记：我一直在学习如何去做一个组织的领导者，所以我也是个学生。我曾想过我未来的去向，因为多年的工作经验告诉我，"主动"比"被动"更容易赢得转机，从而把握局势的发展（ZZFZ）。这就好比下棋，看似走了一着，实际上这一着之前和这一着之后，都是相互关联的；否则，就可能因为个人思虑的不谨慎而造成局面的被动。所以，如果让我总结当领导的经验，就是"主动"或者"谋定而动"。（ZZFZ）当然，在具体行事过程中，应该讲求策略或者方法，善于调度下属的积极性，组建得心应手的班子团队（JCFQ），形成连贯收尾的脉络管道，便于部署和工作（XTGT）。一个领导者，应该站在组织的最高点，所谓"欲穷千里目"；一个领导者，应该具有前瞻性（ZYGH），时刻提醒自己查点不足，"主动"意识，"主动"觉察，"主动"应对，"主动"出击（ZYGH），只有这样自己所在的学校才可能有所谓的前景或出路。

D 大学校长：起初来到这里，我相对于整个学校而言是个"异类"。"异类"的意思就是，环境对于我是陌生的，员工对于我是陌生的，学生对于我是陌生的。记得学生年代，学习《史记》，记得有"运筹于帷幄之中，决胜于千里之外"（ZZYC）的句子，我们的学校的未来发展，就像是一场正在进行的战役，要想实现国内一流的地方性市属综合院校的目标，我们丕有几年甚至是十几年的路途要走。这十几年中，作为学校领导者，应该清楚、冷静，找准我们的定位（ZYGH），获得员工的认可，并努力调动好全体老师学生的积极性，给予他们学习和发展的最好条件，并且使之变为现实，持久保持（ZZYC）。此外，搞好我们和周边社区、院校、团体之间的关系，获得保税区、金州新区的支持（XTGT），树立良好的社会舆论口碑，为我们的学校造势、立威。我认为，大学的根本目的是为了育人，而育人的主要载体还是教学，如果一所学校能够始终站在理论发展前沿，集合优秀教师资源，开设特色学科专业，自然就会在业内形成声誉，也就形成了特色。因此，改变陈旧的教学模式、教学内容（BGCX），逐渐形成代表自己学校的优势专业链条是必要的。比如，让人们一提到我们的学校，就想到什么什么院系或者什么什么学科，这就是口口相传的效应。

续表

| 文本整理成文及编码 |
|---|
| D 大学学生处处长：学生是一个学校的流动资产。如果，培养的学生处于社会的顶尖人群，自然会带动学校声誉的提升。因此，作为主管学生工作的领导，应该善于调动学生"热爱"的情绪。我说的"热爱"，首先是热爱学习，热衷研究，具有不断创新探索的激情。我们当领导的，要具有善于应对学生突发事件的应激能力（ZYYC）；还有，要有效地把自己的工作范畴的尺度，该放权的放权，该拍板的拍板（JCFQ）。注意协调各级部门的关系，处理好其中的微妙关系（XTGT）。学生工作琐碎繁冗，但是关乎学校的脸面，可以体现一个学校的朝气，学校的发展，就是要在"人"的发展上做足文章（ZZFZ）。到任何时候，都不能丢弃教育"育人"的根本。这是个良心活儿，得对得起"人"。目前，生源数量不断下降，学校间招生人数，笼络人心都得比拼。 |
| H 大学高教所所长：一个学校的领导者，首先要树立好自己的威望，具有众心所向的魅力。因此，这种个人魅力的形成，不是在朝夕之间，而是不断积累形成的。他必须不断地学习，不断地充实，为个人设定增长曲线（ZYGH）。作为一个组织的领导者，我觉得他应该使自己成为一个杰出的管理者（ZZYC）或者 CEO。就像是不断推陈出新的"苹果"，要使自己的大脑存储处于不断更新的状态（BGCX）。所以说，一个学校的领导者，应该是学习标兵，应该身先士卒，带领全体员工不断学习，不断创造，不断更新（BGCX）（ZZFZ）。 |
| Q 大学德育部主任：我刚刚被升任为我校的德育部主任，开学第一次带领我们部门的老师进行集体备课。所谓集体备课，就是大家在一起碰一下，这学期的教学进度计划，此外我把放假在北京开会的收获体会向老师们做了汇报。其实大学里，没有集体"备课"一说，但是，我们可以把"备课"搞成交流会，比如说传授一些好的建议。我们的一个老师在"备课"中，就给我们推荐了一个网站，用于课间休息播放，效果就很好。大学的课程，不像是中小学那样，上得一板一眼，但是应该继承中小学教师的那种专心认真，索然无味的讲解学生肯定不愿听，改变自己的死气沉沉，才能有被接受的可能（BGCX）。为什么有的老师的课学生欢迎，有的老师的课学生"吐槽"，方法和新鲜感很重要（BGCX），当然这之中也有老师的人格魅力的问题。结合上学期学生给教师打分评比的意见，我也谈了个人的体会。我觉得，我们教师的言行举止，行为表现，绝对够得上学生的"谈资"。作为老师应从自身做起，坚守师道，育人不厌、诲人不倦，这样才能带动学生一起学习。一个老师的成长，应该随刻为自己补充"维生素"，经常"补钙"就不会"缺钙"（ZZFZ）；我们院方也应该为老师们创造这样的机会（ZYGH），让他们可以时刻"走出去"，进一步挖掘个人的职业能力潜力。一个组织，应该创设一个包容宽松的氛围，让所有的成员，都能获得满足感和幸福感（ZZYC），就像一眼清泉，只有"流动"才有活力，要让所有人都有新鲜感（BGCX）。 |

## 三　生成编码的信息描述

我们对受访对象的关键言语文本进行编码分析后，合并、筛选并提炼了 6 个学校领导角色定位要素，见附表 3。

附表 3　　　　　　　　学校领导角色定位描述

| 序号 | 信息编码 | 含义描述 |
|---|---|---|
| 1 | 专业规划者（ZYGH） | 谋定而动，规划实施，引领垂范，不断提升 |
| 2 | 组织运筹者（ZZYC） | 适应变化，合理布局，改进提高，高效有序 |

| 序号 | 信息编码 | 含义描述 |
|------|----------|----------|
| 3 | 变革创新者（BGCX） | 树立愿景，推陈出新，形成特色，实践完善 |
| 4 | 决策赋权者（JCFQ） | 谋划细节，充分调动，张弛有度，收放自如 |
| 5 | 协调沟通者（XTGT） | 内外联动，有效调度，切中关键，把握动向 |
| 6 | 自主发展者（ZZFZ） | 传承发展，荣辱与共，共同学习，多元拓展 |

# 附录 B

# 调查问卷

尊敬的老师：

您好！

本调查的目的在于调查变革时期学校领导角色定位的问题，做科学研究使用。研究以不记名方式进行，人口统计学结果只作整体分析，不涉及个别例证。同时，我们郑重承诺，您所填的内容不会透露给其他人。

问卷调查分成两个部分，第一部分，基本情况调查，第二部分"变革时期的学校领导角色定位"。

您的回答无所谓"对错"或"好坏"，但答卷的真实性将直接影响到调研的结果；因此，真诚地希望您根据自己多年治学、教学经验和理论认识，如实地填写此卷。

最后，由衷地感谢您的支持，并祝您身体健康，工作顺利！非常感谢您的支持与合作！

华东师范大学基础教育改革与发展研究所

大连大学高等教育科学研究所

时间：……

第一部分：基本情况调查。

性别：男／女。

受教育程度：本科以下／本科／硕士／博士及以上。

学科领域：自然科学/ 人文社会科学 /艺术体育/其他。

从教/执政年限：5 年以内 / 6—10 年/ 11—15 年/16 以上。

职称：助教/讲师/副教授/教授。

职务：校级领导/中层干部/一线教师和研究者/辅导员

所在学校类型：研究型/教学型/教学—研究型（研究—教学型）

您所在的学校：_____。

第二部分：

### 变革时期的学校领导角色定位调查问卷

尊敬的老师，您好：

以下有是关"变革时期的学校领导角色"的陈述，请根据您的理解和认识，对照各项表达，在最能体现您看法的数字选项上划"√"。

说明：5 表示"非常赞同（重要）"；4 表示"赞同（重要）"；3 表示"比较赞同（重要）"；2 表示"不太赞同（重要）"；1 表示"不赞同（重要）"。

| 序号 | 认同程度<br>角色定位陈述 | 非常赞同 | 赞同 | 比较赞同 | 不太赞同 | 不赞同 |
|---|---|---|---|---|---|---|
| 1 | 学校领导应该具有权力布局意识和高而强的执行力，充分调度成员的积极性。 | 5 | 4 | 3 | 2 | 1 |
| 2 | 学校领导应该具备与时俱进的理念，善于发挥校内外联动的功能。 | 5 | 4 | 3 | 2 | 1 |
| 3 | 学校领导应该善于组建师生活动团队，并且给予他们一定的自主权。 | 5 | 4 | 3 | 2 | 1 |
| 4 | 学校领导应该使组织适应外界环境的变化，并能及时进行信息的转换与更新。 | 5 | 4 | 3 | 2 | 1 |
| 5 | 学校领导者应该善于从基层提拔后备干部，用以确保组织机体永葆活力。 | 5 | 4 | 3 | 2 | 1 |
| 6 | 学校领导者应该敏锐捕捉组织变化的动向，内促外联，长效始终。 | 5 | 4 | 3 | 2 | 1 |
| 7 | 学校领导者对学校组织机构的构成模式秉持"散而有度"的态度。 | 5 | 4 | 3 | 2 | 1 |
| 8 | 学校领导应该提出并传播组织共享的愿景构想，勇于开拓，求新发展。 | 5 | 4 | 3 | 2 | 1 |
| 9 | 学校领导者能够在周围情境中率先发现改革契机，具有发现需求的创造性。 | 5 | 4 | 3 | 2 | 1 |
| 10 | 学校领导应该善于平衡"自我提升"与"共同进步"的关系。 | 5 | 4 | 3 | 2 | |
| 11 | 学校领导者应该善于汲取同侪的经验，并能够做到智慧地扬弃，合理地继承。 | 5 | 4 | 3 | 2 | 1 |
| 12 | 学校领导应该时刻关注自身，多方寻求自主发展的渠道或者可能空间。 | 5 | 4 | 3 | 2 | 1 |
| 13 | 学校领导对于组织中的突发事件应该具备应激能力。 | 5 | 4 | 3 | 2 | 1 |

| 序号 | 角色定位陈述　　　　　认同程度 | 非常赞同 | 赞同 | 比较赞同 | 不太赞同 | 不赞同 |
|---|---|---|---|---|---|---|
| 14 | 学校领导应该根据变化相时而动，打造高效良好的组织运行机制。 | 5 | 4 | 3 | 2 | 1 |
| 15 | 学校领导者应该具有适应变化的能力，关键时能果决行事，当机立断。 | 5 | 4 | 3 | 2 | 1 |
| 16 | 学校领导者应该合理布局管理职能，确保常规事务的有序进行。 | 5 | 4 | 3 | 2 | 1 |
| 17 | 学校领导者能够打破陈规陋俗，善于改进工作方法，随时更新知识储备。 | 5 | 4 | 3 | 2 | 1 |
| 18 | 学校领导应该善于研发校本课程，打造学校特色品牌。 | 5 | 4 | 3 | 2 | 1 |
| 19 | 学校领导应该具有自我意识的调控能力，先掌控自己，再去指导他人。 | 5 | 4 | 3 | 2 | 1 |
| 20 | 学校领导应该主动研究组织成员的成长规律，掌握组织机体的发展节律。 | 5 | 4 | 3 | 2 | 1 |
| 21 | 学校领导者应该指导教师发觉自身的隐性知识，为其保护激活并用于实践。 | 5 | 4 | 3 | 2 | 1 |
| 22 | 学校领导应该掌握科学系统的业务知识，推陈出新，持续发展。 | 5 | 4 | 3 | 2 | 1 |
| 23 | 学校领导者应该具有"拿来主义"的气度，谋定而动，规划实施。 | 5 | 4 | 3 | 2 | 1 |
| 24 | 学校领导者应该以自身的提升来引领组织整体的发展，并力开拓，不断向前。 | 5 | 4 | 3 | 2 | 1 |

# 后　记

　　本书是在华东师范大学博士后工作报告的基础上，修订完善而成。一想到有一天，自己平日里的文字可以连缀成一本"书"，并可能忝列于"学术"的阵营中，真的有一种去"送死"的感觉。或许刀头舔血，马革裹尸？但总是弱弱地期许，不辜负自己为"梦想"而作出的努力。因为，"大半的人在二十岁或三十岁上就死了：一过这个年龄，他们只变成了自己的影子；以后的生命不过是用来模仿自己，把以前真正有人味儿的时代所说的，所做的，所想的，所喜欢的，一天天地重复，而且重复的方式越来越机械，越来越脱腔走板"。在别人看来，算作出丑；于自己，是安慰。

　　听人说，愿意经常回忆是年老的开始，只是我的回忆开始得这么早。我不揣冒昧，絮絮地回忆，一点一点，把记忆中始自 2009 年深秋遇见的断简残章扒拉出来，为我波光激滟的福气做个见证。希望这里遇到的每个人成为我的小说的开头，每个人都变成了一个纸团，被捡起来，被展开，被解码或者破译，故事就这样顺理成章地凸现出来，然后被一个低沉圆融的声音给念出来。无数个偶然重重叠叠地交错在一起，蔓延成值得珍存的想念。

　　一段时间内，我专注于键盘敲出的方块字的面积，来屏蔽纷扰的时光：让耳朵变得虚怀若谷，让笑容看上去云淡风轻，让手指尽可能玩世不恭。就这样，来不及苍老，可我的思维逐渐钝化；来不及妥协，可我分明学会了伪装；来不及把青春变成雍容，可我更愿意选择循规蹈矩的生活；来不及把格子衬衫变成职业装，可我已然放弃了端庄；浓黑的长发来不及稀松蟠然，可我正在衰老的路途上一路狂奔。

"生活是种律动，须有光有影，有左有右，有晴有雨，滋味就含在这变而不猛的曲折里"，我来不及准备，已然站在来路和去路的交会处。2009 年 10 月 10 日，一封从大连的邮件莽撞地发至杨小微老师的邮箱，我清楚地记得信函的最后一句：虽已秋凉，但心情却可以这般描摹，"更无柳絮因风起，惟有葵花向日晴"。祝您健康，并期待您的回音。不曾料到，这个回音出现在第二天，从此我的运气也来了。

特别喜欢刘瑜的这一句：作为严格意义上的"第三性别"成员，或者抬举自己说成是"女知识分子"，在未来的日子中，我当然要看非常高深的书，参加高深的会议，跷着高深的二郎腿，貌似高深地皱着眉头。在无数个高深和更高深之间的奔波穿梭中，其实我想说，我很平庸，更愿意把自己捯饬成一个拎着布口袋，闲逛早市的大妈……就这样，我开始为自己规划所谓的"学术生涯"，率先修筑的是从假想通向失败的缓冲地带，巴望着为自己廉价的自尊心开凿个缺口。幻想着一觉醒来，脑袋里或许会回响着心法要诀，仿佛有高人在睡梦中加持，助我可以勇敢地前行。2010 年 9 月 26 日，成为我正式踏入杨门的日子，我的目标简单而卑微，竭尽所能，以最快的速度为自己插上一只标签，上面可以这么注明："凑合"或者"相当凑合"。

在这里，我认识了勤奋拼搏的同门师兄弟姐妹，领略了儒雅深刻的读书会，看了好书，品了美酒，体味了家的温暖和快乐。如此精神的歆享，让我这个因事务主义而短视的俗人，在一口很深的井底，猛然抬起了头。上海，散发着香醇的蛋糕味，我不敢去饕餮大嚼，只会带着甜滋滋的眩晕来来往往。

为此，我要一躬及地，深深感谢我的合作导师杨小微教授和师母池老师，感谢他们的体恤和包容。也祝福亲爱的老师和师母健康幸福！我属于被"事务"绑架后，活得"过快"的先天不足者，每天如同处在抗洪抢险的状态，备课、写稿、给学生改论文、读书……不过，为了达成某个目的读书，谈不上读书，就像是食物直接通过管道送到胃里，索然寡淡。从杨老师那里，我用心体悟了"慢"字，慢慢地感受、慢慢地思考，慢慢地体察所有不容错过的精彩。新学期以来，校园运动场影壁边的杨树，一天一个表情，从萌绿到嫩绿，到缱绻缠绵的翠绿，到轰轰烈烈的浓绿，何其壮观。每天路过那里，都像是完成一次穿越，耳畔伴随着威尔第的歌剧《弄臣》的旋律，接着被肥胖的比利时老头儿波罗快乐地唱起。这些树叶，都在执着地释放它们的生命能量，都在迎风招展，都在慷慨地馈赠给我细腻、温柔和感动，让我注意到了春天的表情，没有像崔健那般嘶哑的忧伤，"太可惜也太可气，我刚刚遇到你" 在这《迷失的季节》。遇见杨老师和师母本身就是我的福气和好运。每一次飞来飞去，我会满怀回家的渴望和离家的牵挂。我无意于把我深深的感谢落俗成矫情的道白，只想用心领受 "缘分" 的赐予——我和老师师母之间所有的不期而遇，不谋而合，乃至所有的默契，心灵相通，惺惺相惜，以及最终相逢的脚步，都源自于我们原本就是早已行走在相同轨道上的共同体！如此，我们可以如影随形、不舍不弃。

感谢我的小师妹王娟和小师弟肖浩宇，承蒙他俩的照顾和帮助，我在异地他乡省却了陌生和不安，平添了自由和随意。

记忆中，还有这样的片段：围拢圆桌的讨论中，我看到了范国睿老师瞪大的眼睛和调皮的 "坏笑"，与之交织碰撞的分歧和争辩，充满了机智和狡黠；开题汇报中，黄书光老师提出的中肯建议和指正，让我恍然间巧遇转角的曙光；学术交流的现场中，我目睹了一袭风衣、风度翩翩的丁钢老师，充满了海派学者的风雅和惊喜；国际会议的第一天，我险些忽视了会场最后一排角落处低调谦和的陆有铨老爷子……我在分享他们的观感和思想中，逐渐淡褪了做作、深奥，恢复了天真的元气。一个天真的人，才会无穷无尽地追问世间的道理。好像在深邃辽阔的草地上仰望，满眼都是孩子般的新鲜和好奇，会对月涌江流、星垂触手大呼小叫。每每这时，我自问，我与天真距离有多远？是相嘘以息、相濡以沫，还是相忘于江湖？

当 "出站" 的释然蓄积成下一场 "出战" 的勇气，我还要感谢吴刚老师、朱益明老师给予我的修改建议，他们的鼓励和认同，让我重新站到了新的起跑线上。看来，任何年龄的人，都需要赞许和欣赏，更何况是行将不惑而仍旧一事无成的人。

最后，我要感谢钟灵毓秀的华师大，为我创造相逢的机会。这里，有我的导师、知音和忘年之交。或许，在未来人生的喜怒哀乐中，我们会不经意地记得一些句子，一些思想，似在不同的落叶林中听到的声音。于千万人之中遇见你所要遇见的人，于千万年之中，时间的无涯的荒野里，没有早一步，也没有晚一步，刚巧赶上了，没有别的话可说，唯有轻轻地问一声：幸亏啊，你（们）也在这里！

何等福分，让我遇见你们的人生。

2012 年 9 月 26 日写于华东师范大学丽娃大厦

2013 年 12 月 9 日于连大补叙